比较

总第115辑

2021年第4辑

COMPARATIVE STUDIES

吴敬琏 主编

中信出版集团 | 北京

比较

COMPARATIVE STUDIES

主管 中信集团

主办 中信出版集团股份有限公司

出版 中信出版集团股份有限公司

主编 吴敬琏

副主编 肖梦 吴素萍

编辑部主任 孟凡玲

编辑 马媛媛 王艺璇

封面设计 李晓军 / **美编** 杨爱华

发行总监 周广宇

独家代理：财新传媒有限公司

电话：（8610）85905000 **传真：**（8610）85905288

广告热线：（8610）85905088 85905099 **传真：**（8610）85905101

电邮：ad@ caixin. com

订阅及客服热线：400-696-0110（8610）56592288 **传真：**（8610）85905190

订阅电邮：circ@ caixin. com **客服电邮：**service@ caixin. com

地址：北京市朝阳区工体北路8号院三里屯SOHO 6号楼5层（**邮编：**100027）

目　录

Contents

第115辑

1　金融服务实体经济的理念、相关政策和长期效果　周小川
Concepts, Policies and Long-run Effects of Financial Sector Serving the Real Economy　*by Xiaochuan Zhou*

特稿　Feature

10　创新、治理和能力：对竞争政策的启示
——致敬恩师兼同事、诺奖得主奥利弗·威廉姆森
戴维·蒂斯
Innovation, Governance, and Capabilities: Implications for Competition Policy —A Tribute to Nobel Laureate Oliver Williamson by His Colleague and Mentee David J.Teece　*by David J. Teece*

法和经济学 Law and Economics

50 《大宪章》、法治与对政府的约束

赫苏斯·费尔南德斯-比拉韦德

Magna Carta, the Rule of Law, and the Limits on Government

by Jesús Fernández-Villaverde

前沿 Guide

70 现代经济学中的事实与价值观 帕萨·达斯古普塔

Facts and Values in Modern Economics *by Partha Dasgupta*

127 论“必然会发生”：历史分析中的解释偏差

阿鲁普·穆哈吉 理查德·泽克豪泽

Bound to Happen: Explanation Bias in Historical Analysis

by Aroop Mukharji and Richard Zeckhauser

比较制度分析 Comparative Institutional Analysis

148 正在萎缩的资本主义 塞缪尔·鲍尔斯 温迪·卡林

Shrinking Capitalism *by Samuel Bowles and Wendy Carlin*

视界 Horizon

160 健康老龄化的“货币价值” 翁笙和

Understanding “Value for Money” in Healthy Aging

by Karen Eggleston

中国经济 China's Economy

172 经济增长方式转型中的创新政策

唐杰　戴欣　潘强　张致鹏　袁帅

Innovation Policies in the Transition of Growth Model

by Jie Tang, Xin Dai, Qiang Pan, Zhipeng Zhang and Shuai Yuan

197 中国的宏观税负　吴斌珍　李艳　孙鲲鹏

Tax Burden in China: Macro Perspective

by Binzhen Wu, Yan Li and Kunpeng Sun

金融服务实体经济的理念、相关政策和长期效果

周小川

本文的主题是“金融服务实体经济的理念、相关政策和长期效果”，着重谈谈金融业服务实体经济的相关问题，也会在一定程度上涉及科技。我首先从国际比较入手，讨论金融业和实体经济之间的关系。

一、金融与实体经济关系认识的国际比较

中国历来重视金融服务实体经济，强调金融产品、金融服务和金融市场应与实体经济密切相关。很多人可能认为，其他国家也会存在类似的概念。其实不然。世界上很多国家并不怎么提金融服务实体经济，也不特别强调金融要和实体经济保持紧密关系。因此，有必要多维度进行一些国际比较，厘清一些初步的概念。

第一，从国别的维度看，各国对金融与实体经济之间关系的认识程度是不一样的。如果将金融与实体经济的密切程度用“0－1”的区间衡量的话，中国强调金融要和实体经济保持紧密联系，要为实体经济服务，可视作偏近“1”这一侧。我们也看到，国际上也有一些国家基本不提这种联系，认为金融

* 本文根据周小川会长2021 年6 月11 日在陆家嘴论坛“全体大会五：金融服务实体经济与科技创新发展”上的主旨演讲整理而成。

是金融，可以独立运行。很多发达国家都持有类似的看法，特别是美国的华尔街，金融业比较发达，所以更强调金融自身的特性。这种看法可以视作“0－1”区间中比较偏近0那一方。

第二，从时间的维度看，各方对金融与实体经济之间关系的关注度是随着时间而变化的。如果出现一些过度投机造成泡沫以至泡沫破裂时，大家就会对这个题目讨论比较多，也比较注重加强二者之间的联系；但可能过一段时间以后，“好了伤疤忘了疼”，对此事就变得比较淡漠，就可能会有所遗忘了。

第三，从不同主体的思考维度看，在观点、概念和用途等多方面存在差别。不管在哪个国家，无论是决策层面还是经济金融学的专家学者层面，针对这二者之间的关系其实都存在各种各样的观点：有些学者、政策制定者比较偏向强调金融为实体经济服务，另外一些人则可能较少强调这方面。应该说，不同观点之间可能呈现一种正态分布，其平均值代表了占主流的意见。此外，我们也看到，中国频繁地讲实体经济，但在其他一些国家，要么很少引用实体经济这个词，要么引用的时候其含义不见得同中国一样。还有，在政策制定依据的阐述上，有些国家很少提到是基于实体经济的需要。总之，大家可以利用很多资料多维度观察、分析这个现象。

应该说，近年来，特别是2008年全球金融危机爆发以后，关于金融与实体经济关系的问题在国际上是有一定热度的，全球范围内对二者之间关系的认识也是有很多差异的。

客观地说，中国在推进金融服务实体经济方面是做得比较突出的。从2008年第四季度起，中国就在国际货币基金组织（IMF）、国际清算银行（BIS）等举办的多个国际会议场合反复强调，全球金融危机发生的原因之一是有一些过度投机的衍生产品脱离了实体经济，应该对此予以重视。其后在2010—2013年的中央经济工作会议上，党中央、国务院都突出强调了金融要为实体经济服务的内容。为落实这一精神，人民银行在此期间研究和推出了社会融资规模这一统计指标。这一指标将融资口径的范围扩展至覆盖银行、保险、信托、证券市场等多种融资，这当中既有为实体经济服务的融资，也有金融业为自己的融资，因此，将金融业内部循环的资金全部扣除后得出的社会融资总额，才是从统计上反映金融业为实体经济服务的数量和程度。这一指标的建立体现了对二者关系的重视程度。

与此相对的是，很多发达国家的理解及做法与我们是不太一样的。首先，关于实体经济问题的讨论，多数情况下他们（尤其是华尔街的一些人士）基本上“不接茬”，你说你的，他们不与你讨论；私下交流的时候，他们会说，我在金融市场挣到了钱，这个钱就是“real”，怎么不是“real economy”。如果讨论到有些脱离实体经济的做法和产品可能会引发问题的时候，他们往往又会比较强调这些产品具有定价功能和对冲某些特定风险的功能。

二、国内对金融和实体经济关系认识的动态演变

从中国来讲，过去搞集中性计划经济，国民经济统计与现在也不一样，不用国内生产总值（GDP），用的是国民收入指标，当中不包括服务业，主要强调的是纯物质生产和物质消费。改革开放以后，引入了 GDP 和国民经济核算体系（SNA）。

到了 20 世纪 90 年代，国内曾经有一段时间比较热衷于讨论所谓虚拟经济和实体经济，那时候多数人认为金融是属于虚拟经济的范畴，但此事后来也并没有明确的讨论结果。不过，当时的国家领导人对防止经济过度投机的态度还是很明确的。比如时任总书记江泽民同志就在有关金融会议上从郁金香泡沫、南海事件、最早期的过度投机事件开始谈起，特别提示大家要防止过度投机造成的风险和泡沫。

2008 年全球金融危机爆发以后，中国非常明确地提出，金融要为实体经济服务，但对于什么是实体经济，大家并没有明确的共识。在 2010—2012 年间，曾听到一种说法，说国务院这么多部委，除了工信部和农业部在搞实体经济以外，其他的部委都不搞实体经济。这可能是受到苏联教科书中的概念的影响，把所有服务业、财政金融业、司法、审计行业等都视为非实体经济。这当然是一个非常狭义的概念。所以那时候我们也曾试着专门做了澄清，强调要真正认清金融业和实体经济的关系可能比较复杂，因为有一部分金融业就是实体经济的组成部分，也是直接为实体经济提供服务的；还有一些金融服务和金融市场的交易，可能离实体经济远一些；再有一些则是完全脱离实体经济的。

如果根据距离实体经济的远近程度不同，用“0－1”区间的分布来衡量说明，那么处在“1”位置上的金融业，至少有三个方面内容：第一是支付体系，没有支付体系，实体经济转不起来，所以，有关支付体系的金融活动可以看作完全是实体经济运行的一部分。第二是为企业提供流动资金的支持，特别是流动资金贷款，因为企业生产要有原材料、半成品等投入品的投入，生产出

的产品还需要经库存、运输环节才能卖出，在此过程中流动资金支持了企业的连续运转，因此它也是实体经济的一部分。第三是与投资实体经济密切相关的金融活动。随着时间的推移，实体经济必然要进行研发投入、设备更新、技术工艺提升、产品升级以至新建企业等，在此过程中需要投资，而为这种投资进行的融资服务包括银行提供信贷支持、资本市场融资，也包括非银行金融机构的融资支持和金融市场提供的服务，这些都应该视作实体经济的组成部分。

当然，金融市场交易中也有一些业务主要是为了风险管理，还有一些可能被投机活动利用，对此也可以进行标度，比如，可根据某种金融产品、金融服务与实体经济的联系程度是松还是紧进行“0－1”区间的标度。像首次公开发行（IPO）给企业融资，如果各企业将绝大部分融资用于研发、更新设备和技术、创新产品，这部分明显是为实体经济服务的成分，其标度趋近于“1”。还有部分融资，被企业用于在二级市场交易或投资更复杂的衍生产品，可能在不同程度上脱离服务实体经济，甚至有些走到“0”的地步，基本上完全离开了实体经济。这就要加以警惕，甚至要在政策上加以控制。

因此，沿着历史进程观察金融业和实体经济的关系，我们会发现，相关的观点是在不断探讨和厘清的过程中向前推进的，是一个动态演变的过程。

三、金融和实体经济关系的政策含义及判断依据

通过讨论金融和实体经济的关系，我们会发现，有很多政策或政策取向是与此密切相关的。这些政策不见得完全是界定金融和实体经济之间的关系，但是它的取向确实是有所不同的，特别是从国际比较中，我们可以看出有相当大的差异。

中国在出现过度投机的时候，往往采取控制的做法。比如，1992 年深圳很多人排队抢购股票认购证的现象，1995 年国债期货出现对赌的现象，1999 年股票市场搞出井喷现象，2007 年上证指数冲到接近 6200 点，当这类情况出现时，党中央、国务院都是采取冷却的做法，这表明中国政府的政策取向是力求克服过度投机现象。这与在经济其他方面采取的政策有类似性。比如，我们国内禁止公开开办博彩业，过去有一些省市一直想搞赛马场，但中央始终都不同意；目前境内没有正式的博彩场所，后来还采取一些措施，控制境内人员出国（境）赴周边参加赌博，认为这些都不会对实体经济有帮助。另外，从对

人的教育培养和消费引导方面也可以看到我们的这一政策取向。我们常说，大家不要赌博，不要吸毒，不要老想着一夜暴富进行过度投机，也不要超出自己的收入能力借太多钱，等等。与此相关的还有教育政策，我们在大学、研究生教育学科中部署了相当强的力量在 STEM（科学、技术、工程、数学）上。即使从国际比较看，中国对 STEM 的聚焦程度在全球也是非常突出的；而其他一些国家可能因为有更多其他方面的机会，所以吸引了很多优秀人才从 STEM 领域转到其他领域。这些也都是受相关政策取向的影响所致。

从长远看，真正能产生长远影响的是资源配置，我们应当从这个角度观察和分析这一问题。也就是说，一些稀缺的资源，包括人才、资本、能源、外汇等，究竟是引导它们去发展实体经济，还是将其投入一些投机色彩过重、容易产生泡沫的环节？短期内我们或许不一定能看出二者的差别，但时间长了一定会体现出很显著的差别。

那么，我们究竟如何判别金融与实体经济之间的互动关系呢？否则，各方都公说公有理婆说婆有理，都会强调自己是在为实体经济服务。我个人认为，可以通过三方面的判据进行判断：

第一，二者是正和博弈还是零和博弈。在正和博弈中，金融引导投资进入实体经济，比如上市公司融资后搞研发、新设备、新技术、新产品，公司价值提高，市值增加，而且还可能有不错的分红，这样一来，企业和职工得益，市场产品丰富了，投资者也有钱可赚，这就是正和博弈。正和博弈实现的是双赢甚至多赢。零和博弈是投资者投资产品的市场端，要想挣钱不可能从别的方面挣，只能从其他投资者亏的钱里挣，这就是零和博弈。这就有点像在赌场上，一方赢的钱只能是其他参赌方输的钱。这个判据可以用来说明具体金融服务、具体市场板块与实体经济的关系到底是怎样的。

第二，宏观调控或者政策调控的依据是不是实体经济的基本面。也就是说，究竟是依据实体经济基本面，还是依据已脱离实体经济基本面的其他指标（如某些国家的股指）制定财政政策、货币政策进行调控。目前这方面的讨论也比较多，这也是一个判据。

第三，财务平衡的依据。市场经济强调的是，政府、企业以及家庭（或个人）这三大经济主体要实现收支平衡和财务平衡，也就是说，经济主体创造了多少财富，获得多少收入，就可以有多少花销；如果需要融资，应与收入或者预期收入挂钩。但现在有一些政策、一些市场做法，主要是高杠杆过度融资，慢慢脱离了这一原则。比如，2008 年以前美国爆发的次贷危机，主要原因之一就是当时的房贷经营机构并不管贷款人的未来收入情况，就提供大笔房贷给他们购买大房子、好房子，而且还可能提供极低的利率，甚至是零利率，而这样的融资行为实际上已经和实体经济脱钩了。

四、金融科技也要注重服务实体经济

金融和实体经济的关系中会涉及科技创新。比如在考虑到加密货币创新的时候，中国在诸多分析和讨论上都是围绕和关注如何能为实体经济服务，如果这种创新能为实体经济做出重要贡献，就愿意给予更大关注、投入更多资源进行研发和试点；反之，关注和投入就会变弱。最近在讨论到加密货币领域时，我国领导人就提出，那么多电力用在比特币的挖矿上面，究竟对实体经济有什么好处？特别是在一些加密货币已脱离了支付业，纯粹变为一种数字资产的情况下，更会产生这种质疑。从这种讨论中，可以看出看待这一问题的角度。

从加密货币的设计思想和设计原理来讲，如果它们真的致力于在支付领域发挥作用，还是有可能成为服务实体经济的一项有用的工具。从加密货币启动前期看，虽然它们还有一些不足，比如，它每秒钟处理的交易笔数（TPS）还不高，占用的网络资源和处理能力也比较多，大家对它的一些特性比如去中心化、去监管等存在争议，但这些热点问题还需要“走着瞧”，要看看能不能在后续的发展中予以解决。但如果那些参与金融科技的人过于想挣钱，急于挣快钱，就很容易想通过交易回收自己的投资，甚至赚大钱，这样一来，就容易把加密货币变成数字资产、加密资产。从现在看，有一些加密货币要想再回到支付领域可能已经不太适宜了，它已经失去了机会，也不会被大家接受。所以，很有必要从理念上搞清楚，一些金融科技的发展方向是否致力于为实体经济服务。

同时我们注意到，在我们指出某些金融科技方面的具体做法可能要注意服务方向的时候，有一些热衷的人士，特别是来自美国的人士强调，金融科技有非常强大、非常有用的定价功能，在风险管理上也有某种特定的对冲功能。比如，比特币是不是有对冲 QE（量化宽松）的功能？其实，这相当于自己给自己找理由和说辞，因为任何一种商品，不光是金融产品，只要有交易就会产生定价需求，也就会催生定价的功能。关键是这个定价的用处到底是什么？同样，任何一样东西都会有对冲功能，它总会和它反面的事物产生对冲。就像字典中每个形容词都有它的反义形容词一样。所以，一些金融科技有定价功能、对冲功能，并不能说明它在经济，特别是实体经济中必然处于必要的地位。

五、金融服务实体经济要注重长期效果

金融和实体经济之间的关系，从长期效果来讲，关系到国家的竞争力，关系到经济的增长和人民的福祉。坚持金融为实体经济服务，从长远来讲，会获得巨大的好处。比较近年来中美经济规模及其全球占比的变化，可以看出这一差别。

改革开放以前，中美之间的经济规模不是太好比较，最大的难点是当时中国采用物质生产统计体系，美国等西方国家普遍采用的是 SNA（国民经济核算体系），这两个系统差别很大。但总的来讲，国际上普遍认为，这期间中美之间的经济实力差距是一直在扩大的。当然，一些人对此有质疑，因为在比较的时候一般都采用美元计价，而以美元计价的国际比较会涉及汇率、价格及其他一些不可比因素，因而也有人主张用 PPP（购买力平价）等来衡量，但 PPP 也是很粗糙的一种对照。

改革开放以后的大约 15 年间，中国经济大幅改善，人民生活水平大幅提高，应该说会缩小中美之间的差距；中国也开始转向 SNA，可比性更强。但我们观察到，直到 1994 年之前，以美元标价的中美经济实力差距的“喇叭口”还是在放大。这当中很重要的一个原因是汇率问题。在十一届三中全会时，人民币兑美元汇率约为 1.8 左右，到 1994 年实行汇率并轨时，人民币兑美元汇率跌至约 8.7，所以尽管经济增长了很多，但以美元折算后显得差距还在继续扩大。

1994 年中国实行汇率改革以后的约 10 年间，人民币汇率开始稳定并略有升值。因而在 1994—2004 年间，中美经济实力的统计差距逐渐缩小，但缩小的幅度并没有想象中那么明显。这里需要提一下两个因素：一个是 20 世纪 90 年代中期，中国也遇到了较高的通货膨胀；另一个因素是 90 年代后半期爆发并一直持续到 2003 年左右的亚洲金融风暴。它当时对中国经济的影响还是很大的：经济增长放慢了速度，包括金融体系在内都处于相当困难和苦苦挣扎的阶段，这也是当时提出“国企三年脱困”、想方设法解决“下岗再就业问题”等政策口号的背景所在。

中美经济实力差距的“喇叭口”真正迅速缩小是在 2004—2018 年。这期

间，美国由于金融严重脱离实体经济和过度投机等问题引发了次贷危机，进而引爆了全球金融危机。美国经济相当于“摔了一个大跟头”，其后花了 10 年左右时间才逐渐爬起来。而在这 10 年中，中国总体而言避免了“摔大跟头”（当然我们也摔过“小跟头”），因此，中美的经济实力差距就大幅缩小了。2004 年美国和中国的 GDP 分别约为 12 万亿美元和 2 万亿美元，美国经济实力是中国的 6 倍；到了 2018 年全球金融危机爆发 10 周年的时候，美国和中国的 GDP 分别约为 20 万亿美元和 14 万亿美元，美国经济实力只有中国的 1. 5 倍左右。这期间，人民币兑美元汇率基本维持在 6 ~ 8 元，差别不是很大，但两国的经济实力差距显著缩小。从中我们能得出什么分析呢？我个人认为，如果经济活动投机过度的话，就有点像一些年轻人吸毒，当时可能很兴奋，感觉很好，但事后肯定要摔跟头；摔了跟头以后再爬起来的过程，成本代价会非常大。这或许就是造成中美差距显著缩小的很重要的一个原因。

大家知道，最近这些年，由于中美经济实力差距的“喇叭口”缩小得非常明显，一定程度上也引起了国际关系的紧张气氛。表面上看，这是国际政治、国家外交等因素直接引发的，但背后可能还是与各国经济增长、经济实力变化高度相关。而这个因素至少一定程度上源于金融与实体经济之间的相互关系，与各国在这方面的政策取向也是有关系的。因此，不仅中国要继续高度重视这个问题，持之以恒地把金融服务实体经济这件事办好；同时，国际上，包括美国在内，是不是也可以花一点注意力在这方面进行思考、研究，以便大家共同探讨金融和实体经济的关系，并把这二者之间的关系摆正，以促进经济可持续地长远发展。前段时间，我听一位企业家说，赛跑特别是长跑，不在乎一时跑得快慢，关键在于“耐力”如何，能否持久；如果一时太兴奋，弄出毛病，搞成关节疼或者摔跟头，就可能会导致不可持续的问题。他当时这个说法其实是在说金融科技与实体经济之间的关系。总之，在观察和分析金融服务实体经济的问题上，要注意可持续性，要注重长期效果。

以上是我的一些看法，也希望有更多的专家花力气研究这个问题。

特稿

Feature

Comparative

创新、治理和能力：对竞争政策的启示

致敬恩师兼同事、诺奖得主奥利弗·威廉姆森

戴维·蒂斯

1. 引言

奥利弗·威廉姆森（Oliver Williamson）是一位跨学科的学者，他的工作影响了经济学、政治学、社会学和法学诸多领域。他还肩负起复兴制度经济学的重任。瑞典皇家科学院的诺贝尔奖委员会本可以将他在反垄断与规制或制度研究方面的工作作为颁奖理由，却选择了“因为他对经济绩效，尤其是企业边界的分析”而授予其诺贝尔经济学奖。对企业边界以及间接地对企业规模的解释是威廉姆森工作的中心，而我在本文中关注的重点正是他对（纵向）一体化的思考。

2010 年威廉姆森在他的诺奖获奖演讲中宣称：交易成本经济学关注的是

---

* David J. Teece，伯克利加州大学哈斯商学院 Thomas W. Tusher 全球商业讲席教授，商业创新研究所所长、全球战略和治理中心主任。他开创了动态能力理论，并将动态能力定义为整合、构建和重构内外部技能（competences）应对环境快速变化的能力。原文“Innovation, Governance, and Capabilities: Implications for Competition Policy—A Tribute to Nobel Laureate Oliver Williamson by His Colleague and Mentee David J. Teece”，刊载于 *Industrial and Corporate Change*，2020，Vol. 29，No. 5，pp. 1075 - 1099。

** 作者感谢 Charles Baden-Fuller、John Blair、Charles Clarke、John de Figueredo、Michael Katz、Greg Linden、Jackson Nickerson、Will Mitchell、David Mowery 和 Nicolas Petit 的重要想法和投入。还要感谢主编 Josef Chytry，感谢他加快了流程，并帮助 Caroline Orille 为这篇文章的发表做准备。

复杂的合同与商业组织，而不是“在森林的边缘用坚果换取浆果”（Coase，1992）。威廉姆森对正统观念的突破就在于，他不接受零交易成本的逻辑，而这一直以来是一个标准的经济学假设。相反，他追求更现实的假设：与组织经济活动相关的交易成本或治理成本是正的。通过这样的假设，他发现制度、规制和复杂的组织结构（特别是公司）往往是让市场良好运行的必要条件。他赞成哈罗德·德姆塞茨的观点：“新古典经济学的愿景是理解价格体系如何协调资源的使用，而不是企业的内部运作”（Demesetz，1983，第377页），并继续推动用交易成本的企业观取代新古典的企业观。

对于一位荣誉等身的学者，我能想到的最佳致敬就是继续推进他的研究，① 就像他还在我们身边激励着我们一样。事实上，威廉姆森在他的诺奖演讲中预言：“交易成本经济学的研究面临着一个有趣且有挑战性的未来。”（Williamson，2010，第687页）

交易成本经济学的未来是本文的重点。就像在他之前的罗纳德·科斯一样，威廉姆森选择了解决基本问题的方法，因此这项任务比之前容易很多。尽管这些基本问题出现的场景会不断演变，但它们依然非常鲜活，也就是说，它们可能会永远存在于我们身边。

我将如威廉姆森希望的那样，尽力采用他的框架，阐明我们这个时代最紧迫的问题之一，即高科技公司在我们的经济中扮演的角色，这些公司主要由FAANG（Facebook、Apple、Amazon、Netflix 和 Google）以及它们的中国同行组成。特别地，我构建了一个将威廉姆森的见解与能力理论（capabilities approach）相结合的框架，用来解决一些重大问题，例如：我们应该如何理解高科技公司竞争优势的本质？它们的商业组织/行为是否符合交易成本经济学的能力逻辑？它们的规模是否太大？应该在什么时间节点允许它们进行收购？是否应该要求它们撤资？

在正式开始本文之前，我必须先介绍一下当前复杂且动态系统导向的数字经济。尽管威廉姆森更多地关注产业经济，但他非常清楚：

> 之前基于资产专用性特征把交易是安排给市场还是安排给层级制组织的

① 例如 De Figueiredo（2010）、Hermalin（2010）、Shapiro（2010）、Spiller（2010）、Tadelis（2010）、Teece（2010），其中威廉姆森在伯克利加州大学哈斯商学院的同事发表了很多论文表彰他。

有关论述，在引入创新以后变得更加复杂。(Williamson，1985，第 143 页)

尽管提出了一个令人好奇的主张，但他并没有为下一步应该如何做提供太多指导，而只是说：

> 创新带来了特殊的挑战。交易成本经济学可以讨论其中的部分问题，但无法给出全面的解释。在瞬息万变的环境中，你可以根据快速采取实时行动的需要来解释这些功能……当时效变得至关重要时，我们不得不舍弃组织的均衡观。(Williamson，2007，第 376 页)

他还提道：

> 我完全赞同，构建更全面的动态分析框架将有益于交易成本经济学，但这说起来容易，做起来难。(Williamson，1999，第 1101 页)

高科技和（数字）创新经济是一个高速运转且充满不确定性的经济(Teece and Leih，2016；Teece et al.，2016)。交易成本经济学认识到威廉姆森提出的"合同不完备性"如何放大了合同问题。高科技中普遍存在的不确定性与合同不完备性之间的联系对威廉姆森的范式至关重要，也是《市场与层级制》(1975) 一书重点分析的内容。本文探讨数字经济中竞争的本质，正如威廉姆森指出的"行动往往在于细节"(Williamson，2007，第 374 页)。

2. 数字经济与大数据

在企业史学家阿尔弗雷德·钱德勒等人早期的产业经济研究中，大企业的兴起是因为通信和交通运输革命，以及纵向、横向和单向一体化 (lateral integration) 带来的效率提升。① 将交易成本经济学和组织能力方面的因素相结合，可以很好地解释大企业的兴起。然而，数字经济与产业经济有很大不同，因此有必要重新审视我们现有的经济学理论。

2.1 早期：作为资产的算法和电子设备（如个人电脑、移动手机、平板电脑）

在过去的 15 年里，数字时代见证了以算法和便携电子设备为形式的创新

① 对钱德勒的一篇主要论文的评论，可参见 Teece (1993，第 199—225 页)。

(例如谷歌的搜索算法，苹果的移动设备)。这些发明的商业化需要新商业模式的发展（威廉姆森称之为“组织创新”)。这些商业模式涉及整个生态系统的发展（以 iPhone 为例)，通常利用单边零定价的多边市场和广告来获取价值。多种形式的网络外部性（见 Shapiro and Varian，1998）得到开发和利用。当然，规模也很重要。

这些数字新贵的竞争方式不同于之前工业时代中公司的竞争方式。网络效应、转换成本、多边市场和生态系统中心性都是新现象，而且越来越重要，标志着对工业时代经济学突破的开始。算法或设备平台是一种资产（或资源)，并不断得到改进和利用。现在，信息经济的规则又发生了变化，标准方法需要进一步修正。①

2.2 2020 年后：客户数据和学习更加重要

现在，标准框架需要得到更深层次的修正。今天，网络效应并不是在位科技公司的主要优势。如今，亚马逊、谷歌、网飞（Netflix)、脸书（Facebook）甚至苹果的发展主要由客户数据的生产（包括交易/购买）推动，而客户数据是客户与平台互动的副产品。关于客户活动、地点和行为的实时数据为了解他们的愿望和需求提供了重要线索。将人工智能应用于数据可以快速了解客户需求。积累、维护和分析这些数据是现在大型科技公司的一项关键能力，它并不体现在资产负债表上，但是对了解客户具有不可估量的价值。这种数据资源和快速学习工具对企业和行业边界具有重要影响。②

威廉姆森没有直接处理创新经济或数据的问题。虽然我们可以论证学习是在威廉姆森所谓的“基本转变”（从竞争关系向单边、双边、多边“依赖”转变）的背景下进行的，但学习并不是交易成本经济学的核心。他承认交易成本经济学“与学习的主题只有有限的联系”（Williamson，1999，第 1101 页；2002，第 190 页)。

---

① Teece（2012a）概括了其中的一些主题。

② 威廉姆森经常引用哈耶克（Hayek，1945）的观点。哈耶克认为，没有一个中央权威能够掌控组织一个理性经济所需的信息。然而，人工智能爱好者相信这可能很快就会实现。毫无疑问，人工智能可以让一个假想的指挥中心提供更多的分析和控制，但这不大可能足以抵消去中心化定价系统带来的好处。Ray Kurzweil 等“理想主义者”可能不这么认为。不过，人工智能确实能增强企业内部的控制。

如果威廉姆森关注的是数据和学习，他可能会问，专有数据资源是否应该出租、出售或仅限于公司自身使用。他的建议可能是，由于合同的复杂性和相关的交易成本普遍存在，这些资产不可被轻易买卖。① 关键问题在于：（1）这些数据资产是不是交易专用型（transaction-specific）的，以及（2）从公司内部获取和使用它们的成本是高于还是低于从外部获取。第二点可能为考虑学习的作用打开了大门。他可能还会问，与商业伙伴的合作是否会出现策略性行为，合同不完备是否会带来问题。他的重点是，专业化从事不同活动的若干分散公司之间的合同是否与一体化（内部化）的方式一样有效。通过这种方式，他的框架可以很好地回答有关大型科技公司和反垄断的尖锐问题。

威廉姆森坚持认为，我们提出的任何企业理论都必须能够拓展当代学院派经济学家偏好的“玩具模型”（toy model），以逼近我们关注的那些现象。他会不停地问“这是怎么回事”？迫使他的学生首先面对现实，然后才是理论。应用这一标准，我们可以做一个思想实验：将一群小企业扩建成合资企业或联盟，从而可以像前文提到的一体化的 FAANG 那样行事。这样的思想实验对交易成本经济学的逻辑来说是自然而统一的。下一节将探讨如何从指导竞争政策的角度讨论企业的边界，这里的竞争政策涉及并购、剥离和其他相关的公司行为。

对威廉姆森来说，决定公司边界问题的“核心”② 总是资产专用性（为支持交易所做的不可重新部署的投资）。如果一种商业关系需要一方或多方投资特殊（交易专用型）资产，那么这种关系可能会发生令人担忧的“根本性转变”。③ 如果有这样的投资，就像在数据驱动的大型科技公司一样，内部化是首选，科技公司可以发掘利用其专有数据的机会，从而实现成长。④ 威廉姆森总是把合同问题放在第一位。然而，正如他承认的那样，还有其他许多因素不能被纳入合同理论的分析框架。现在我将考虑如何在企业边界理论中同时纳入交易成本和能力方面的因素，威廉姆森认为这样做是有必要的，但他本人并

① 也就是说，特定的数据集有数据经纪人。

② 参见威廉姆森在发表诺奖演讲时用的幻灯片（Williamson，2010）。

③ 威廉姆森说的谈判地位的“根本性转变”常常被人引用，它就是这样一个过程：通过交易专用型投资，减少了可用的替代供应商/买家，从事先谈判时的大量合格供应商/买家，变成了事后报价时的少数合格供应商/买家。

④ 与 Penrose（1959）和其他一些研究企业理论的人不同，威廉姆森没有明确地关注企业的增长。

没有展开进一步的研究。

3. 能力理论

交易成本经济学预示，在其他条件相同的情况下，如果需要投资于特殊（交易专用型）资产，存在相当大的不确定性，并且交易很可能频繁发生，那么共同所有权（纵向或横向一体化）将是可取的。威廉姆森同意霍姆斯特朗和罗伯茨（Holmstrom and Roberts，1998，第 91 页）的观点："企业理论已经变得过于狭隘，只关注要挟（hold-up）问题"和"资产专用性的作用"（2002，第 189 页）。其他相关因素可能包括企业能力。

虽然威廉姆森在诺奖演讲中没有提到，但他或许有些勉强地①认为能力理论和交易成本经济学"既竞争又互补……后者重于前者"（1996，第 1106 页）。他指出了一种可能性，即"交易成本经济学为企业是自制还是购买的一般性决策提供了指导，而企业能力理论则引入了更多细节"（1999，第 1097 页）。

我们可以观察到，威廉姆森关注的是企业与市场的关系，而不是战略管理领域的企业竞争这一主题，在这个领域里，能力的视角非常重要并得到了相当多的关注（Williamson，1999）。他很清楚，应该像弗兰克·奈特（Frank Knight，1921）和罗纳德·科斯（1937）建议的那样，提出公司规模问题：为什么大公司不能做一群小公司能做的一切，甚至做得更多。这自然让他转向有关能力的分析框架，在这一框架下人们要问：（1）相关的能力（现在和未来）是否应该置于公司内部或外部；（2）客户数据留存在何处，谁拥有它；（3）人类和机器如何使用实时数据了解客户的需求和欲望，并做出决策。因此，企业的边界也必须与能力、学习、快速组合和重新部署相关，而不仅仅与交易成本经济学的合同问题相关。

如果人们接受上述命题，那就需要对能力概念进行一些探索。威廉姆森也赞同这一点，但他认为"所有关于企业和市场组织的好理论都应该根据实用主义方法论的四个原则进行检验"。首先，保持简单；第二，使它正确；第三，使之可信；第四，做出预测并进行实证检验（Williamson，2007，第 374

① 威廉姆森评论说，关于能力框架，"在交易成本的早期使用阶段，存在太大的自由度和太多的事后合理化"（Williamson，2007，第 375 页）。

页）。作为第一步，本节的其余部分将尝试分析“能力框架”。我接受威廉姆森提出的挑战，即引入细节并进行实证检验。所有反垄断或竞争政策问题都需要关注细节，从而关注能力。有相当多关于能力的文献，这里不再赘述。赫尔法特等人（Helfat et al.，2007；Teece，2007，2014，2016，2017）对此给出了很好的综述。与交易成本经济学一样，能力视角“将正统观点视为例外，都使用有限理性结构，都认为组织很重要”（Williamson，1999，第1098页）。

3.1 企业层面的能力

商业企业的本质在于它的能力，一位著名的产业组织经济学家说，“国家财富差异的直接原因很大程度上在于企业的能力”（Sutton，2012，第8页）。尽管如此，经济学模型通常把企业视为同质的，当今的主流经济学家在思考企业边界决策时，只参考交易成本或某个垄断杠杆理论。代理理论使得与融资结构相关的选择动态化。组织理论家和战略管理学者的工作包含更丰富的企业组织论。能力视角目前在战略管理和技术管理领域得到了很好的体现，但经济学专业尚未受到影响。能力可以分为“普通能力”（ordinary capabilities）和“动态能力”。①

如果普通能力弱，企业就只能维持生存，如果普通能力强，则能让企业出色地完成既定任务。一个公司的普通能力使它能够生产和销售一套确定但静态的产品和服务。然而，普通能力的存在并不能说明当前的产品和生产计划是否合理（甚至是否有利可图）。能力的本质及其根本过程就是，直到不得不改变的时候它们才会改变。

改变的过程是被称为动态能力的更高层次能力的关键元素。动态能力决定了企业当前是否在生产合适的产品，合理地细分市场。动态能力也具有前瞻性，有助于决定企业的未来计划是否与不断变化的消费者需求以及技术和竞争机会相一致（Teece et al.，1997）。简言之，普通能力关乎的是把事情做对；动态能力关乎的是做对的事情。

强大的动态能力反映了企业在协调其资源、能力和其他资产方面的优秀程度。它们允许组织，特别是其最高管理层，对市场和技术的发展进行推测，验证它们，并重新组合资产和能力以满足新的需求。动态能力还用于评估企业何

① 本节部分引用Teece（2014）。

时以及如何与其他企业结盟，共同创建业务生态系统。

能力理论解释了企业层面的异质性和个体企业的绩效。新古典经济学和标准微观经济学通常假定企业是同质的。当体现为企业能力并能界定竞争的实际行为发生在上游时，重点就是企业在产品市场中的地位（以市场份额衡量）。

在传统的分析中，企业的市场份额被视为竞争脆弱性（competitive vulnerability）的反向指标。拥有高市场份额的大公司被视为受到了保护，但情况通常并非如此。小公司可能比大公司拥有更多的市场保障。市场份额并不是衡量企业稳固程度的必然指标。数字经济的情况往往正好相反。很大的市场份额可以来自机遇、网络效应或不依赖于公司先天能力的其他因素。英特尔前首席执行官安迪·格鲁夫（Andy Grove）曾经非常正确地宣称，英特尔相对较高的市场份额只不过为它参与下一轮创新提供了一席之地。简言之，在快速技术变化的环境中，在位者往往没有什么特别的优势。

事实上，大型企业常常更容易受到伤害，因为它们通常不愿意从事与现有产品构成竞争的创新，这些创新很容易被竞争对手和新进入者采用（Christensen，1997）。因此，在能力层面上评估竞争实力是不可替代的。分析产品市场份额并将它作为衡量竞争脆弱性的指标不仅毫无意义，而且很容易产生误导。特斯拉在汽车市场上的小份额和高市值就是例证。用传统反垄断的市场份额作为标准，丰田的市场脆弱性会更低，但资本市场并不这么认为。

综上所述，微观经济分析采用静态分析，更倾向于普通能力的视角，而忽略了动态能力。熊彼特（含蓄地）关注动态能力和动态（高能力的）竞争。标准产业组织经济学隐含静态优化，因此涉及普通能力和普通（低能力的）竞争。这种思路对竞争政策的影响是，它淡化了创新作为竞争机制的作用。①更糟糕的是，它导致了有利于静态竞争而削弱动态能力的政策。

3.2 技术能力和企业边界

如上一节所述，交易成本经济学要求企业的边界设定不仅要参照合同问题，而且要参照从合同角度看的组织的技术能力（Teece，1980，1981）。威廉姆森（1975）明确认为，技术的不可分离性并不足以确定企业的边界。他讨

① 一些竞争机构的工作人员和许多反垄断学者可能不同意这一判断；但他们没有能力或意愿超越标准的产业组织文献，以及他们撰写的著述和提出的建议，恰好说明这个判断是成立的。

论了为什么仅靠“能耗经济性”（thermal economies）不足以解释钢铁制造业的一体化。他总是问：“为什么这些经济性不能用合同来获得?”随着时间的推移，威廉姆森开始看到经济组织的问题并不是“非市场即层级制企业”，而是两者同时存在（Williamson，2002，第175页）。他对产权方法持批评态度，因为它假定了“关于回报的共同知识”（common knowledge of payoffs，Kreps and Wilson，1982）和无成本的讨价还价。

战略管理理论告诉我们，个体企业的竞争优势，尤其是在高科技领域，源于拥有正确的能力（并巧妙地使用它们）和设置正确的边界（治理）。技术能力包括普通能力和动态能力两种要素。企业能力的衡量不仅与企业用来实现最佳实践（普通能力的一部分）而拥有和使用的知识（技术资源）存量有关，而且与企业预期、发展、协调、结合现有技术并发明新技术这一动态能力的关键方面密切相关。换句话说，为了适应不断变化的用户需求而使用的技术/数据和其他资源是非常重要的。正如贝尔和帕维特（Bell and Pavitt，1995，第78页）指出的：“产生和管理技术变革所需的技术能力包括技能、知识和经验，这些技能、知识和经验通常（但并非总是）与操作现有技术系统所需的技术有本质区别。”这些技能和能力可能是公司特有的。勒尼德·汉德（Learned Hand）法官在1945年对美国铝业公司的判决①中承认了企业专有能力（firm-specific）的概念，并指出法律不应惩罚凭借出众的“技能、远见和勤奋”而取得的成功。早在战略管理文献中的各种理论框架出现之前，汉德法官就开始考虑动态能力的视角，更不用说反垄断文献了。

然而，技术资产不能支持竞争优势，除非它们被巧妙地部署。公司需要一个可行的商业化战略建立竞争优势。例如，柯达早期在数字成像技术方面处于领先地位，但未能实现商业化，部分原因是担心损害其高利润的感光胶片销售。简言之，如果想在市场上取得成功，公司还需要持续的改进和强大的商业化战略。成功不仅仅是几项大胆的举措，它还需要持续（但快速）的学习，包括发明、模仿、修正、收购（如果缺少技术元素的话）和战略联盟。简言之，强大的能力是必要的，原因有二：（1）达成或超越与现有产品相关的“最佳实践”（在质量和功能方面），如通过有远见地使用和改进现有技术；以及（2）开发新的产品和服务以满足并在可能的情况下预测客户/用户的需求。

① 美国诉美国铝业案148F. 2d416（2dCir. 1945）。

这首先需要强大的运营管理（普通能力）；其次需要创业管理，而创业管理需要具备“感知”新市场和技术趋势，理解它们，然后“抓住”时机的能力（即强大的动态能力；Teece，2007，第1319—1350页；Teece，2016）。

技术能力绝不是唯一需要的能力。企业必须能够有效地管理外包活动依赖的参与者生态系统。因此，治理与签订合同是密切相关的。一些公司（如苹果）可能选择外包其价值链的某些部分，而另一些公司（如三星）则将不同的部分保留在内部或全资子公司，在那里它们可以依靠法治保护它们的技术免于被盗用（即盗窃）。要把内部自制和外部购买的平衡搞对，不仅需要了解要做什么，还需要了解有哪些外部能力能以具备竞争力的价格外包，以及需要何种程度的内部监督才能成功实现自制。外包的内容、地点和方式是具有强烈公共政策影响的关键管理问题，而答案既取决于签订合同的成本，也取决于企业能力。

实现自制或购买的正确组合不仅涉及良好的管理（Chesbrough and Teece，1996），还需要良好的公司治理，因为董事会成员需要支持大胆的举措。给定如今董事会的构成方式，董事会成员可能需要将其注意力分散到无数的合规监管问题上，即使在高级经济学（advanced economics）中，也不能假定存在良好的战略治理。这里的治理挑战在于，与“疏忽之罪”相比，“委员会之罪”往往更明显，并且与董事会成员的责任有关。对许多董事会成员来说，让企业少做一点（就大胆的战略举措而言），而不是多做一点，似乎会让他们更安心。

3.3 更紧密的一体化和扩大外包的（明显）悖论

能力理论的一个关键特征是，它认识到成功的企业拥有“战略性”或核心资源，因此这些资产不可被缔约，也就是说，它们需要被纳入共同的所有权和控制之下。除了最大的科技公司外，所有公司都紧紧围绕着一个战略核心进行一体化，并将其余的大部分外包出去。

核心可以随着时间的推移而改变。有些东西，比如数据处理和存储，与过去相比，显然“不那么核心”了，从向第三方云服务的转变就可以看出这一点。① 在过去十年中，由于生态系统中关键能力分布的变化，计算机硬件和软

---

① 同样，人们也可以在同一家公司内观察到不同的选择。例如，网飞将云计算支持外包给亚马逊，但在内容制作中纵向一体化。

件行业发生了向网络提供服务（network-delivered service）的根本性转变。在2010年之前，无论是对小公司还是大公司而言，软件系统通常由公司自行设计，并通过购买机架式服务器来部署，这些服务器会安装必要的软件，并在适当大小的数据中心运行。

现在，关键的能力不再是设计和提供软件的基本元素，这已经变得非常普通。现在更关键的是协调系统所需的动态能力。① 此时，外包这些基本元素与创建和维护资产编配能力（asset orchestration）是完全一致的。软件系统的要素通常是开源库和广泛可用的计算与存储能力的组合，这些计算与存储能力通过租用在云中运行的应用程序、平台或基础设施的访问渠道来部署。这些应用程序、平台或基础设施由亚马逊、谷歌、IBM 和微软这些在西方最著名的企业运营。这是由无处不在的高速网络连接和大规模的可伸缩架构实现的。在这种情况下，纵向一体化到数字基础设施的需求减少了。同外部供应者的合同安排相当令人满意。

通过外包可以不断降低成本并改善质量，从而加强了外包这些要素的动机。在市场的另一边，亚马逊和谷歌已经意识到它们运营的这些基础设施同样可以用来支持其自身的业务。至少，这给了它们规模优势，允许它们在更广泛的基础上分摊数据基础设施的固定成本，并让规模优势发挥其杠杆作用。在最好的情况下，它也是一个新的主要利润来源，亚马逊网络服务（AWS）的利润率远远高于亚马逊的核心零售业务。

在交易成本可以接受的情况下，为他人提供基础设施服务是可行的。这反过来又要求这一可用于出售的功能是能够易于理解和标准化的，利用云服务所需的互联具有易处理的复杂性，而云服务的优势在于规模。规模优势既可以来自物理规模（即更大的数据中心有更低的可变成本），也可以来自学习效应（即由于其开发成本分散在一个庞大的客户基础上，可以提供更好的解决方案）。在早期，云服务是相当基础的，包括计算能力、存储空间等，有易于理解和简单的接口。随着云服务的成熟，其范围和复杂性正在增加，例如，管理用户登录凭证的整个复杂问题可以外包给做得更好的专业供应商，因为它们管理着成千上万的用户，可以更好地防止垃圾邮件和诈骗。这与威廉姆森交易成

① 值得注意的是，交易成本经济学不适合研究生态系统或供应链的协调，因为它的分析单元是二分体。严格地说，交易成本经济学感兴趣的是树木，而不是森林。

本经济学框架的预测一致；合同关系可以完全且稳定地管理不可交易的特定服务的供应商和消费者之间的关系。提供基础设施服务所需的大部分内容都是非常通用的，并包含非常有限的交易专用型（即特殊）元素。

3.4 数据所有权的优势

然而，越来越清楚的是，对数字企业（尤其是面向消费者的数字企业）来说，拥有并利用关键的“数据湖”（data lakes）是企业专用型竞争优势的关键来源，这些“数据湖”记录了客户的行为和偏好（以及驱动这些选择的相关环境因素），并帮助训练人工智能系统，这些系统又用于支持向客户和其他用户交付价值所需的相关能力。数据湖通常非常复杂，集成了多个不同的数据源和数据类型。这些数据的来源越来越多地来自连接设备，比如手机和汽车，这些设备要么为客户所有，要么以某种方式观察客户的行为。

谷歌是一个标志性案例，通过其应用程序运行的设备生态系统能够系统地收集、管理和利用客户行为数据。为了实现这一目标，谷歌采用了跨多个设备类型和多种服务提供统一体验的方法。谷歌的方法不仅仅是简单的一体化：它相信自己的每一项服务都能从其他服务中获益。同样，同一个客户可以通过手机、平板电脑和媒体设备获得服务。尽管苹果的定位有一个关键特点，即它将所有的硬件和软件产品紧密结合在一起，但苹果的每一种设备类业务都可以从其他设备类业务中获益。同一个客户可以分别通过 iPhone、iPad 和 AppleTV 获得服务。如果苹果的媒体服务是用苹果卡支付的，那么它们就会受益。苹果也利用了客户数据，但可能达不到谷歌的程度。

为编配客户行为数据培养正确能力的挑战远远不只是技术挑战。还有两个重大的经济挑战：联合产品挑战和知识资产挑战。

第一个挑战是联合产品问题，这是因为数据有许多不同的来源，并以许多不同的方式使用。事前通常不可能知道哪些来源和哪些用途将是有价值的。这里的核心问题是经典的联合产品问题的某个版本。当一个企业生产的产品需要固定或准固定比例的投入（或列昂惕夫所说的“生产过程”）时，它有时会产生副产品或服务，这些副产品或服务可能是有价值的、无价值的，甚至是负价值的。这些副产品的价值可能会发生不可预测的变化。因此，当早期的澳大利亚牧羊人为了获取羊毛而饲养绵羊时，羊肉是一种副产品。起初，羊肉毫无价值；但是，随着 19 世纪 80 年代冰箱的发明，它就变得有价值了。同样，精炼原油也会产生石油焦，石油焦的价值很低，但不是零价值，因为它可以进一步加工成工业燃料。有时候“副产品”可能最终会成为主要产品！例如，网飞将记录客户数据作为管理DVD租赁业务不可避免的副产品。这些客户数据构成了其预测算法的基础，并成为其核心竞争优势。同样，亚马逊最初在2000年开发了云计算，作为其自身和第三方商家（如Target、Marks and Spencer）的辅助软件支持功能。为了更充分地利用它创造的过剩产能满足峰值需求，它开始向其他公司提供服务，亚马逊的AWS现在是一项非常有利可图的业务。这个例子颇具“彭罗斯色彩”，因为艾迪斯·彭罗斯（Edith Penrose）建立了一个围绕过剩资源的企业增长理论。亚马逊意识到自己非常擅长运行计算机存储等基础设施服务，也非常擅长运行可靠、可伸缩、成本低廉的数据库（Miller，2016）。

第二个挑战是知识资产问题。关于客户行为的相同数据在某些情况下可以重复使用，因此是非折旧资产。① 这意味着，虽然人们知道资产可能是有价值的，但确定其潜在价值（以及是否值得收集和处理）是困难的，因为人们可能（事先）不知道一条信息可以被重复使用多少次。这意味着，在收集数据方面应该投入多少资金这一问题上，需要另做判断。

谷歌是一个很好的例子，在理解“从搜索中收集客户数据，然后将其与广告联系起来”的价值方面，它是十分成功的早期先行者。② 20年前谷歌推出时，它的关键资产是对网络内容的结构化理解；如果有人在找什么内容，很有可能在谷歌上找到它。起初，来自这种搜索活动的客户数据与广告业的联系并不紧密。谷歌在2000年成为雅虎的分包商，同年它推出了Ad Words服务（Hu，2002）。一开始谷歌盈利不多。

现在，由于谷歌有能力将来自客户搜索的数据③与来自许多行业的众多公司的需求联系起来，于是产生了一个非常赚钱的商业模式。谷歌拥有在线消费者活动的详细信息，这些信息来自它在所有广告商网站上放置的追踪器cookie、

---

① Teece（1980，第223—247页）解释了其中一些问题。

② 谷歌也是纵向和横向一体化的典范。长期以来，谷歌的大部分广告收入涉及流量获取成本（TACs），例如，谷歌向在其网站或设备上运行谷歌搜索产品的网络成员支付收入分成。2011年，流量获取成本占谷歌Adsense广告费的51%。因此，谷歌在过去10年里一直试图减少收入分成，终止Adsense关系，整合谷歌网络成员提供的垂直领域。

③ 在动态能力方法中，这被称为“资产编配”，是“抓住时机”的一部分（Teece，2007）。

它对个人搜索历史的了解，以及安卓（Android）手机发回的所有数据。谷歌知道设备用户的位置，以及离用户最近的地理位置。谷歌知道用户刚刚访问了哪些网站。谷歌读取 Gmail 邮件。谷歌知道很多，并利用这些数据与广告商合作，鼓励广告商改进他们呈现自己的方式，明确他们想要什么，然后进行匹配。这种结构意味着当用户搜索时，他们可以得到更有用的结果。他们给用户的广告更有可能是相关的和被点击的。因此，谷歌的利润率上升，并成为美国最大的公司之一。①

同样真实的是，新产品（和服务）的开发和交付涉及软件开发和数据挖掘的复杂协调和风险（负面溢出）。数据安全是这一切良好运行的必要条件。这也是一个技术挑战。能力（包括普通的和动态的）也很重要。很少有公司能做到这一点。创造并协调数字化能力以便为最终用户创造价值，需要使生态系统内的预期趋同，需要价格系统本身无法实现的某种生态系统管理。②

4. 能力因素、威廉姆森的合同理论和企业的边界：一些说明

正如前面提到的，以及威廉姆森认识到的，同时使用能力理论与交易成本经济学，可以让我们更好地理解大型科技公司的管理和政策问题。能力理论要求引入细节。本文提出的一个命题是，当涉及管理决策或竞争政策的执行行动时，单有能力理论或交易成本经济学是不可行的。这两种方法是互补的，但是不一定各自独立。

为了进一步探讨这些问题，我们现在看一些历史上已知的和处于准假说状态的说明性示例，它们展示了交易成本经济学和能力概念的应用，并对管理和政策产生了影响。这四个例子涉及共同所有权的紧迫问题。

4.1　示例 1

假设谷歌拥有一家广告公司（Adco），并意识到如果能将广告与移动地图应用程序（Mapco）连接起来，销售广告将更有利可图。如果没有一体化，这

---

① 谷歌是一个有趣的组织，因为它构建了自己的软件，拥有自己的存储，甚至设计自己的芯片。这些最新的行动是否真的必要，这是一个有待探讨的问题。

② 脸书目前（2020 年 7 月）正在发现这一点。多年来，该公司一直不理会外界对其算法传播仇恨言论和虚假信息的担忧。该算法的设计宗旨是最大化用户参与度。现在，它面临着主要广告商（有时间限制）的抵制，还有数百家广告商考虑这样做（Bond，2020）。

两个实体能否很好地运行在一起？也就是说，能否在不扩大企业范围的情况下实现范围经济？这是我之前（1980，1982）提出的基本问题；竞争经济学家很少以这种威廉姆森式的方式阐述这个问题。但在评估大型科技公司和反垄断时，这显然是一个基本问题。

因为我们知道每个业务都有重要的规模经济（数十亿美元已经花费在开发和维护谷歌Maps和谷歌Earth上），在业务环境中，很可能少数几个供应商形成了威廉姆森（1975）所说的“数量太少”的情况。如果谷歌的Adco与一个独立的Mapco合作，这将使Mapco能够发展成为潜在的竞争对手，也就是说，Mapco（不属于谷歌）将会在地图业务上得到规模效益。即使最初只有两三家独立的地图公司，在威廉姆森式的“根本性转变”（1985年）发生之后，也会有一个在规模上占据主导地位的Mapco，它会具备“威胁”到谷歌的潜力。其结果是合同的不稳定性部分源于根本性转变，部分源于威廉姆森所说的不可避免的“合同不完备性”。随着应用程序的发展，Mapcos的数量将迅速减少，从议价的角度看，谷歌将处于劣势。很早以前，在《市场与层级制》（1975）一书中，威廉姆森强调，合同不完备的根本原因是有限理性（由于人类决策者的认知或“神经生理学”限制，人们无法具体说明每一个偶发事件）和不确定性（由于未知的未知，可能的偶发事件数量是无限的）。因此，需要进行一体化（即共同所有权）以避免潜在的要挟和相关问题。

进一步推进Mapco/Adco的假设，需要注意的是，如果Adco和Mapco分开，双方频繁的产品升级将放大合同的复杂性/困难。随着时间的推移，应用程序（地图和其他应用程序）将转移到有不同属性和不同要求的不同平台上，包括台式电脑、笔记本电脑、移动设备和交通工具。每个转换都需要协调或重新设计应用程序，并联结各方之间的接口和数据。换句话说，它们需要（动态）编配能力，除了交易成本外，这种能力的建设和维系都是高成本的。

把Mapco想象成一块广告牌或许会有所帮助。当用户在地图上查看和搜索时，就有机会投放广告，因此Mapco和Adco需要共同努力，确保这些广告能吸引用户的目光，从而优化收益。关于位置、切换和类似的决策需要联合优化和频繁的重新校准，这在技术上和合同上都很难实现。Mapco知道用户在看什么，而Adco知道很多关于用户的信息。此外，用户的后续行为（点击广告，查看其他地方，等等）会产生新数据，其所有权必须经过协商。数据协调得越好，产生的收入就越大。

这里讨论的企业边界问题在我的职业生涯早期以一种较温和的方式得到了解决，当时我努力将交易成本经济学应用于技术共享问题。《范围经济和企业的范围》（1980）和《走向多产品企业的经济理论》（1982）结合了奥利弗·威廉姆森、艾迪斯·彭罗斯和理查德·纳尔逊（Richard Nelson）的观点，考察了在专门技术（knowhow）和知识产权市场上通过合同安排（和横向一体化）共享技术的合同问题。这些论文指出了一些问题，它们往往会导致拥有技术资产的公司认为共同所有权是最好的组织方式。当时的交易成本经济学分析已经参考了资产/资源/能力的概念，并建议在技术资产存在争议时进行（横向）一体化。① 随着技术世界中出现了复杂多变的相互联系，现在的情况更是如此（Baldwin and Clark，2000）。毫无疑问，FAANG 的许多业务（尤其是设计和开发方面）都因这些问题而紧密结合在一起。

4.2 示例 2

另一个威廉姆森式的问题是，谷歌是否应该与 YouTube 建立一种合同关系，或者所有权关系。谷歌的商业模式是提供免费搜索，并通过与寻求搜索结果的用户相关的广告产生收入。威廉姆森认为，所有权的不利之处在于，YouTube 员工的积极性可能会因为 YouTube 并入谷歌而减弱。

威廉姆森的交易成本经济学要求我们询问，如果两家公司保持分离，但寻求从合同中获取利益，所需合同的性质是什么？如果两家公司签订长期合同，YouTube 或谷歌的交易专用型资产是否面临风险？交易成本经济学方法需要询问双方是否有必要进行大规模的专用（不可重新部署的）投资以支持服务的交付，并避免“根本性转变”的风险。从交易成本经济学的角度看，目前还不清楚情况是否如此。YouTube 可以承诺按照允许谷歌搜索的方式存储视频内容并编制索引。因此，交易成本经济学分析可能主张独立的实体通过合同关系开展业务。然而，在前瞻性的（即动态的）交易成本经济学框架内进行更深入的研究面临着挑战：视频内容索引技术正在迅速发展，越来越多地使用深度学习系统直接审查内容，以此进行分类，而不是简单地依赖基于文本的元数据。这些系统需要大量的专用投资，并高速访问视频内容的所有方面。从能力

---

① 技术诀窍和数据在组织方面是相似的。虽然技术有编码和未编码的维度，数据也明显可以编码，但是理解和使用它有隐性维度。

的角度看，我们可以进一步了解谷歌的核心优势：了解消费者以及如何为内容编制索引。它希望获取 YouTube 平台上的搜索结果；而签订合同获取这些信息会很复杂。此外，谷歌的战略利益在于拥有一个视频平台，该平台的重要性最终可能与其基于单词的搜索引擎相当。与动态能力相关的机会识别技能有利于谷歌收购 YouTube，而仅有交易成本经济学的逻辑可能还不够（见附录）。

4.3 示例 3

苹果 iPhone 是过去 20 年里最具标志性的设备/系统，它为交易成本经济学和能力概念如何结合提供了多种见解。史蒂夫·乔布斯在发布 iPhone 时说：

> 今天我们要介绍三种革命性产品……第一种是带有触摸控制的宽屏 iPod。第二种是革命性的手机。第三种是一款突破性的互联网通信设备……这不是三种独立的设备，这是一套装置。我们称之为 iPhone。（Mingis and Kossovsky，2007）

此外，为 iPhone 提供类电脑功能的关键微芯片——应用处理器，是由三星根据苹果的规格设计和制造的，使用的是一家英国公司 ARM（Advanced Reduced Instruction Set Computing Machine）的处理器架构。到 iPhone4 发布时，苹果开始使用自己的基于 ARM 的“A 系列”处理器，这一能力在之前两年就开始培育了。A 系列架构现在不仅是 iPhone 的核心，也是 iPad 和苹果手表平台的核心。① 虽然三星继续生产 A 系列芯片数年，但它不再负责设计，从动态能力的角度来说，这是特别重要的，因为三星已经成为苹果在智能手机市场上的主要竞争对手。②

---

① 2020 年 6 月，苹果宣布把 Mac 电脑的处理器从英特尔（Intel）换成基于 ARM 的苹果处理器。

② 将这种内部芯片设计的转移与苹果对富士康等供应商提供的外部制造服务的持续依赖进行比较，是很有意思的。威廉姆森仍然会从交易成本和合同复杂性方面寻求见解。与富士康和其他公司签订的合同可能相对明确、稳定且具有一定的竞争力。然而，富士康和其他苹果代工制造商拥有强大的制造能力，这是难以复制的。正如梁国勇（2016，第 149 页）指出的，富士康独特的能力，尤其是它对特定要求的灵活响应和快速调整规模及规格的能力，对苹果非常有吸引力。他指出，富士康与苹果的合作关系远远超出了传统的供应商与买家之间的关系。能力方面的考虑似乎压倒了交易成本经济学方面的考虑。目前双方可能存在大量的交易专用型投资。由于移动硬件和软件之间复杂且不断变化的接口，与专业芯片供应商签订合同将提高依赖度。然而，通过纵向一体化，苹果更容易克服这种依赖。这将在第 5 节中讨论。

iPhone 本身就展示了设计集成方面的能力。它可以是一家公司设计和制造的三种设备；或者三家独立公司的三种设备；或者由三家公司通过合同捆绑在一起的一种设备；或者由一家公司创造的一种集成产品。

本着威廉姆森的精神，让我们想一想，如果苹果与三家独立公司签订合同，设计三个独立的“模块”（手机、音乐播放器、移动网络设备），这些模块必须以某种方式整合到一个设备上，以反映乔布斯娱乐其客户的三种革命性“产品”，那么 iPhone 的开发将会如何发展。首先，如果不牺牲性能和设计，就不能保证模块化是可行的。实际上，谷歌曾尝试过一种低成本的模块化手机设计（Project Ara），但经过几年的开发工作后放弃了。① 外包给联盟伙伴，就像波音公司开发和制造飞机一样，② 将增加智能手机开发的成本和复杂性。这需要针对管理和组织的痛点，增加由律师作为中介的合同安排。

上市时间是一个会受到影响的战略层面。把 2007 年 6 月 20 日定为发货的最后期限。即使是在一家一体化的公司内部，也远非一帆风顺，有一份报告将发生的分歧描述为“狗咬狗”（Vogelstein，2013）。如果这是苹果内部的一场混战，我怀疑如果是三家独立的公司试图通过合同进行合作，情况可能会更糟，iPhone 很可能不会如期出现。威廉姆森注意到，苹果公司有“自己的争端解决机制”（Vogelstein，2013），而乔布斯确保苹果公司的机制能高速运转，比法庭或法院威胁可能达到的效果更快。如果乔布斯不动用他的执行权，发布的最后期限可能就会被错过。乔布斯本能地喜欢将核心能力整合到一个屋檐下，这与威廉姆森对（纵向）一体化的偏爱是一致的。③ 但是请注意，iPhone 的成功发布更多依赖于交易成本最小化。然而，如果没有一个高级管理人员指导这个过程，④ 一体化的方法可能不会像在计算机、电信和娱乐行业的独立实体建立同类最佳（best-in-class）联盟那样成功。

苹果很快就采取了自制（即一体化）策略。随着 2012 年 iPhone 和 iPad iOS 6 的发布，苹果推出了自己的地图版本，与谷歌地图竞争。苹果地图最初

---

① 与模块化概念相关的问题包括体积效率的损失，因为放置设备的物理框架会增加手机的尺寸和重量，这对用户来说都是负面的属性。

② 机翼、机身和引擎都是模块化的，许多子系统都外包了。

③ 正如彭博社的一篇报道指出的：“史蒂夫 · 乔布斯长期以来一直认为，苹果应该拥有自己产品的技术，而不是依赖其他芯片制造商的混合技术，包括三星、英特尔、Imagination 公司。”

④ 管理者的创业能力是企业动态能力的重要组成部分（Teece，2012b，第 1395—1401 页）。

的发布被普遍视为一场惨败：地图存在缺陷，转弯导航也不准确，苹果为此向用户道歉。随后，苹果完全重建了地图服务，现在它是 iOS 上最常用的导航应用程序。数字地图得益于用户使用情况和用户数据，而这正是苹果最初缺乏的（参见康奈尔大学网络课程博客“ECON 2040”）。事实上，对次优地图服务的初始投资可能是生成所需数据以支持当前领先服务的必要步骤（Capron and Mitchell，2012）。

通过仔细观察苹果在第一款 iPhone 的应用处理器方面的经验，就可以看出企业能力分析框架和合同分析框架在解释企业范围方面的互补性。苹果缺乏在现有时间内设计处理器的能力。英特尔对这项业务并不热衷，① 所以苹果转向了三星。但是，由于苹果没有芯片设计能力，所以它甚至不能很好地说明自己的需求。正如苹果公司经理约翰·兰道夫（John Randolph）所说：“他们（指苹果公司）没有自己的芯片设计专家，这使他们与三星的沟通非常糟糕，这就是为什么 iPhone 的 H1 处理器不是他们十分想要的，尽管这真的是他们寻求的。换句话说，这主要是苹果的错，而不是三星的错。”（Dilger，2015）

兰道夫的引用强调了威廉姆森不常提及的另一个合同问题：如果公司没有内部能力，员工甚至可能不知道如何描述其需求。同样，苹果的内部硬件设计和供应链管理能力，使它能够完全巨细靡遗地列出最终制造业步骤并将其外包给富士康和其他组装其产品的公司。这与威廉姆森在哈斯商学院的同事戴维·莫尔利（David Mowery，1983）的早期工作以及对并行采购（Parmigiani and Mitchell，2009）的研究是一致的，后者表明，内部研发和外包的关系是互补的，而不是相互替代的。一体化和合同的这个（互补）方面，从根本上讲是一个知识/能力问题，这在交易成本经济学中是不存在的。

如果苹果的合同选择只针对合同问题，那就没有意义。能力是关键，战略优先事项也是关键，这不同于威廉姆森强调的预期的合同困境和“要挟”问题。苹果销售高端产品，并通过提供最好的用户体验来竞争。这就要求所有元素都能很好地结合在一起，高质量的用户体验更容易确保核心元素在技术和组织上都是一体化的。

① 据报道，英特尔首席执行官 Paul Otellini 不认为 iPhone 的销量足以证明低芯片价格是合理的；所以英特尔给出了一个非常高的价格，但未能赢得业务。

4.4 示例4

2012年，美国联邦贸易委员会（FTC）调查了脸书和照片墙（Instagram）的合并，并且不建议采取进一步的行动。2014年，它还批准了脸书收购瓦次普（WhatsApp）的交易。直到2019年，脸书在这两笔收购中都保持了独立的品牌。互用性（interoperability）起初是不可能的。数据自主权也同样被抛弃。

脸书对照片墙的收购（反垄断机构可能不应该批准这次收购）显示了当前反垄断框架的缺陷：既没有考虑到能力及其可能的发展；也没有认识到示例1—3讨论的明显的一体化优势；更没有意识到，脸书通过收购，消灭了一个极有可能与自己展开激烈竞争进而在数字广告市场创造必要竞争的对手。

反垄断执法机构评估这些合并对竞争影响的最常用方法是采用潜在竞争原则。潜在竞争原则起源于1950年对《克莱顿法案》第7节的修正案（Glick and Ruetschlin，2019）。然而，它的使用有两个问题：（1）该原则从来就没有多少实质内容和分析能力；（2）各种法院判决和（芝加哥学派）经济分析表明潜在竞争是一个含糊不清的概念，不能有效发挥作用。这反过来使这一概念容易被误用。鉴于目前的技术水平，它的频繁使用和不确定的含义将使执法行动变得反复无常。

也就是说，我们需要一个可行的潜在竞争框架，正如两位学者（Glick and Ruetschlin，2019，第12—13页）指出的：

> 脸书和大型科技公司利用网络效应维持其市场主导地位，因为网络效应可以提高消费者市场中的用户价值和数字广告市场中的广告商利益。从事创新的初创公司给这些市场带来了竞争压力……收购初创公司可以阻止这类可能会削弱在位企业主导地位的公司在未来进入和扩张，从而减少潜在进入者带来的具有约束作用的竞争压力，使主导企业受益。

上述两位学者忽略了大数据问题，正如之前讨论的，大数据问题现在可能比网络效应更重要。他们认为，最高法院的各种判决，包括美国诉埃尔帕索天然气案和美国诉Penn-Olin化学公司案，削弱了支持潜在竞争原则的“反竞争效应”论。在后一个案件中，法院非常正确地指出，潜在竞争“不是一个现成而准确的解决方案”。1968年和1982年的合并指南处理了潜在竞争问题，但没有列出适用它的明确标准。1976年美国诉海洋银行案（U. S. v. Marine

Bancorporation）进一步削弱了当时行不通的概念。此后，如果集中市场不存在、没有其他潜在进入者以及没有证据能证明独立进入（independent entry）带来的促进竞争效应，判例法就不支持潜在竞争主张。显然，无论是经济学家还是法院，都不具备确定未来可能的市场演变以及新进入有无合并问题的专业知识。

脸书对照片墙的收购暴露了传统方法的弱点。从静态的非战略框架看，这笔交易无疑是合规的。既然提供的服务是免费的，那么消费者的福利会受到什么损害呢?

当然，脸书的商业模式一直是通过广告市场盈利。在被收购之前，照片墙成功地鼓励人们离开脸书平台。照片墙不仅是潜在的竞争对手，而且是真实的竞争对手。迄今为止，谷歌和脸书是在线广告市场的主要参与者，本来应该还有第三家——照片墙。

分析上的挑战在于事先确定照片墙是否有可能（更别说是否最有可能）成为脸书的挑战者。这条线索或许本可以从照片墙的能力中找到，这体现在其令人印象深刻的用户增长率和强大的风险资本支持上。在被收购的时候，照片墙还没有进入数字广告市场，但很明显，它的商业模式迟早会要求它这么做。我们需要的是分析师能够评估潜在进入者的能力，这一点当时是不存在的，今天也仍然缺乏。能力理论和交易成本经济学可以帮助解决这个问题。这可能会引起人们关注照片墙的能力，它们可以部署在哪里，以及可能采用的盈利模式。

脸书和照片墙都免费提供社交媒体服务，但它们都在争夺广告收入。从传统的产业经济学角度看，能力根本无关紧要，合并对消费者没有明显的损害，因为只要用户愿意把他们的数据交给网络，两家公司的服务都可以免费使用。脸书的广告业务相对较新，尤其是在手机领域。照片墙似乎根本没有一个可行的商业模式。脸书表示，还有很多像照片墙这样的应用程序（包括 Path、Flickr 和 Pixable）。监管机构认为，无论是作为广告空间的提供者，还是作为潜在的社交网络提供者，照片墙都无法与脸书竞争。

欧洲和美国的监管机构都没有前瞻性，也没有看到脸书和照片墙做好了成为竞争对手的准备。照片墙已经有了用户和相应的正网络外部性。英国监管机构将照片墙视为“社交网络的补充”。脸书知道事实并非如此。一旦一个网络被广为接受，就没有什么理由要从头开始。如果可以的话，最好买下来。只要照片墙的用户数量还在快速增长，脸书就知道自己面临着未来的竞争对手。监管机构没有发现，照片墙可能会出现“赢家通吃”或“赢家拿走大多数”的结果，这也会让它给脸书带来激烈的竞争。

他们应该向前看，把重点放在能力上，而不是盯着短期的消费者支付的价格，这或许是奥巴马政府的联邦贸易委员会被抛在一边的原因。照片墙在一种新的社交媒体互动形式方面拥有强大的能力，而脸书在这方面的能力较弱。照片墙是移动时代的产物，脸书则不是。照片墙的用户群体比较年轻，而这是脸书开始丢失的一个领域。总之，在脸书呈现弱势的那些方面，照片墙将是脸书的强大竞争对手。

联邦贸易委员会和欧洲的竞争主管部门倾向于只关注对消费者的定价，而不关注其他，他们既不了解能力理论，又缺乏前瞻性，这容易使他们误入歧途。① 这两家公司是在争夺用户的时间和注意力，而不是争夺不存在的市场份额。英国竞争办公室甚至说这两家公司根本不是竞争对手，因为两家公司的服务都是免费的！他们没有意识到每家公司都在争夺广告收入。合并使脸书即使提高对广告商的收费和侵犯用户隐私，也不必担心被轻易取代。

事实证明，如果产业组织经济学家和竞争政策专家不从能力和交易成本经济学的角度理解商业公司，那么与潜在竞争相关的竞争法律就是行不通的。布罗德里（Brodley，1983）试图这么做，并参考了能力理论，指出有必要研究将资源从一个市场重新部署到另一个市场的“生产和营销信息及其他能力”。他的观点颇具“彭罗斯色彩”，彭罗斯是早期研究企业能力的学者。现代主流反垄断经济学家显然掌握了许多复杂的思想。例如，贝克尔（Baker，2019）努力在反垄断领域开展新的研究，他提出了一个现代经济学的观点，但这一观点缺少对创新的研究，而且没有考虑企业层面的能力及其重要性。此外，他的框架是有缺陷的，因为他忽视了创新对竞争的影响，几乎只关注竞争或创新的那些不可否认的重要影响。在学者和竞争政策专家开始掌握交易成本经济学、

---

① 美国司法部和联邦贸易委员会都声称他们足够理解创新；但这种大胆的信心是错误的。大西洋两岸竞争监管机构的经济学家极少引用技术管理方面的文献，而且，如果没有证据表明他们读过（更不用说理解）大量有关创新的文献，他们就很难承认自己理解这种现象。威廉姆森更为折中，他确实阅读了产业组织之外的文献（并对此做出了贡献）。正如前面提到的，他坚持不懈的工作是弄清楚“这里发生了什么”。我们不是先找理论，而是先了解清楚现象，然后就可以自由地应用现有理论或构建新理论。相反的顺序可能会让人误入歧途。目前，竞争监管机构的工作人员对研究文献的理解应该超越产业组织的技术收益方面。

与组织能力相关的概念，以及经济学以外关于创新研究的广泛文献之前，“潜在竞争是一个无效命题”的芝加哥假设不会被推翻。

5. 一体化（是自制还是购买）决策与动态能力

在科技领域，是自制还是购买的决策绝不是静态的，做出自制或购买决策的一个重要因素是，一体化和合同安排究竟哪一个允许有更快的反应。威廉姆森在他的研究中强调了管理命令（managerial fiat）的好处，包括管理者迅速引导资源的能力。他宣称：“我认为公司治理结构的决定性特征是激励强度、行政控制和合同法制度”（Williamson，2007，第 375 页）。他强调，在马奇（March）和西蒙（Simon）的卡耐基学派传统中，组织的适应性问题被低估了，因为他们有时会忽略大型组织可能变得僵化和死板的事实。① 威廉姆森确实很担心组织的不适应性。

威廉姆森倾向于用较为静态的术语描述自制或购买的决策，尽管并非完全如此。例如，在 2007 年的一次采访中，他指出（正如他在其他地方指出的那样），企业有一个动态适应的方面：

> 我认为企业是一种合同形式，它不仅使用统一所有权和授权关系促进协调性适应，其中包括对干扰的实时适应、一致预期（convergent expectations）的实时形成、较弱和较长期的职业激励，而且有自己的争议解决机制。（Williamson，2007，第 376 页）

选择组织形式还涉及动态能力问题。刻板的合同结构或僵化的内部官僚结构会损害企业的动态能力。灵活的治理，包括董事会层面的治理，则会促进动态能力。不幸的是，正如前文指出的，尽管威廉姆森的确意识到这些问题的重要性，但我们对这些问题并没有太多的洞见。威廉姆森的关注点不是硅谷的高科技公司和高度活跃的市场所需的必要条件，也许这使他忽略了如今非常重要的问题。

在开发新产品时，需要完成许多交易，并做出自制还是购买的选择。在数字领域，主要问题通常包括：（1）组织和产品界面的复杂性；（2）接口的易

---

① Williamson（1975）提到了僵化和决策偏差，但后来没有强调。

变性；（3）活动的战略和系统重要性；（4）所需能力的性质与演进。① 出现的合同问题包括合同规范与灵活性：（1）是否存在数量过少问题？（2）是否存在锁定问题？（3）是否存在“根本性转变”问题？（4）是否容易获得（外部）互补品？（5）是否可能向合作伙伴学习？（6）是否有可能通过一体化和控制更好地解决问题？

能力问题包括：（1）是否有与控制优势相关的优点或缺点？（2）获取技能和外部技术是不是“战略”问题（即是否会成为瓶颈）？（3）是否能够取得（内部）互补产品？（4）是否存在学习和规模优势或劣势？表 1 列示了这些相关事项，即它们如何随内部化（一体化）决策而变化。

表 1　市场特征与组织形式的对应关系

特征	提高价值和降低风险的组织形式	
	内部（内部进行的）	外部（合同化的）
1. 要挟和锁定的风险	不可能	很可能
2. 容易获得战略性或关键互补品	对于大型多元化公司可能获得相关的互补品	不太可能
3. 技术领先地位	很可能	很可能
4. 规模优势	不太可能	很可能
5. 易于一体化	很可能	不可能
6. 向他人学习	不太可能	很可能
7. 竞争对手向你学习	不太可能	很可能
8. 商业机密的泄露	不太可能	很可能
9. 灵活性	有时	有时

合同关系与自制或购买决策不仅仅是撰写、监督和执行一份好的合同②（有时这是威廉姆森分析的重点），还包括获取能力、系统集成问题、企业层

① 我与 Kirk Monteverde（1982）一起发表的研究首次使用 Probit 模型证明资产专用性指标与汽车零部件内部采购的可能性之间存在统计上显著的相关性。但是很少有人注意到，模型中与单个企业和系统效应有关的其他变量产生的系数大于资产专用性的回归系数。

② 如文中所述，这些又取决于资产专用性、不确定性和使用频率。

面的影响，如文化一致性、学习、感知到的公正以及与合同约定相关的司法体系。在这方面，正如一些学者指出的，威廉姆森的理论框架有点分散（Foss，1993；Hodgson，1998；Hodgson and Knudsen，2007）。此外，虽然我和蒙特韦尔德（Monteverde and Teece，1982）最先说明了资产专用性在统计上的重要性，但我们的研究也表明，解释组织边界的“核心”并不是资产专用性，而是系统效应（systems effects）和企业层面的因素。

苹果公司旗下所有设备的制造或生产几乎都严重依赖外包。在iPhone和iPad等产品的背面通常印着这样的字样：“由加利福尼亚的苹果公司设计，在中国组装。”人们普遍认为，在美国制造这些产品几乎是不可能的，而且更昂贵。更重要的是，对威廉姆森的问题而言，让苹果的全资子公司在中国生产产品也非常困难。中国制造业的规模、速度和效率超过了美国和大多数欧洲国家。此外，苹果在处理与中国政府关系方面的能力远不如富士康。苹果也不太可能迅速将供应商从富士康（它的主要合同制造商）转移到其他公司，买家与供应商的关系很早之前就发生了威廉姆森所说的“根本性转变”，但这种关系仍然存在。我相信有证据表明，富士康的能力以及苹果获取这些能力的需要才是核心。威廉姆森可能会承认这一点，但同时表示这并不意味着交易成本经济学提出的问题不存在。尽管我认为在这种特殊情况下，能力问题会压倒交易成本经济学提出的问题，但我仍然赞同他的观点。就像之前提到的我和蒙特韦尔德的研究一样，交易成本经济学考虑的并不是“大火车头”。

虽然没有太多关于细节的公开记录，但梁国勇（2016，第144页）描述了苹果和富士康的大致情况。他认为这是一种相互依赖和“双赢”的关系。这种关系必然有一个进化或学习的过程。苹果公司选择了英业达电器（Inventec Appliances）帮助生产iPod Classic；华硕负责iPod Mini，富士康负责iPod Nano和iPod Shuffle。富士康在iPad上取得的成功，让它赢得了苹果公司的信任，成为iPhone和iPad的最大生产商。据梁国勇估计，苹果公司至少给富士康贡献了三分之二的总收入。威廉姆森所说的关系专用型投资可能涉及相当多的内容，以及随之而来的要挟风险；但双方的合同关系似乎仍然十分稳定。也许正在发生的事情相当于威廉姆森所说的“人质交换”或可信承诺。

灵活性和适应性是威廉姆森认为组织内部通常应该具备的素质，梁国勇认为这两种能力正是苹果公司将业务外包到亚洲（主要是富士康[①]）的根本原因。他声称，这种关系涉及互利和相互依赖式的合作。需要明确的是，当存在要挟风险时，威廉姆森认为，共同所有权并不是唯一的解决方案。他总是相信，合同关系中的道德风险通常可以通过创造性的方式加以管理。

我们要认识到的一个关键因素是，如果外部采购允许个人从公司外部获得创新、成本节约和质量提升（制造）等能力，那么与外部采购相关的成本/风险就是值得承担的。威廉姆森始终认为，总是有许多其他因素在产生影响，但他并没有说明这些因素具体是什么。合同制造只是一个可行的选择，因为有能力的合同制造商可以完成供应链管理、零件采购和产品装配等日益复杂的工作。

6. 生态系统、联盟与平台

威廉姆森在企业研究方面的造诣并不限于市场和层级制，还涉及其他各种混合型组织形式（例如合资企业和联盟）。他（2002，第 175 页）指出："每一种通用的治理模式都是由内在一致的典型特性界定的……挑战在于列举出与设计治理结构相关的各种属性，然后以成本节约的方式使不同类型的交易与各种治理模式相匹配。"尽管他没有明确讨论生态系统和平台，但是我们可以利用交易成本经济学的分析方法解释这些现象中的一些因素。

竞争政策必须着眼于复杂的网络和生态系统，并且对不同参与者如何发挥议价能力、促进或阻碍价值创造有一定的理解。战略联盟或合作是我早期工作的大部分内容（Teece，1992）。这种安排支持创新并有助于市场运行。竞争政策的经济学家和其他人士需要认识到，这些新的组织形式具有非常强的竞争力。它们不仅影响价值获取，对价值创造也很重要，因为它们对为客户带来新的创新产品和服务至关重要（Teece and Coleman，1998）。

当数字和非数字市场中出现生态系统时（如通常那样），竞争将以新的不同方式进行。焦点企业和补位者之间的界限变得模糊。因此，补位者所在的市场通常界定不清，很难以具有竞争意义的方式界定。为了评估竞争，传统的反垄断分析将焦点企业（或多个公司）嵌入"相关"市场中。在高科技领域，

① 反过来，富士康又与其他亚洲零部件生产商签订合同，也就是说，富士康还管理着苹果供应链的一部分。

是否能够将行业和相关市场有意义地分离已经不再重要。考虑到生态系统在合作与竞争中的作用，就可以说明这一点。

以旧金山科技公司杜比实验室（Dolby Labs）为例，独立发明家雷·杜比（Ray Dolby）在 1965 年创立了杜比实验室，提供音频和视频技术以支持好莱坞音乐、电影图像和其他更广泛的娱乐业。杜比提供技术许可，并销售音频和视频产品。不过，实验室的重点在于技术开发，大批量生产、分销和营销业务则留给其他人。它的商业模式颇有创意，把制造商定位为客户而非竞争对手，这使制造商可以欣然接受非独家许可的杜比技术。“杜比与制造商是合作伙伴而不是竞争对手”（Sherman，2019）。杜比能够与制造商创造联合品牌，从而进一步巩固竞争地位。杜比的成功很大程度上源于它建立并管理着娱乐行业的高质量音频和视频生态系统。正如谢尔曼（Sherman，2019）指出的：

> 雷·杜比和他的团队对电影行业进行了长达一年的深入研究，试图将它理解为一个完整的生态系统，并建立了互惠互利的关系。他们研究了该生态系统中的所有要素（电影制片人、制片厂、发行商和电影放映商）如何协同工作，并探索如何为每一个要素创造价值。他们深知链条中的任何一个薄弱环节都可能导致失败。

最近，该生态系统已经扩展到更大范围，包括流媒体平台和移动设备。关键是，如果人们想要了解杜比的竞争方式及其参与竞争的市场，则需要采用一种生态系统的理论框架。至少，必须考虑杜比的互补性以及相关的互补性资产和技术。传统的产业组织经济学模型对分析这一现象几乎没有帮助。但威廉姆森的交易成本经济学框架可以对此类结构的设计、治理和可能的竞争政策（尤其是相关的市场决策）提供重要的见解。

7. 高科技领域的竞争政策问题：效率与垄断及新布兰代斯学派

7.1 效率与垄断的权衡

威廉姆森对竞争政策，特别是对并购政策的另一个主要贡献在于他将福利权衡的局部均衡模型（在横向并购的背景下）形式化，这是在更低生产成本以及更高价格造成的福利损失之间的权衡，更高价格是由强大的垄断势力造成的，而强大的垄断势力则源于企业的合并（Williamson，1968）。他的框架使执法机构对福利权衡的思考更加清晰而理性。尽管大多数经济学家都认可该模型，但竞争监管机构一直模棱两可，加拿大可能除外。

如今高科技行业面临的挑战是解释哪些“效率”是重要的，以及如何衡量它们。在传统（新古典主义）产业组织教科书中，效率通常分为两种，统称为静态效率：（1）降低边际生产成本的效率,① 以及（2）节省固定成本的效率。当创新成为讨论的焦点时，对效率进行量化的要求很难实现。虽然竞争监管机构通常要求量化效率，但是创新的收益（或损失）通常很难可靠地量化。其结果是，“可靠的量化”要求实际上导致了创新的收益或损失被忽略，即使与可衡量的收益或损失相比，它们的规模可能非常巨大。可管理性不再是敌人。

经典的威廉姆森权衡模型是分析的良好起点，但它不可能是终点。威廉姆森提出（加拿大已经认可），成本节约的“矩形部分”可以抵消福利损失的“三角形部分”。对创新的得失也应该进行公开讨论。创新的作用有很多方面：

（1）产品改进可以被视为需求曲线向右移动。

（2）创造全新的产品，然后创造出全新的需求曲线。

然而，采用威廉姆森模型并接受这种权衡无法刻画创新的全部作用。由于创新存在很大的溢出效应，所以需要采取某种措施提高（或减少）社会收益。威廉姆森模型只衡量私人收益，而不考虑社会收益。这是与埃德文·曼斯菲尔德（Edwin Mansfield，1977）的社会回报模型②可能相关的地方。

合并各方的责任应该是通过合并支持一系列动态效率和企业能力的提升；与此同时，竞争监管机构如果想合理地评估这些可能性，必须精通技术和战略管理。当然，即使可以评估这些标准，也需要某种方法将它们与福利标准联系起来。这需要衡量合并带来的消费者剩余以及对竞争对手的溢出效应。有一些方法可以量化这些影响。

研究竞争的学者和竞争监管机构必须牢记，动态效率（或动态效能）是

---

① 当然包括提高质量的效率。

② 根据 John Dunning 的所有权—位置—内部化（OLI）框架，内部化优势不存在（外部化优势确实存在），因此在其他条件相同的情况下，应该采用合同制造（外包）。此外，模块化在某种程度上弱化了外包资产的交易专用性，减少了合同风险。

强大的驱动力，也是社会福利的培养皿。① 然而，新古典主义在分析动态效率时，通常考虑更低的研发成本。如上文所述，最强大的“效率”通常与新产品或新流程的开发和部署有关，相关的交易或互动类型不仅关乎效率，更与能力建设、推动增长和盈利能力紧密关联。

威廉姆森关于交易成本经济学的研究也表明更好的组织安排可能会改善企业绩效，尽管很少有研究对此进行衡量。我自己的几篇研究论文都表明，新的更好的组织安排对财务产生了相当大的积极影响（Armour and Teece，1978；Teece，1981；Monteverde and Teece，1982；Teece et al.，2020）。虽然这不是衡量“效率”的直接指标，但这些研究无疑表明，与组织创新相关的福利提升是可观的。

由于认识到合并既可以阻止也可以增强创新和竞争，所以需要考虑创新，修改威廉姆森权衡模型。表1中的指标很好地展现了人们如何开始思考高科技背景下的“效率”。表2是OECD为找出动态效率类型所做的努力，这些动态类型将补充表1中更多的组织问题。我在右栏中将OECD问题分类为价值创造和价值获取。

表2　动态效率的分类

动态效率的类型	价值创造	价值获取
干中学	√	√
管理升级	√	√
把互补的分销或营销资产结合起来		√
消除重复研发		√
研发投入的规模和范围经济	√	√
共同开发知识产权		√
更好地分散研发风险	√	√
更好的知识产权支持		√
增加最终研发的财务资源	√	√
促进标准及其采用	√	√
熊彼特（独占）效应		√

① 正如我在其他地方论证的，竞争监管机构通常口头上支持创新，但常常言行不一（Teece and Coleman，1980；Sidak and Teece，2009；Teece，2012）。

威廉姆森在其职业生涯接近尾声时指出，“经济学从一个由包罗万象的理论主导的时代中涌现，当时经济学家觉得没有必要关注细节。但现在的情况已经大不相同了。行动往往在细节中”（Williamson，2007，第 374 页）。尽管这是战略管理和能力框架的重点，但细节并不是威廉姆森的强项。本文试图说明在涉及科斯式一体化选择和许多标准的反垄断或竞争问题时，细节是多么重要，尤其是与组织能力有关的细节。

7.2 威廉姆森和新布兰代斯学派

在获得诺贝尔经济学奖后，威廉姆森的著述不多，而是享受安静的私人生活。如果他知道了新布兰代斯学派（例如，Wu，2018），我想他会生气，但这不是因为布兰代斯学派攻击了芝加哥学派，他本人也不时与波斯纳和博克（Bork）交锋。他同意芝加哥学派的观点：经济分析对有益的反垄断制度至关重要。威廉姆森更喜欢微观分析方法，这种方法注重细节，而不是基于教科书中过于简单的价格理论模型。如果波斯纳和博克也这样做，新布兰代斯学派可能永远不会出现。威廉姆森非常支持私人秩序，他将私人秩序定义为在合同执行期间努力构建支持合同关系的治理结构。他批评新布兰代斯学派的原因与此前批评早期芝加哥学派的一些反垄断观点是一样的：未能充分审视事实和弄清楚“这里到底发生了什么”。要以威廉姆森式的方式参与竞争政策，就需要多学科的视角。正如他本人（2002，第 192 页）所言：“在深受复杂性困扰的经济组织领域，多元主义很值得推荐。”

首先，必须指出的是，非常激烈的熊彼特式竞争经常搅动科技领域。美国在线（AOL）看起来不错，甚至可能在短时间内就占据主导地位，却在形势突变时很快失败。类似地，网景（Netscape）先盛后衰，最终似乎被微软利用其在操作系统中的主导地位挤出了市场。开拓性的社交媒体公司聚友网（MySpace）一度迅速发展，但也很快就崩溃了。搜索引擎的兴起和消亡都在瞬间，直到谷歌最终赢得青睐。我和皮萨诺（Pisano and Teece，2007）描绘了这种混乱局面，并试图对此进行解释。

熊彼特关于竞争过程是“反复出现的创造性破坏飓风”的观点，对理解竞争如何驱动创新，尤其是创新如何推动竞争来说，是一个有益的框架。熊彼特的框架不在威廉姆森的舒适区内，因为威廉姆森的框架通常是静态的。尽管如此，它们还是可以应用于动态情形，即使这并非威廉姆森的本意。他对竞争过程的看法，不同于演化经济学家和其他经济学家的看法。他通常关注机会主义，而不是机会。然而，正如引言所述，威廉姆森拒绝将均衡分析作为理解技术导向型企业的基础。他看到了大型一体化企业的公共和私人收益，并对产业组织经济学家提出批评，因为他们对任何不了解的事情都用市场支配力来解释。威廉姆森还认为，产业组织经济学家对很多事情都不理解。他的工作重点始终是如何保护或保留财富，而不是创造财富。正如我努力展示的，有关能力的分析框架将交易成本经济学范式扩展到更动态的环境中，从而使人们可以更好地理解高科技环境中复杂的竞争政策问题。

由于缺乏一个坚实的创新和动态竞争模型，以及对复杂组织和大数据的深刻理解，那些陈旧过时的观点正在竞争政策中泛起。现在，人们普遍认为我们没有好的答案。因此，一些人提出应该放弃经济分析，或者至少在竞争政策中也应该包含政治和社会问题。新布兰代斯学派偏爱初创的小公司，如果创新会导致企业规模变大，他们就不支持创新。如果效率会影响小企业，他们就不喜欢效率。他们厌恶的不仅仅是大型科技公司，还包括沃尔玛或凯撒健康计划和医疗集团（Kaiser Permanente）这样的采购经济，因为这会导致竞争对手的减少。这种情况部分是由于绝大多数反垄断经济学家使用非威廉姆森式的狭隘（静态）微观经济学视角导致的，他们使用过时的概念框架，无力应对新情况。我们早就需要威廉姆森倡导的更微观的分析方法。新布兰代斯学派也不喜欢杠杆效应，即公司利用一个市场的优势进入另一个市场。具有讽刺意味的是，他们也不喜欢知识产权，尽管如今知识产权是初创企业而非老牌企业的朋友。同样，尽管他们暗示有必要采取严厉的政府干预，但其中一些人对政府权力持怀疑态度。

总之，新布兰代斯学派几乎没有提供任何新的东西。他们似乎完全没有意识到威廉姆森的重要性和他的贡献。他们没有新的竞争框架，只有不同的非经济优先事项。正如威尔逊等人（Wilson and Klovers，2020）指出的，新布兰代斯学派建议的反垄断干预措施：

> 作为一个简单、直白且有益的方案被兜售给公众，但它并没有说清楚背后的问题究竟是什么，更别提解释清楚为什么某个建议是最佳解决方案，执法机构将如何实施。

如果主流的反垄断分析人员不像威廉姆森建议的那样开始使用更广泛的视角，并且在知识上更加多元化，那么这些想法很可能会获得更大的吸引力，并成为新的主流。如果不了解（1）数字经济和大数据，以及（2）威廉姆森所说的经济组织令人困惑的复杂性（我将组织能力视为这种令人困惑的复杂性的一部分），新布兰代斯学派的做法正确的概率是很低的，远低于芝加哥学派及其过于简单的理论。用过于简单的理论反驳过于简单的理论不太可能产生新的见解和知识。时间至关重要，建立一个多元化的理论框架可能很困难，但并非没有可能。

本文的思想和概念为构建一个有助于反垄断或竞争执法机构填补空白的理论框架提供了起点。这需要仔细研究细节，以确定哪些基于技术的并购需要搞清楚、哪些需要阻止，以及哪些商业行为应该得到支持、哪些应该予以怀疑。

威廉姆森总是力图将他的研究建立在事实的基础上，不受教条观点的严重影响。他认为庞大并不一定是一种诅咒：有时是，但通常不是。他在理论（简单的理论）和实践之间架设桥梁方面有相当独特的能力。他从未坚持认为，只存在一种观点，他坚信我们需要汲取多种社会科学知识，才能理解复杂的组织，而大型科技公司恰好是非常复杂的组织。他欣然承认，在我们难以理解大型科技公司的崛起及其带来的机遇和挑战之际，有必要考虑创新、能力和动态，让其他人能够很好地利用他的方法。尽管不是这篇文章的主题，但他坚持认为，如果我们要制定新的政策和方法，就应该认真审视中国的商业、中国的企业，以及来自中国的系统性竞争。新布兰代斯学派并没有这样做，但威廉姆森会对此感兴趣。也就是说，结合了交易成本经济学和动态能力的分析框架有助于说明这里提出的一些命题：

（1）有关企业边界的决策对并购分析至关重要，它需要考虑交易成本、能力、学习，以及快速协调和资产编配的需要，即支持并允许动态能力的运用。那些认为大型科技公司太大的人，如果没有组织经济学框架为他们的分析提供信息，就无法令人信服地坚持这种观点。无论采用的是何种分析框架，它都必须重视混合组织结构，理解创新生态系统。

（2）“潜在竞争原则”作为竞争政策的架构，需要重建并强化。演化经济学与能力理论密切相关。后者本身的固有特点就是演化。竞争需要被理解为一个过程。

（3）必须修改威廉姆森权衡模型，以考虑并购对动态“效率”的影响，以及对竞争的不利影响，这种不利影响可能超过了短期价格上涨的不利影响。

（4）学习效应而不仅仅是网络效应，必须注入竞争政策的分析中，这一点长期被忽视。在分析规模效应和网络效应时，必须辅之以深刻理解学习，尤其是利用大数据进行的学习。学习和规模带来的好处不是天赐之物，也不是外部强加给数字化企业的。要实现这些好处，需要发挥强大的管理、工程和商业能力。交易成本经济学和能力相结合的分析框架可以帮助阐明这些问题。

（5）分析需要前瞻性。反垄断往往会回顾过去，联邦贸易委员会针对高通公司的调制解调器芯片组（modem chip sets）提起的反垄断案是一个经典案例。联邦贸易委员会和法院不仅对芯片市场未来可能的发展视而不见，甚至对当前的发展也视若无睹（Teece，2019a）。分析人员必须了解市场走向，否则，政策干预就显得无能为力。

（6）创新推动竞争，正如竞争推动创新一样。我们需要更好地理解这两种联系。主流的竞争政策很大程度上忽视了前者。

（7）相关市场分析以及SSNIP（小幅但显著的非暂时性价格上涨）测试①并不是特别有用，而且这种方法经常在技术领域产生误导，在这个领域，尽管有充满活力的熊彼特式竞争，但仅凭产品差异化就会导致几乎所有以技术为基础的产品和服务市场都是垄断的（Hartman et al.，1993；Teece and Hartman，1998）。2010年，美国联邦贸易委员会将并购审查的相关市场要求边缘化。能力（而不是市场份额）是一个值得与市场一起检验和测度（或至少是评估）的概念。

（8）分析必须是归纳多于演绎，也就是说，它应该更多地基于证据，而不是理论。②

（9）产业组织经济学家和其他竞争政策专家需要熟悉广泛的技术管理文献，包括在本期刊上发表的许多文献。有些人可能会发现我的研究很有帮助（Sidak and Teece，2009；Teece，2012a，b）。

（10）应该用长期（消费者）福利视角取代反垄断的（事实上的短期）消费者福利标准。这看似很小的一步可以为正确考虑能力和创新留出空间。

（11）动态竞争而非静态竞争应成为当代竞争政策的主旋律。

上述原则和示例为思考数字经济的反垄断或竞争政策问题提供了一个动态且具有前瞻性的分析框架。这些原则强有力地将威廉姆森的合同理论与能力问题结合在一起。

---

① SSNIP是一个用来界定市场边界的反垄断工具。

② 好的竞争政策分析就像所有好的政策分析一样，应该以证据为基础（evidence based）、以理论为启发（theory informed）、以洞察力为驱动（insight driven）。

这些原则强调了对当前有关并购政策的重要关切。我在上文中已经说明，如果把大型科技公司的边界划得太窄，可能会遇到重大的合同问题，但这并不能证明所有得到监管机构批准的收购都是合理的。它也不支持监管机构曾经阻止的所有并购。

8. 结论

威廉姆森喜欢模仿法国诗人查尔斯·佩吉（Charles Péguy）的说法，他说，要增进对复杂商业和经济组织的基本理解，其方法是以“适度、缓慢、精细、确定的方式”开展法律、经济学和组织方面的微观分析研究项目。也就是说，如果我们想更好地理解大型科技公司和反垄断，就必须关注这样的研究。没有简单的答案，那些假装简单的人是在妄想。① 让我们开始艰苦地工作吧，从有史以来最优秀的组织经济学家之一那里汲取灵感，获得启发。将资产专用性和能力这两大核心因素串联在一起，使我们有望更深入地了解这个时代重要的竞争政策问题。

附录 （虚构的）谷歌收购 YouTube 的对话

2006 年，谷歌以 16.5 亿美元收购了 YouTube。当时，有人说这是一个疯狂的价格。如今，许多人认为（对谷歌而言）这是有史以来最成功的交易之一。那时候 YouTube 已经广为人知，而谷歌视频（Google Video）虽已成立，但仍在艰难前行之中。YouTube 已获得普遍认可；它有更多的社交功能和非常受欢迎的盗版电视剪辑。对谷歌来说，有两个威廉姆森式的问题：（1）谷歌是否应该构建内部的视频能力而不是收购 YouTube？谷歌视频已经迈出了一步，虽然并没有引起人们的注意，部分原因是谷歌不想承担其服务器上的盗版内容带来的法律风险。（2）收购 YouTube 是否有意义？

为了阐明一些问题，我们可以倒退回 2006 年谷歌仍在考虑是否购买的时候。现在想象一下谷歌与其经济顾问威廉姆森和蒂斯之间的讨论。②

---

① 如前所述，所谓的新布兰代斯主义者对“大型科技”现象充满信心，而没有考虑威廉姆森给复杂的组织问题带来的影响（Williamson，2010）。

② 在 2017 年回答一位记者的提问时，我说：“如果你保持完全开放竞争的机会，市场力量将会管好主导企业……如果你是一家大公司，很难保持领先地位。小公司更有创业精神，更灵活。超市威胁街角商店，沃尔玛威胁超市，现在亚马逊正在威胁沃尔玛。”

威廉姆森：谷歌希望通过此次收购获得什么优势？到底发生了什么？谷歌的成本显而易见：除了高昂的收购价格，还会因该网站上存在大量未经授权的版权内容，承担相当大的法律风险。YouTube 是否需要谷歌作为其广告合作伙伴将其内容货币化？难道你不应该选择与 YouTube 签订广告合同吗？这不是既可以获得所有好处，同时又可以消除成本吗？有什么具体的合同因素让你担心吗？为了帮助你回答这些问题，让我提出一个关键问题：你是否认为 YouTube 将成为消费者网络视频分享的主要提供商，也就是说，你是否正在经历我称之为“数量太少的局面”（small numbers' situation）？

谷歌：是的。我们的经验表明，在一个具有强大网络效应的市场中，一旦产生了占主导地位的供应商，那么随着市场的扩大，其主导地位很可能继续；除非供应商自己搞砸。

威廉姆森：今天有什么原因导致谷歌无法与 YouTube 订立标准的广告合同？

谷歌：不，我们没有理由不能与 YouTube 建立一个标准的广告合作关系。他们是内容供应商，就像《纽约时报》一样。我们可以在它们的视频旁边放广告。

威廉姆森：那么就没有理由收购它们了。你可以签订一份好的合同，你和 YouTube 就可能各得其所。你不是还在考虑收购《纽约时报》吧？这没有什么不同，是吗？

蒂斯：我已经阅读了您关于一体化的富有见地的著作。但是，它有点静态，不是吗？我认为，当我们处于高速运转的市场时，可能需要做动态分析。您告诉我，行动往往体现在细节中。首先，让我们看看随着 YouTube 的市场和技术的发展，不可避免地会出现的合同难题。以搜索为例，谷歌利用搜索巩固其广告业务：视频内容的搜索和分类是复杂的，而且发展迅速。YouTube 带来了一个独特的挑战：它的内容不是来自标准的供应商，后者用分类所需的元数据标记内容，谷歌和 YouTube 这两家公司管理搜索和分类的界面将非常复杂。此外，这个界面将会变得不稳定，例如，我们可以预见软件可以直接查看视频内容本身并对它们分类，而无须人工干预。随着技术的不断发展，合同界面（contractual interface）也需要随之发展，随着时间的推移，它将变得无法通过合同进行管理。正如您过去说的，任何合同都是十分“不完备的”。

谷歌：但是，威廉姆森教授说的有道理。我们没有能力管理一个庞大的、不断增长的视频内容网站。正如威廉姆森教授所言，这不是我们的工作。

蒂斯：我同意。但无论如何，你都需要开发这些功能。也许我们可以同意，在我倡导的交易成本和能力相结合的分析框架下，有三个纵向一体化的驱动力。首先，我们面临威廉姆森式的“数量太少的局面”，你需要对搜索用户生成的内容并在这些内容上投放的广告进行专用性投资，这将使处于主导地位的供应商（Google 认为 YouTube 会继续存在）面临风险。第二，你与 YouTube 之间的任何合同都必然是不稳定且不完备的。第三，也是最后一点，YouTube 是你的搜索资产的战略补充。为了说明这一点，可以想象一下，从现在起五年后，YouTube 决定阻止谷歌搜索其内容，而仅将该权利授予谷歌的主要竞争对手。这会降低谷歌在其网站上出售广告的能力。

谷歌：谢谢，伙计们。我很喜欢你们通过拓展彼此思维的方式帮助解决我们的问题。但是，我那些聪明的技术人员将告诉我，你们俩都只是借了我的手表告诉我时间。无论如何，谢谢你们！

（上海交大安泰经济与管理学院　谢一鸣、管玉琳、王恬恬　译）

参考文献

Armour, H. O. and D. J. Teece (1978), "Organizational structure and economic performance: a test of the multidivisional hypothesis," *The Bell Journal of Economics*, 9 (1), 106 – 122.

Baker, J. (2019), *The antitrust paradigm: restoring a competitive economy.* Harvard University Press: *Cambridge MA.*

Baldwin, C. Y. and K. B. Clark (2000), *Design Rules.* The MIT Press: Cambridge. MA.

Bell, M. and Pavitt K. (1995), "The development of technological capabilities," in Haque I. (ed.), *Trade, Technology, and International Competitiveness.* The World Bank: Washington DC, pp. 69 – 101.

Bond, S. (2020), "Over 400 Advertisers hit pause on Facebook, threatening $70 billion juggernaut" (July 1), https://www.npr.org/2020/07/01/885853634/big-brands-abandon-facebook-threatening-to-derail-a-70b-advertising-juggernaut.

Broadley, J. F. (1983), "Potential competition under the merger guidelines," *California Law Review*, 71 (2), 376 – 381.

Capron, L. and W. Mitchell (2012), *Build, Borrow, or Buy: Solving the Growth Dilemma.* Harvard Business Review Press: Boston, MA.

Chesbrough, H. and D. J. Teece (1996), "Organizing for innovation: when is virtual virtuous?," *Harvard Business Review*, (January-February), 65 – 73.

Christensen, C. M. (1997), *The Innovator's Dilemma: When New Technologies Cause Great Firms to Fail.* Harvard Business School Press: Boston, MA.

Coase, R. H. (1992), "The institutional structure of production," *The American Economic Review*, 82 (4), 713 – 719.

Cornell University Networks course blog (2012), "Apple maps: a failure explained by network effects" (November 7). https://blogs.cornell.edu/info2040/2012/11/07/apple-maps-a-failure-explained-by-network-effects/.

De Figueiredo, R. J. P. (2010), "A Tribute to Oliver Williamson: Institutions, Politics, and Non-Market Strategy," *California Management Review*, 52 (2), 123 - 131.

De Figueiredo, J. M. and D. J. Teece (1996), "Mitigating procurement hazard in the context of innovation," *Industrial and Corporate Change*, 5 (2), 537 - 559.

Dilger, D. E. (2015), "How Intel lost the mobile chip business to Apple's Ax ARN Application Processes," *Apple Insider* (*January 19*). https://appleinsider.com/articles/15/01/19/how-intel-lost-the-mobile-chip-business-to-apples-ax-arm-application-processors.

Foss, N. (1993), "Theories of the firm: contractual and competence perspectives," *Journal of Evolutionary Economics*, 3 (2), 127 - 144.

Glick, R. and C. Ruetschlin. (2019), "Big tech acquisitions and the potential competition doctrine: The case of Facebook," *SSRN Working Paper #104*, Institute for New Economic Thinking.

Hartman, R., D. J. Teece, W. Mitchell and T. M. Jorde (1993), "Assessing market power in regimes of rapid technological change," *Industrial and Corporate Change*, 2 (3), 317 - 350.

Hayek, F. (1945), "The use of knowledge in society," *American Economic Review*, 35 (4), 519 - 530.

Helfat, C. E. (2007), *Dynamic Capabilities: Understanding Strategic Change in Organizations*. Blackwell: Malden, MA.

Hermalin, B. E (2010), "A Tribute to Oliver Williamson: Holdup: Implications for Investment and Organization," *California Management Review*, 52 (2), 132 - 137.

Hodgson, G. (1998), "Competence and contract in the theory of the firm," *Journal of Economic Behavior & Organization*, 35 (2), 179 - 201.

Hodgson, G. M. and T. Knudsen (2007), "Firm specific learning and the nature of the firm: why transaction cost theory may provide an incomplete explanation," *Revue Economique*, 58 (2), 331 - 350.

Holmstr o m, B. and J. Roberts (1998), "The Boundaries of the Firm Revisited," *Journal of Economic Perspectives*, 12 (4), 73 - 94.

Hu, J. (2002), "Yahoo sheds Inktomi for new search technology," (January 12), https://www.cnet.com/news/yahoo-sheds-inktomi-fornew-search-technology/.

Knight, F. H. (1921), *Risk, Uncertainty and Profit*, Houghton Mifflin: Boston.

Kreps, D. M. and R. Wilson (1982), "Sequential Equilibria," *Econometrica*, 50 (4), 863 - 894.

Liang, G. (2016), "The 'Fox-Apple' partnership in the global value chain: how did foreign direct investment and contract manufacturing reshape the landscape of the electronics industry," in Y. Xing (ed.), *Uncovering Value Added in Trade: New Approaches to Analyzing Global Value Chains*. World Scientific Publishing: Singapore.

Mansfield, E., J., Rapoport, A., Romeo, S., Wagner, and G., Beardsley (1977), "Social and Private Rates of Return from Industrial Innovations," *The Quarterly Journal of Economics*, 91 (2), 221 - 240.

Mingis, K. and Y. Kossovsky (2007), "Update: jobs touts iPhone, 'Apple TV'," Computer World. Jang, (January 9), https://www.com puterworld.com/article/2549128/update-jobs-touts-iphone—appletv-.html.

Miller, R. (2016), "*How AWS Came to Be*," Tech Crunch (July 2). https://techcrunch.com/2016/07/02/andy-jassys-brief-history-ofthe-genesis-of-aws/.

Monteverde, K. and D. J. Teece (1982), "Supplier switching costs and vertical integration in the automobile industry," *Bell Journal of Economics*, 13 (1), 206 - 213.

Mowery, D. C. (1983), "The relationship between intrafirm and contractual forms of industrial research in American manufacturing, 1900 - 1940," *Explorations in Economic History*, 20 (4), 351 - 374.

Parmigiani, A. and W. Mitchell (2009), "Complementarity, capabilities, and the boundaries of the firm: the impact of intrafirm and interfirm expertise on concurrent sourcing of complementary components," *Strategic Management Journal*, 30 (10), 1065 - 1091.

Penrose, E. (1959), *The Theory of the Growth of the Firm*. Wiley: New York, NY.

Pisano, G. and D. J. Teece (2007), "How to capture value from innovation: shaping intellectual property and industry architecture," *California Management Review*, 50 (1), 278-296.

Shapiro, C. (2010), "A Tribute to Oliver Williamson: Antitrust Economics," *California Management Review*, 52 (2), 138-146.

Shapiro, K. and H. Varian (1998), *Information Rules: A Strategic Guide to the Network Economy*. Harvard Business School Press: Boston, MA.

Sidak, J. G. and D. J. Teece (2009), "Dynamic competition in Antitrust Law," *Journal of Competition Law and Economics*, 5 (4), 581-631.

Spiller, P. T. (2010), "A Tribute to Oliver Williamson: Regulation: A Transaction Cost Perspective," *California Management Review*, 52 (2), 147-158.

Sherman, A. (2019), "Doing Intellectual Property the Dolby Labs Way," Issue 93, IAM, p. 46. https://www.iammedia.com/Magazine/Issue/93 (accessed November 19, 2019).

Sutton, J. (2012), *Competing in Capabilities: The Globalization Process*, Oxford University Press: Oxford.

Tadelis, S. (2010), "A Tribute to Oliver Williamson: Williamson's Contribution and its Relevance to 21st Century Capitalism," *California Management Review*, 52 (2), 159-166.

Teece, D. J (2010), "A Tribute to Oliver Williamson: Williamson's Impact on the Theory and Practice of Management," *California Management Review*, 52 (2), 167-176.

Teece, D. J. (1980), "Economies of scope and the scope of the enterprise," *Journal of Economic Behavior & Organization*, 1 (3), 223-247.

Teece, D. J. (1981), "Internal organization and economic performance: an empirical analysis of the profitability of principal firms," *Journal of Industrial Economics*, 30 (2), 178-199.

Teece, D. J. (1982), "Towards an economic theory of the multiproduct firm," *Journal of Economic Behavior and Organization*, 3 (1), 39-63.

Teece, D. J. (1992), "Competition, cooperation, and innovation: organizational arrangements for regimes of rapid technological progress," *Journal of Economic Behavior and Organization*, 18 (1), 1-25.

Teece, D. J. (1993), "The dynamics of industrial capitalism," *Journal of Economic Literature*, 31 (1), 199-225.

Teece, D. J. (2007), "Explicating dynamic capabilities: the nature and microfoundations of (sustainable) enterprise performance," *Strategic Management Journal*, 28 (13), 1319-1350.

Teece, D. J. (2012a), "Next generation competition: new concepts for understanding how innovation shapes competition and policy in the digital economy," *Journal of Law, Economics & Policy*, 9 (1), 97-118.

Teece, D. J. (2012b), "Dynamic capabilities: routines versus entrepreneurial action," *Journal of Management Studies*, 49 (8), 1395-1401.

Teece, D. J. (2014), "The foundations of enterprise performance: dynamic and ordinary capabilities in an (economic) theory of firms," *Academy of Management Perspectives*, 28 (4), 328-352.

Teece, D. J. (2016), "Dynamic capabilities and entrepreneurial management in large organizations: toward a theory of the (entrepreneurial) firm," *European Economic Review*, 86 (c), 202-216.

Teece, D. J. (2017), "Towards a Capability Theory of (Innovating) Firms: implications for Management & Policy' Cambridge," *Journal of Economics*, 41 (3), 693-720.

Teece, D. J. (2019a), "FTC V. Qualcomm should be viewed through a wider lens," *Law 360* (May 21).

Teece, D. J. (2019b), "FTC's antitrust win against Qualcomm should not stand," *Law 360* (July 29).

Teece, D. J. and M. Coleman (1998), "The meaning of monopoly: antitrust analysis in high-technology industries," *The Antitrust Bulletin*, 43 (3-4), 801-857.

Teece, D. J. and S. Leih (2016), "Uncertainty, innovation, and dynamic capabilities," *California Management Review*, 58 (4), 5-12.

Teece, D. J., D. Lovallo, A. L. Brown and D. Bardolet (2020), *Resource Re-Allocation Capabilities in In-*

ternal Capital Markets: The Value of Overcoming Inertia. John Wiley: New York, NY.

Teece, D., M. Peteraf and S. Leih (2016), "Dynamic capabilities and organizational agility: risk, uncertainty and entrepreneurial management in the innovation economy," *California Management Review*, 58 (4), 13 - 35.

Teece, D. J., G. Pisano and A. Shuen (1997), "Dynamic capabilities and strategic management," *Strategic Management Journal*, 18 (7), 509 - 533.

Vogelstein, F. (2013), *Dogfight: How Apple and Google Went to War and Started a Revolution.* Farrar, Straus and Giroux: New York, NY.

Williamson, O. E. (1968), "Economics as an antitrust defense: the welfare tradeoff," *American Economic Review*, 58 (1), 18 - 36.

Williamson, O. E. (1975), *Markets and Hierarchies, Analysis and Antitrust Implications: A Study in the Economics of Internal Organization.* The Free Press: New York, NY.

Williamson, O. E. (1985), *The Economic Institutions of Capitalism: Firms, Markets, Relational Contracting.* The Free Press: New York, NY.

Williamson, O. E. (1999), "Strategy research: governance and competence perspectives," *Strategic Management Journal*, 20 (12), 1087 - 1108.

Williamson, O. E. (2002), "The theory of the firm as governance structure: from choice to contract," *Journal of Economic Perspectives*, 16 (3), 171 - 195. Summer

Williamson, O. E. (2007), "An Interview with Oliver Williamson," *Journal of Institutional Economics*, 3 (3), 373 - 386.

Williamson, O. E. (2010), "Transaction cost economics: the natural progression," *American Economic Review*, 100 (3), 673 - 690.

Wilson, C. S. and K. Klovers (2020), "The growing nostalgia for past regulatory misadventures and the risk of repeating these mistakes with Big Tech," *Journal of Antitrust Enforcement*, 8 (1), 10 - 29.

Wu, T. (2018), "The Curse of Bigness: Antitrust in the New Gilded Age," *Columbia Global Reports*, 2018.

法和经济学

Law and Economics

Comparative

《大宪章》、法治与对政府的约束

赫苏斯·费尔南德斯-比拉韦德

正是中世纪法律史关注的主要问题，使我们可以追溯法律和法治的兴起与进步……正是秉承中世纪传统的英格兰人以布雷克顿的著作和《年鉴》（*Year Books*）为武器，终结了斯图亚特王朝的统治；美国先贤在制定宪法时，脑海中也会浮现《大宪章》和柯克对利特尔顿的评述。还有什么能比程序正义的理念或者在政府公文中加入某项合同条款，更能体现中世纪的风格？这似乎是以真正的中世纪口吻在说："有约必守"（*Pacta sunt servanda*）。

西奥多·普拉克内特（Theodore Plucknett），

《普通法简史》（*A concise History of the Common Law*）

一、引言

阅读《大宪章》难免让人感到困惑。它不像美国《独立宣言》，雄辩地阐释

---

* Jesús Fernández-Villaverde，美国宾夕法尼亚大学经济系教授，主要研究领域为：动态均衡（包括建模、模型的高效计算及估计），货币经济学，经济史和政治经济学。原文"Magna Carta, the Rule of Law, and the Limits on Government"发表于 *International Review of Law and Economics* 47（2016），第22—28页。作者感谢 Richard Epstein、Shruti Rajagopalan 和 Mario Rizzo 邀请本人参加纽约大学法学院纪念《大宪章》八百周年研讨会，并做了诸多评论。作者还要感谢本次研讨会的与会者对本文的反馈意见以及胡佛研究所为本研究提供的资助。本文更长的版本，包括在附录中做的更详尽的讨论，可参见如下网址：http：//ssrn.com/abstract=2676184。

了天赋人权，也不像美国宪法，成为条理清晰的制度设计样本，《大宪章》是来自中世纪的原型式法律文献。其中使用的语言，即使从拉丁文翻译成21世纪的英语，人们也会感到陌生。各章节杂乱地拼凑在一起（其序号是后来为了便于阅读才加上的），这份写在羊皮纸上包含了3350个单词的文献，更多是匆匆写就的，而非沉静思索的产物。① 而且，其绝大部分章节论述的是封建时代的事宜，除了古文物研究者以外，与人们少有关联。另外一些章节，比如处理犹太人事宜的部分，就当代人的情感而言，令人感觉唐突无礼。读完之后，人们不得不同意历史学家的归纳，他们将《大宪章》定义为皮埃尔·诺拉（Pierre Nora）所谓的“记忆之场”（*lieu de mémoire*）或一种认知框架，用于维系英语民族有关生命、自由和财产的共同信念，而不是将它作为一份意义重大的法律文献。

然而，对于《大宪章》，任何富有洞察力的读者都会为之惊叹。越过13世纪早期英格兰令人沮丧的真实景象，而不是我们熟悉的好莱坞大片，我们将会发现《大宪章》中蕴含着“法治”的基石。② 就像所有永世流传的文本一样，其所有的缺陷都彰显了《大宪章》的光辉。

比如，让我们看一下第17条③：

> （17）普通诉讼案件无须经由王室法庭判决，但是必须在固定地点处理。

这一条确立了一个清晰简明的程序原则：法律纠纷不能任由国王的兴致随处裁决，必须在事先确定的地点举行。如果我们连纠纷在哪里裁决都不知道，怎么还能指望纠纷得到成功解决？第30—32条还能有什么意义，怎么能够指望它们可以保护财产？

> （30）未经本人同意，治安官员、王室官员或其他人不得取走任何自由人之马匹或车辆，用作运输之途。
>
> （31）未经所有者同意，无论是我们还是任何王室官员都不得取走木

---

① Vincent（2012）简明又深刻地讨论了《大宪章》的内容和之前的《加冕法典》（coronation charters）以及它们在英国历史中的作用。然而，1965年J. C. Holt的《大宪章》仍是最经典的参考文献。

② 对这一虚构的景象，Pugh and Aronstein（2012）提供了一个不乏学术性的有趣解释。

③ http：//www. bl. uk/magna-carta/articles/magna-carta-english-transation.

材，用于建筑城堡或其他任何用途。

（32）我们留用被判定重罪之人的土地不得超过一年零一天，此后土地应归还原有的领主。

这四条是更具一般性的法律原则的核心内容。一个人即便不是一名独具慧眼的英国出庭律师，也能根据第 17 条做出推论：如果普通诉讼案件应在固定地点审理，那么规定审判程序的其他规则也应事先确定。对于第 17 条而言，它并没有将某一具体的实际位置置于至高无上的地位，因为这无关宏旨，它体现的是应当如何依据自然理性的原则做出判决这样一种认识。实际上，第 19 条和第 40 条有关程序正义和快速审判的内容进一步加强了这一论点。类似地，《大宪章》第 30 条和第 31 条提到了马匹、车辆和木材，是因为对当时一般的自由人而言，这是他们最有价值的动产。但是，尊重财产权利的一般原则应当适用于所有动产和不动产，这也是男爵们在兰尼米德（Runnymede，《大宪章》签署地）孜孜以求的目标。历史经验表明，一旦我们能够同时保障程序正义和产权保护，“法治”的其他部分以及随之而来的秩序良好的自由体系自然而然就会出现。

但是，“法治”到底是什么？这一问题才是要害，因为一方面法学家和政治学家几乎一致赞颂这一法律原则是民主与繁荣的先决条件；另一方面，对这一原则的实际含义，学者们展开了激烈的争论。正如德国律师经常爱说的，法律中到处都是含糊不清的司法概念（*unbestimmte Rechtsbegriff*）。然而，似乎没有哪个概念比“法治”更含糊不清了。

二、对法治的解释

塔玛纳哈（Tamanaha，2004）对“法治”的各种解释进行了分类，这一分类广为人知。一种狭义的解释是，“法治”是一种技术性的构造，受正式条件的约束，没有实质性的内容。可能当代法律学者大多秉承这一形式主义的观点，特别是那些深受分析主义传统影响的学者。形式方面的要求，比如法律规范应当清晰明确、不可溯及既往、没有内在冲突，是非常有价值的，因为这使法律可以引导社会成员的行为。对“法治”的广义解释则在狭义解释的正式条件之外增加了大量实质性的承诺，特别是对个人自由的尊重。此外，还有介于两者之间的观点，即在形式主义的最低要求之外，又引入了有限的实质性内容。

在本文其余部分，我首先通过考证表明，对“法治”的最初理解符合上述广义解释。其次我将说明，有一条清晰的路径将《大宪章》与“法治”的这一广义解释联系在一起。再次，我力图证明下述命题，即重新回到对法治的广义解释是我们在当代社会重建有限政府的关键。

三、法治概念的起源

在英语中，“法治”这一表述源自何处尚不确定。根据《牛津英语辞典》，第一次使用这一表述的是约翰·布朗特（John Blount）。大约在1500年，这位第四世芒乔伊男爵的亲属和牛津大学万灵学院的研究人员精选了尼古拉斯·厄普顿（Nicholas Upton）“*De Studio Militari*”（这是1447年的一部不甚重要的有关纹章和军事的论文集）的部分内容，将其翻译成英文。按照当时的拼写法则，布朗特将拉丁文 *Juris regula* 翻译为法治（*Rewle of lawe*）。①

这一表述不仅很快就广为人知，而且在论证行使权力的正当性（或缺乏正当性）时，它也发挥了重要的作用。就在不幸的查理一世在诺丁汉升起其军旗的几天之前，即1642年8月12日，他向他热爱的子民发表了一份宣言，其中指出②：

> 由于议会长期休会，以及严重偏离了众所周知的法治原则，走向了专制强权，由此导致的困难和伤害已日渐增多。

尽管在更早时期已有上述应用，但是只有戴雪（A. V. Dicey，1835—1922）在其经典著作《英宪精义》（*Introduction to the Study of the Law of the Constitution*）第四章第145—146页明确提出，自诺曼征服以来，英格兰政治制度的两个基本原则之一就是“法律的统治或至高权威”（另一个当然就是主权在议会），“法治”这一表述才广为流传。

英语世界中一代又一代学习法律的学生研习戴雪的著作，他们对这些词语已耳熟能详，以至于坚守“法治”理念已成为其专业能力的标志。③

---

① 整段内容如下：Lawes And constitutcions be ordeyned be cause the noysome Appetit of man maye be kepte vnder the Rewle of lawe by the wiche mankinde ys dewly enformed to lyue honestly。《牛津英语辞典》第3版，2011年3月。

② Hart（2003）描述了在斯图亚特王朝早期，英国人对法律和正当性的预期是如何形成的。

③ 然而，并非所有人都同意这一点。比较有名的是约翰·格里菲斯（John Griffith，1918—2010）及其在伦敦经济学院的弟子，他们仍然未能信服。格里菲斯怀疑，除了基本的正式程序以外，“法治”仅仅是一层薄薄的面纱，用于掩盖阶级统治的不平等。参见Loughlin（2010）。

戴雪信奉“法治”理念，认为英国的自由正体现了这一点。对他而言，法治中的法律就是普通法及其对个人自由的保护。对“法治”的这一重要认识经常被人遗忘，因为同样在第四章，戴雪后来又加上了“法治”的三个具体内容，即程序正义、法律之下的平等以及以判例法为基础对自由的保护（第179—187页）。乍看起来，这三个相关的概念似乎都是程序性的机制，从而使我们趋向于从形式主义的角度理解“法治”，但是，它们必须从工具的角度予以解释。

第一个理由是，若非如此，就很难理解戴雪这部专著的结构。比如，在该书标题为“法治”的第二部分，各章内容与个人自由权利或言论自由有关。第二，戴雪是一名虔诚的辉格党人。作为数代克拉珀姆教派（Clapham Sect）和激进出版人的后代，除了作为一名坚定的自由统一党人以外，很难想象戴雪还能持有任何其他政治立场。① 程序正义、平等与判例只是捍卫英国式自由的手段。第三，戴雪对法国行政法的评价相当低。法国行政法的法律规定通常是一些精心设计的规范，编纂得整齐有序，符合所有的形式主义要求：清晰、准确、优雅，体现了优秀行政人员的悠久传统。然而，戴雪坚决否认这种行政法能够实现“法治”。

但是，戴雪的思想并非凭空产生（参见 Arndt，1957；Cosgrove，1980）。相反，他对“法治”的理解遵循了以往的传统，而《大宪章》是这一传统的重要里程碑。在下一节由《大宪章》驶往戴雪的航行中，我将停留三次。由于仅有三站，我的描述将留下很多空白，忽略很多细节。我将暂时搁下经典的法律思想，对英语世界以外的法律传统也存而不论［只能简要提及一下，这一传统从圣托马斯·阿奎那的《论法律》（*Treatise on Law*）到孟德斯鸠的《论法的精神》，中间还有萨拉曼卡学派（School of Salamanca）和胡果·格劳秀斯（Hugo Grotius，国际法学创始人，被誉为国际法之父）］。② 我选的三站是为了

① 我们在前面脚注中提到的约翰·格里菲斯充分理解这一点。正如他在伦敦经济学院第七次乔利讲座（Chorley Lecture）中讲的，“法治”是“19 世纪晚期老派的自由主义者创造出来的某种幻想，托利党人借由这一特定的用法，为他们不惜任何代价也要保留某些特定的法律和政治制度与原则涂上一层保护性的圣洁之光”（Griffith，1979）。人们也许不赞同格里菲斯有关“法治”对人类福利产生影响的判断，但是，恰恰是他认识到戴雪的“法治”概念包含实质性的承诺。

② 我的本意绝不是在暗示英国有任何特殊性。正如在谈到亨利三世时期《大宪章》的延续时，Vincent（2012）幽默地评论：“英格兰的自由得自一位九岁大的安茄国王，导火索是法国的一次入侵，并由一位意大利红衣主教盖章确认。”

说明我的观点，尽管这意味着不得不舍弃其他更著名的人物，比如约翰·福特斯丘（John Fortescue，约 1394—1480）或者迈克尔·欧克肖特（Michael Oakeshott），以及一些著名的事件，比如 1689 年的《权利法案》或者恩蒂克诉卡林顿案（Entick v. Carrington）。通常这样做都会勉强以篇幅限制作为理由，但是对本文而言这是正当的，因为哪怕只是简单论及那些被忽略的议题都会使篇幅变得过长，而且我也缺乏这方面的知识储备。

四、七个世纪的转型：1215—1885 年

至少从罗马时代开始，西方的法学家就将法律视为秩序井然的理性所在，目的在于实现公共利益。尽管法律的细节可以随着时代变迁而改变，因为环境在演变，经验在积累，但是法律体系的本质，即盖尤斯（Gaius）在其《法学阶梯》（*Institutes*）一开始提到的自然理性（*naturalis ratio*），是永恒不变的。一项规范如果不尊重那些法则，就不能成为法律，因此，也就不存在“法治”。这一思想曾经反复出现。

4.1 亨利·布雷克顿

我们停靠的第一站是亨利·布雷克顿（Henry de Bracton，约 1210—1268），仅在《大宪章》签署数年之后，他就完成了自己的著作。在其名著《论英格兰的法律与习俗》（以拉丁文写就，题目为 *De Legibus et Consuetudinibus Angliae*）中，他称赞《大宪章》是一部自由的宪法，即 *constitutionem libertatis*。

布雷克顿对中世纪英国法律的影响或者对英国接受罗马法观念发挥的作用，如何强调都不为过。他展现了对“法治”的深刻理解。布雷克顿主张国王直接受法律的制约，因为是法律使他成为国王，而且国王间接受伯爵和男爵的制约，因为后者会制衡他的权力：

> 国王之上仍有更高的权威，也就是神。使他成为国王的法律也同样在他之上。国王的元老院，即伯爵和男爵也同样如此，因为如果国王像脱缰野马或者说不受法律的约束，他们就会给他套上缰绳。①

---

① 第 2 卷，第 110 页。我禁不住要引用拉丁原文 *legem per quam factus est rex*，其诗一般的韵律在英文翻译中无法体现。

理解布雷克顿的观点，重要的有两点。首先，对布雷克顿而言，上述引文的第一句并不仅仅是向他所处时代的宗教倾向妥协。祈求神灵是为了将之比作自然法则，而自然法则蕴含丰富的道德内容和功效作用，领土上的统治者必须予以尊重。① 其次，对中世纪的法学家而言，法律是探索出来的，而非创造出来的。具体的规章可以编撰、澄清、发布法律。法官可以使其适应新的环境，法律学者可以探究其内涵。但是，在这些人中，没有谁能够创造法律，更无法取消法律的道德约束。在我们生活的世界中，立法者过于积极主动，而实证主义成为时代思潮，在布雷克顿看来，法律作为“缰绳”起到的约束作用远远超出了我们的理解。哈耶克（Hayek，2011）和里德（Reid，2004）都指出了这一点。

4.2 爱德华·柯克

从《大宪章》到戴雪这段旅程的第二站是爱德华·柯克爵士（Sir Edward Coke，1552—1634），哈耶克在《自由宪章》（*The Constitution of Liberty*）一书中赞颂他是“辉格党人根本理念的伟大源泉”。柯克将《大宪章》作为奠基石，再次断言英国议会拥有反对斯图亚特王朝统治的权力。柯克认为《大宪章》是宣示古代英国自由权利的权威文献，并重新解释了其中的很多内容，尽管他在这样做时并不特别在意是否完全符合史实。比如，1604 年柯克发现《大宪章》原稿第 39 条证明了人身保护令（*habeas corpus*）的正当性。

1610 年，柯克巧妙而有力地阐释了自己关于“法治”是一种实质性承诺的思想。在邦汉姆医生（Dr. Bonham）一案的判词中，柯克争辩道：

> 如果一部议会法案有悖普通权利和理性，或者自相矛盾，或者无法实施，普通法就会予以约束，并判定这样的法案无效。

邦汉姆医生一案被视为“法治”观念的体现，人们经常从形式主义的角度予以解释。柯克否定了使皇家医师协会可以起诉邦汉姆的议会法案，其主要论据是一条古老的格言，即任何人都不得在与自己有关的案件中担任法官（*nemo*

---

① 在一部博学的著作中，Helmholz（2015）详细记述了自中世纪以来，自然法则在律师训练和司法实践中发挥的重要作用。比如，参见曼斯菲尔德勋爵（Lord Mansfield，1705—1793）在萨默塞特诉斯图尔特（Somerset v. Stewart）一案（1772）中的推理。

judex in parte sua)，因此该协会不能既是法官，又是决定邦汉姆命运的一方。

但是在柯克的判词中，有意思的地方是，他从未将自己的措辞局限于这一形式上的必要条件。实际上，柯克提出的主张远远超出了这一点，并在以后其他的判例中反复重申，即一部法令如果满足所有形式上的要求（比如经由议会按照程序批准），但违反了由“普通权利和理性”表明的原则，那么，这部法令就应受制于普通法，并因此归于无效。即使柯克并未使用“法治”这一表述，他对“法治”的理解也是意义深刻的。更为重要的是，一代又一代英国和北美的律师从他那里学到了这一思想的本质，尽管并没有使用这一表述。①

我们旅程的最后一站是美国的建立。讨论“法治”在美国立国过程中发挥的作用，需要好几卷的篇幅。比如，我受训于一个将凯尔森式的宪法法院（Kelsian Constitutional Court）与一般法院区别开来的司法体系，我曾经花费无数时间思考马布里诉麦迪逊案（Marbury v. Madison）、司法审查的起源及其对“法治”理念的作用和对世界的影响。

在这些思考中，我得出的结论是，再为马歇尔*的言辞多做一次注解或者再次争辩宪法第三款的含义，意义不大，收获更大的是回到更久远的殖民地时代，正是那个时代塑造了马歇尔及其同辈的行为。

就在这些殖民地刚刚建立的时期，牧师和前出庭律师纳撒尼尔·沃德

---

① 对柯克一般性的研究和对邦汉姆医生案的专门研究，不可胜数。到目前为止，并非所有人都同意我的阐释。但是，与《大宪章》一样，邦汉姆医生案真正重要之处并不在于柯克的真实想法是什么，而在于一代又一代的思想家如何解读这一案例。毫无疑问，对于形成“法治”的古典自由主义理念，邦汉姆医生案是至关重要的一环（Stoner，1992）。例如，在罗宾等人诉哈达威等人（Robin et al. v. Hardaway et al.）的案件中，乔治·梅森（George Mason）援引邦汉姆医生案为某些奴隶的自由辩护，因为“在我们的法律中，现在所有明显违反自然权利和公正的议会法律，理应而且必须被视为无效”。约翰·马歇尔（John Marshall）熟知罗宾等人诉哈达威等人以及弗吉尼亚殖民地的其他判例，这预示着对宪法进行司法审查的思想。

* 即约翰·马歇尔（John Marshall，1755—1835），美利坚合众国独立和建国时期的政治活动家、法学家，第4任美国最高法院首席大法官，任内曾做出著名的马伯里诉麦迪逊案的判决，为美国法院对美国国会法律的司法审查权奠定了基础，捍卫了美国三权分立的体制。他是美国历史上任期最长的首席大法官（1801年2月4日到1835年7月6日，长达34年152天），被美国人称为“伟大的最高法院院长”“所有时代的法官”及公认影响最深远的实际上的宪法创制人之一。可参见 https：//baike. baidu. com/item/约翰·马歇尔/9966014？fr = aladdin。——编者注

（Nathaniel Ward，1578—1652）编撰了《马萨诸塞自由法典》（Massachusetts Body of Liberties），并于1641年被马萨诸塞州议会采用。在这部法律中，可以找到很多《大宪章》的痕迹，以及数个世纪以来围绕《大宪章》形成的一些理念。这部法律对殖民地的思想产生了深刻的影响，也促成了反叛乔治三世的意识形态。马里兰州（1639年）和西新泽西州（1676年）也通过了类似的法律。在我所在的殖民地宾夕法尼亚，威廉·佩恩（William Penn）于1687年下令在美洲首次印刷《大宪章》的全部文本。①

《大宪章》还在殖民地时期各种重要的场合中闪亮登场。在1768年一幅流传甚广但不太精致的版画中，《宾夕法尼亚一位农民的来信》的作者约翰·狄金森（John Dickinson）手持其专著的手稿，身体依靠着一部题为《大宪章》的书籍。另外一份甚至更精巧的参考资料是1775年马萨诸塞殖民地的印章，展现了一位自由的公民一手持《大宪章》，一手持剑。费希尔（Fischer，2004）记录了美国建国时期的形象资料，引人入胜。

从《马萨诸塞自由法典》到《独立宣言》《美国宪法》《人权法案》和马歇尔任最高法院首席大法官，这段路程漫长而又艰辛，但是，从英国殖民者在马萨诸塞湾定居的第一天，这段旅程就已经开始了。马歇尔并非凭空创造出司法审查的观念。相反，马歇尔宣布1789年《司法条例》第13款违宪只是一个漫长过程的高潮而已，在这一过程中，英格兰的约翰王与其男爵之间的和平协定转变为宪政设计，其核心就是围绕对"法治"的广义解释。

五、法治与依规范而制

我以上描述的法律遗产有一个重要含义，即"法治"与"依规范而制"（rule by norms）的区别。②"依规范而制"对于任何现代政府都是必要的，包括专制政权。由于当代生活和先进技术都很复杂，如果缺乏至少满足某些形式上的必要条件（比如，清晰明确、逻辑一致等，这正是对"法治"的狭义解

① 关于《大宪章》在北美产生的影响，迪克·霍华德（Dick Howard，1968）的著作仍是最经典的文献。了解"法治"在17—18世纪英语世界的影响，参见Reid（2014）；了解《大宪章》对判例法的影响，参见Pallitto（2015）。

② 通常而言，与"法治"相对的是"法制"（rule by law，比如参见Tamanaha，2004，第92页）。我发现后一表述不如"依规范而制"（rule by norms）更有用。除了在发音方面更容易与"法治"区别开来以外，我们可以想象一个社会根据规则统治但是不满足Fuller（1969）提出的合法性标准，而这样的社会可以被解释为"依规范而制"的国家。

释）的规范，就不可能使大型组织有效运行。

我的这一论断有一个例证，就是始于20世纪50年代后期的佛朗哥统治下的西班牙。现代化的压力以及必须借由经济增长来获得少许的合法性，佛朗哥统治下的西班牙不得不构建一个从技术层面看相当灵活的行政国家（administrative state），这是在洛佩兹·罗多（López Rodó）这位受人尊敬的行政法教授的指导下完成的。① 明确的程序被制定出来，并得到遵行。公务员大致上任人唯贤。法规公开透明，编制精良，内容清晰明确，具有前瞻性。② 但是，在20世纪60年代的西班牙，找不到任何与“法治”相似的东西。

至于形式方面的要求如果得不到遵循会发生什么，可以看一下1933—1945年的德国。历史学家已经详细说明了这一奉行法西斯主义的国家运转得有多么糟糕。标准的行政法令被含义模糊的原则代替，比如“为元首工作”。至1938年，德国已经成为一个秩序混乱的多头统治的国家：政党对抗国家，国防军对抗武装党卫军，内阁对抗行政机构（参见Broszat，1981；Kershaw，1993），由此导致的行政混乱严重损害了德国在战争中的表现，加剧了其政权的崩溃。③

六、狭义解释的兴起

但是，如果说“法治”的广义解释是本文第四部分展现的优良传统的产物，并且我们有“依规范而制”这样的词汇用来表示“法治”的纯粹形式方面的要求，那么，为何“法治”的狭义解释在当代还如此盛行？有两个原因很关键。

6.1 不列颠宪法与英格兰宪法

1776年的不列颠宪法（British Constitution）与柯克意义上的英国宪法（English Constitution）不是一回事。不同于由普通法、习俗和实践调和的一个人（国王）、少数人（议员）和多数人（普通大众）之间的相互制衡的复杂体系，1688年的光荣革命和随后辉格党人占据主导产生了一个咄咄逼人的强势

---

① 这次改革的基石是1958年的《行政程序法案》，其影响如此深远，以至于在佛朗哥政权结束40年后，该法案的一小部分内容仍出现在西班牙的法典中。

② 在其专制统治的前20年，很多法律法规都是保密的。据Viñas（2015）披露，他能找到的最后一部秘密法令始于1957年。

③ 由于管理不当使德国在资源配置方面犯下错误，有关的描述参见O'Brien（2015）。

的议会下院。当威廉·布莱克斯通爵士（Sir William Blackstone，1723—1780）坚决主张议会主权时，他只是在陈述一个事实，而非开创一片新天地。① 当《英格兰法释义》（*Commentaries on the laws of England*）在北美大陆发行时，敏锐的殖民地律师已经明白，不受限制的议会主权是对殖民地自由和自治的致命威胁（Zweiben，1990）。即使跨越大西洋派送议员的问题在某种程度上能够解决，殖民地人口与英格兰相比相对较少，意味着英国议会可以统治他们且罔顾其利益（苏格兰和威尔士也常常面临这种情况，尽管这两个民族在伦敦也有自己的议员）。

这一问题并非只是理论上存在。1763 年以后，英国议会企图宣示其在殖民地的权威，但遭到越来越多的抵制。当地领袖的反应是宣称他们效忠国王，以此作为抵御议会的堡垒。纳尔逊（Nelson，2014）指出了这一点，他甚至将这些叛乱称为“保皇派革命”。从宪政的角度看，没有什么比 1766 年的《宣示法案》（正式的名称是《美洲殖民地法案》）更令人愤怒。正是在殖民地的精英意识到乔治三世并非他们期待的那种制衡力量之后，独立才成为一种必然的选择。②

但是一旦实现了独立，而且由民众选举的议会定期在华盛顿召集会议，以往对立法者权力不受限制的担忧就被遗忘了。相反，让法律专业的学生感兴趣的是布莱克斯通的著作或深受其影响的那些文献，比如詹姆斯·肯特（James Kent）的《美国法释义》（*Commentaries on American Law*），而这些著作毫无疑问是目前对普通法的最佳阐释。③ 主权在议会的观念逐渐落地生根，将威斯敏斯特替换为国会山也是易如反掌的事。这样，“法治”不过就是由国会批准的

① 主权（sovereignty）超越了最高权力（supremacy）。后者只是暗示相对于其他权力的优势地位，而前者可以支配其他权力。主权是不可分割的，并且从本质上也是不可分享的，从 1765 年至 1776 年，殖民地的民众慢慢认识到了这一点。从议会拥有最高权力到议会主权的转变，是英国 17 世纪宪法演变的关键步骤之一。议会主权得到了 1688 年光荣革命的胜利者们的捍卫，但是遭到了托利党保皇派的反对，比如为国王的传统特权辩护的博林布鲁克子爵（Viscount Bolingbroke），也遭到了激进分子的反对，比如约翰·威尔克斯（John Wilkes），他害怕由寡头控制的议会拥有不受约束的权力。

② 这可能解释了为何《独立宣言》尖锐地批评乔治三世，这明显超越了英国国王应负的责任，而且没有提及议会，除了简略地称之为“其他人”。由于殖民者并不认可自己与威斯敏斯特之间的联系，他们就没有必要“宣告是什么原因促使了两者之间的决裂”。

③ 正如亚伯拉罕·林肯所言，“我从未读过令我如此深感兴趣和大为震撼的东西”，引自 Ogden（1932，第 328 页）。

法令的统治，而不管其实质性的内容如何。①

6.2 从康德主义的法治国家到实证主义的法治国家

对法治的狭义解释如此流行，第二个原因源自德国，在 1815 年至 1933 年间，它对西方世界的法律和政治思想产生了极大的影响。

在德语世界中，"法治"一词的近亲诞生了，即"法治国家"（Rechtsstaat，state of law），但是更准确的翻译应当是"宪法国家"。对"法治"与"法治国家"这两个概念的比较，参见海希林（Heuschling，2002）；在当代法律理论的范畴中为这一概念的辩护，参见巴伯（Barber，2010）。"法治国家"是彼得森（J. W. Petersen，1758—1815）在 1798 年造出来的一个新词。② 使这个词流行起来的是卡尔·西奥多·韦尔克（Carl Theodor Welcker，1790—1869），特别是罗伯特·冯·莫尔（Mohl）1844 年的专著《依据宪法国家之原则的政治学》（*The Political Science according to the Principles of the Constitutional State*）。对拥护者而言，法治国家符合康德式的理想，即自由公民在理性指引下形成的共同体。对基本权利的尊重及共和主义式的自治是法治国家这一观念的本质内容。1883 年，奥托·冯·俾斯麦（Otto von Bismarck）在给其内阁成员的一封信中表达了对法治国家整体理念的蔑视，这位铁血宰相明白他当前要解决的是什么问题（Heuschling，2002，第 6 页）。

但是俾斯麦本不必如此。1848 年以后，德国古典自由主义的命运开始走下坡路，正如泰勒（A. J. P. Taylor，1945）说过的那句名言，"德国的历史已经到达它的转折点，但它未能实现转折"。法治国家最初的理念发生了异变，本质上开始转向形式主义。这一过程开始于弗里德里希·尤利乌斯·斯达尔（Friedrich Julius Stalh，1802—1861），然后是奥托·巴哈尔（Otto Bähr，1817—1895）、奥托·迈尔（Otto Mayer，1846—1924）和格奥尔·杰利内克（Georg Jellinek，1851—1911）。这一转变完成于汉斯·凯尔森（Hans Kelsen）的法学纯理论研究纲领。对一代德国法学家而言，"法治国家"就是秩序井然的行政法。凯尔森

① 在英国，议会主权是由杰里米·边沁（Jeremy Bentham）和约翰·奥斯汀（John Austin）发展起来的法律观念的基础，即法律就是由最高统治者（sovereign）发布的命令，而不管其实质内容如何。可能这就解释了为何对"法治"的狭义解释在采用分析方法的法理学家中非常盛行。

② 1798 年，彼得森以普拉西德（Placidus）的笔名写作了《国家理论文稿》（*Literature on the Theory of State*）一书。

争论说，法治的任何实质性承诺只是一种奇怪的妄想而已（Kelsen，1967）。①对于这一实证主义的思想传统达到的高度，哈耶克在《自由宪章》第二篇中为形式主义“法治”的解释提供了最好的证据。

6.3 进步运动、威尔逊和法治

伍德罗·威尔逊（Woodrow Wilson）将两种思想的发展强有力地结合在一起，即立法机关主权和作为“法治”唯一内容的行政法。在成为第28任总统之前，威尔逊于1885年撰写了《国会政体》（*Congressional Government*）一书，称赞英国的议会主权是一种比美国宪法提供的制衡机制更好的选择。换言之，威尔逊想要放弃17世纪英格兰宪法背后蕴含的理念（美国独立战争正是为此而战），而拥护18世纪不列颠宪法的理念，后者实际上在约克镇已经被击败了。同时，威尔逊明确地以普鲁士样本为基础，推动了行政国家的建设（Hamburger，2014）。威尔逊展现了进步主义和现代社会科学在知识界的强大影响力，这促使“法治”的狭义解释占据了主导地位。

这些狭义解释有助于打开通向现代行政国家和1937年宪法革命的大门。从20世纪20年代开始并在新政时期达到了顶峰，基本的经济自由受到严重的限制，尽管形式主义的要求（比如程序正义）大部分仍然得以实施（Ernst，2014）。

七、重建对政府的约束

过去15年间，以生产率的提高来衡量，发达经济体表现糟糕，这警示我们，经济增长并不会自动实现。任何经济学家都可以识别出导致这种糟糕表现的很多因素，从人口老龄化到错误的财政和货币政策，不一而足。然而，行政国家的过度扩张和由规制导致的越来越严重的不确定性，是重要的阻碍力量之一。有一则轶闻引人深思，明尼苏达州政府以其无穷的智慧决定室内装修师需要获得许可证。②

---

① 当汉斯·弗兰克（Hans Frank）和卡尔·施密特（Carl Schmitt）这类法学家在1933年至1945年间使用类似于“国家社会主义的德国宪法国家”和“德国宪法国家阿道夫·希特勒”这样的表述时，严格的形式主义就达到了某种不现实的程度。一旦法治国家的实质性承诺被消除，弗兰克和施密特就会发现消除其形式主义的承诺也不太难。剩下的唯有对领袖意志的遵从。

② 现在美国35%的雇员需要经政府颁发许可或授予证书（Kleiner and Krueger，2013）。我在明尼苏达州生活过5年，可以证明优雅的装修潮流在上中西部地区造成的危害很小。然而，我不明白为何保护坚强的明尼苏达人在其起居室中免受糟糕的配色之苦，应当成为政府的责任。

对“法治”的狭义解释不仅不能减缓行政国家的前进步伐，它本身还有被新制度消解的危险，而这种狭义解释在20世纪上半叶促进了这些新制度的出现。行政国家对经济生活进行细致入微的规制，如果不采取专横的行动，这样的国家是无法生存的。① 除了制定宽泛的准则，立法机构缺乏时间和知识来采取更多的行动。法官更愿意求助于雪佛龙案确立的司法尊让原则（Chevron deference）* 或者存在于其他国家的类似原则。甚至行政机构最终也被自己的傲慢压垮了。《多德－弗兰克法案》（Dodd-Frank Act）创建消费者金融保护局并非偶然，这是几十年来各种组织架构沉积必然导致的结果。一群未经选举的监管者躲开了议会和绝大部分司法审查，仅仅基于含混不清的指令就能决定一个人取得抵押贷款的条件。暂缓起诉的协议使存在了数个世纪之久的刑事犯罪原则成为笑柄。

因此，恢复对“法治”的最初理解不仅是有实在价值的重要事业，而且是保护自治和繁荣的必要条件。

对于恢复这一广义解释可能产生的好处，一个例子来自德国，这貌似有些反常，因为我们当前面临的很多问题的思想根源正是来自德国。在1945年遭

---

① 实际上，我将证明只有随着时间流逝，对传统“法治”的古老记忆消失，我们才能开始感受到行政国家真正的长期后果。

* 1984年美国联邦最高法院在“雪佛龙诉自然资源保护协会案”（Chevron U. S. A. Inc. v. Nat. Res. Def. Council，Inc.）中，一改过去审查行政解释的做法，树立起一种由行政机构承担主要解释责任的、法院对行政机构基于合理理由的解释予以认可的新的“尊让模式”（deferential model）。雪佛龙是美国一家能源巨头公司，此案发生时，正值里根政府放松经济管制。当时美国环境保护署（EPA）对其负责实施的《清洁空气法案》（Clean Air Act）中的“污染源”一词做了宽泛解释，从而放松了对企业新建大型空气污染源设施时本应接受的严格的“新污染源审查”程序。此举有利于增强企业的经营自主权，但这激起了环保人士的不满，由此引发了诉讼。整个案件的争议焦点在于：环保署的解释是否合理？联邦最高法院支持了环保署的解释，认为国会在《清洁空气法案》中并未给出明确指示，而是授权环保署在其权限内做出解释，这本身是一项政策决定，应由行政机构而非法院处理。除了断案本身，更重要的是，法院还借此机会确立了里程碑式的“雪佛龙尊让原则”（Chevron Deference）。法院认为，当国会立法中存在含糊表述或规则空白时，就意味着对负责实施该法律的行政机构进行了授权，允许其制定立法性规则来解释法条含义；这种立法性规则具有压倒性分量，法院应当予以尊让，除非它是专断、反复无常或明显违法的。因此在审查时，法院遵循“两步法框架”：第一步先判断国会本身对争议法律条款有无明确清晰的表态，如有，则直接遵照国会意图处理；如国会仅有概括性授权而无明确细致的规定，则进行第二步，法院考察和判断行政机构对该条款所做的解释能否被接受（permissible），即是否合理，而不是以自己的重新解释取代行政机构的合理解释。转引自张佳俊，《被神化的美国最高法院，为何反常“让权”》，《美国研究》2021年第一期。——编者注

受重创之后，德意志联邦共和国的基本法以及联邦宪法法院接受的“法治”概念要更为深远。①

可能对于这种理解最有名的部分就是上述基本法的第 79 条第 3 款，它建立了一个永久性的条款，对规范变革（change to the norm）的实质性内容予以限制②：

> 本基本法修正案如果将联邦分解为不同的国家，阻碍人们依据规则参与立法过程，危害由第 1 条和第 20 条确立的原则，都是不允许的。

就我们的解释而言，这一表述是为了永久性地保护第 1 条（人类尊严、人权、对基本权利的法定约束力）和第 20 条（民主、国家的联邦结构、人民主权、反抗的权利、对人类和动物的自然基础的保护）确立的原则。③ 创立这一永久性条款的目的，是为了避免重蹈独裁统治的覆辙，这种统治只尊重“法治”的形式要求，德国曾经历类似的事件，即 1933 年 3 月 24 日通过的《授权法案》（Enabling Act）。

但是，尽管有声名远播的第 79 条第 3 款，我总是对基本法的第 80 条更感兴趣，这一条款对行政国家的规制活动进行严格控制，通过无数的判决有力地捍卫了产权。这些产权也得到反对过度征税的第 14 条第 1 款的保护。④

---

① 参见 Collins（2015）。在战争结束以后，一些德国法学家恢复了对自然法的兴趣，同时也有一些人采取了凯尔森及其追随者严格的实证主义立场，反对自然法。古斯塔夫·拉德布鲁赫（Gustav Radbruch，1878—1949）从魏玛共和国时期的实证主义转向联邦共和国时期的自然主义，就是一个明显的例子（参见 Radbruch，2003）。不幸的是，分析这一思想的复兴超出了本文的范畴。

② 基本法的官方英译本可以在下面的网址找到：https：//www. btg-bestellservice. de/pdf/80201000. pdf。

③ 联邦宪法法院在其判决中进一步提到了公正和道德法则（参见 Kommers and Miller，2012）。然而，基本法第 146 条表明，基本法被视为一部未经公民投票同意的暂时性文本，尽管它已经存在了近 70 年。“当德国人民自愿接受的某部宪法生效时”，基本法应当“停止生效”。新的宪法是否会取消这一永久性条款或者取消那些由其保护的原则呢？

④ 比如 1995 年 6 月 22 日的判决（BVerfG-Beschlu，2BvL 37/91 BStBl. 1995 II S. 655）对一个人征收的税收总额进行限制，规定所得税和财产税不得超过个人收入的 50%（我忽略了该判决中的大量细微差别）。一个重要的决定是将联邦宪法法院选定在巴登 - 符腾堡州的卡尔斯鲁厄，这是一个中等规模的城镇，远离德国的政治和经济中心。有人难免会猜疑，美国的高等法院是否会受到华盛顿生活的过度影响。我经常想，如果一位最高法院的法官将家安在奥马哈或者得梅因，是否会更关注宪法事务，而不是《纽约时报》的观点或者自己在乔治敦鸡尾酒会上的地位。

此外，秩序自由主义（ordoliberalism）的理念掀起了一场运动，将法学家和经济学家结合在一起，成为德国的主流。秩序自由主义强调规则和遵从宪法安排的重要性，无论是在法律方面还是在经济政策方面。① 甚至整个欧洲联盟的设计也是通过法律和规则将各经济体整合在一起，但是一直尊重基本权利，这也是证明“法治”的广义解释开始复兴的特有证据。

可能这些因素解释了为何在主要的欧洲大陆国家中，德国仍是对市场最友好的经济体，为何德国坚持将严格遵从规则作为解决欧元危机的唯一途径，尽管这更多地体现在它的言辞上而不是行动上，为何德国联邦宪法法院是整个欧洲唯一敢于质疑欧盟在“法治”方面走向何方的实体。

以上的观察并不能让我们感到庆幸，有限政府在欧洲各地都在撤退。甚至在实施货币政策时宣称基于规则是比自由裁量更好的选择，已经成为一种古怪的行为（如果这样做的时候以令人尊敬的学术语言为掩护），或者纯粹是疯了（如果这样做时偏爱更直白的语言）。但是，这些至少是一种信号，表明“法治”是奏效的，哪怕是在一个像德国这样历史上曾经遭遇过种种挫折的国家。

八、结论

我在本文开头引用了西奥多·普拉克内特的一段话。用这位英国历史学家的话作为结尾，似乎契合瓦格纳式的主旋律：

> 中世纪的人首先是实干家，他们走出了漫长的黑暗时代，开始编织法律的锦绣织品。对他们而言，法治不仅是值得追求的精神成就，也是一次伟大的充满活力的十字军东征，而且是所有十字军东征中最伟大的一次，因为在经历无数挫折以后，只有这一次幸存。

现在，写一篇专题论文探讨西方世界相对于其他地区的崛起，非常流行。对于解释大分流的理论，可以列出长长的清单，从帝国主义和对自然资源的掠夺（从走廊的一侧）到更为优越的制度（走廊的另一侧），名目繁多。然而，即使那些赞同制度起作用的人，也很少能够理解法律在欧洲发展过程中扮演的

① 很多第一代秩序自由主义者都与弗莱堡学派有关联，如 Franz Böhm（1895—1977）、Walter Eucken（1891—1950）和 Ludwig Erhard（1897—1977）。其他人则更为独立，如 Wilhelm Röpke（1899—1966）和 Alexander Röstow（1885—1963）。秩序自由主义与詹姆斯·布坎南对宪政经济学的研究密切相关，参见布坎南（Buchanan，1986）。

至关重要的角色。

1215 年中国皇帝宋宁宗在其广阔的王国中地位稳固，拥有巨额岁入。他有无数的顾问，定期向他们征求意见，但是他永远不需要召集王国各地的代表，无论征税还是发动战争也都不需要征得他们的同意。简而言之，他甚至不理解像《大宪章》这样的章程究竟为何物。相比之下，英格兰的约翰王和欧洲的其他领主不得不与议会、律师、教会、贵族和自治城市打交道。正如《大宪章》不断延续所表明的，那些制衡力量经常会赢。历史上的中国并没有与议会有任何相似之处的事物，法律没有形成自治的概念，也不存在独立和有组织的宗教组织（佛教寺庙远没有发挥协调各种权力的作用），贵族大部分被官僚替代，他们通过科举制度被选拔出来，城市也仅能扩展到皇帝认为合意的程度。

《大宪章》及其对英语国家的影响是欧洲特殊性的重要证据。正如普拉克内特提醒我们的，中世纪永久性地改变了欧洲及其北美洲和大洋洲旁支的历史进程。法律至高无上的权威是欧洲人的秘密武器。

（南开大学　郭金兴　译）

参考文献

Arndt, H. W. , 1957. The Origins of Dicey's Concept of the 'Rule of Law' . *Aust. Law J.* 31, 117 – 123.

Barber, N. W. , 2010. The Constitutional State. Oxford University Press.

Broszat, M. , 1981. *The Hitler State*: *The Foundation and Development of the Internal Structure of the Third Reich.* Longman.

Buchanan, J. M. , 1986. The Constitution of Economic Policy. *American Economic Review*77 (3), 243 – 250.

Collins, J. , 2015. *Democracy's Guardians*: *A History of the German Federal Constitutional Court*, *1951 – 2001.* Oxford University Press.

Cosgrove, R. A. , 1980. *The Rule of Law*: *Albert Venn Dicey*, *Victorian Jurist.* University of Carolina Press.

Dick Howard, A. E. , 1968. *The Road from Runnymede*: *Magna Carta and Constitutionalism in America.* University of Virginia Press.

Ernst, D. R. , 2014. *Tocqueville's Nightmare*, *The Administrative State Emerges in America*, *1900 – 1940.* Oxford University Press.

Fischer, D. H. , 2004. *Liberty and Freedom*: *A Visual History of America's FoundingIdeas.* Oxford University Press.

Fuller, L. L. , 1969. *The Morality of the Law*, Revised edition. Yale University Press.

Griffith, J. A. G. , 1979. The Political Constitution. *The Modern Law Review* 42 (1), 1 – 21.

Hamburger, P. , 2014. *Is Administrative Law Unlawful*? University of Chicago Press.

Hart, J. S. , 2003. *The Rule of Law*: 1603 – 1660. Pearson Longman.

Hayek, F. A. , 2011. *The Constitution of Liberty*: The Definitive Edition. University of Chicago Press.

Helmholz, R. H. , 2015. *Natural Law in Court: A History of Legal Theory in Practice.*

Heuschling, L. , 2002. État de droit, Rechtsstaat [Rule of Law] . Dalloz.

Holt, J. C. , 1965. *Magna Carta.* Cambridge University Press.

Kelsen, H. , 1967. *Pure Theory of Law.* University of California Press.

Kent, J. , 1826. *Commentaries on American Law*, Available at http: //www. constitution. org/jk/jk_ooo. htm.

Kershaw, I. , 1993. ' Working Towards the Führer. ' Reflections on the nature of the Hitler dictatorship. *Contemp. Eur. Hist.* 2, 103 – 118.

Kleiner, M. M. , Krueger, A. B. , 2013. Analyzing the extent and influence of occupational licensing on the labor market. J. *Labor Econ.* 31 (2), S173 – S202.

Kommers, D. P. , Miller, R. A. , 2012. *The Constitutional Jurisprudence of the Federal Republic of Germany: Third Edition, Revised and Expanded, 3rd edition.* Duke University Press.

Loughlin, M. , 2010. John Griffith: ave atque vale. *Public Law October*, 643 – 654.

Nelson, E. , 2014. *The Royalist Revolution: Monarchy and the American Founding.* Harvard University Press.

O'Brien, P. P. , 2015. *How the War was Won: Air-Sea Power and Allied Victory in World War II.* Cambridge University Press.

Ogden, J. , 1932. Lincoln's early impressions of the law in Indiana. *Notre Dame Law Rev.* 7, 325 – 329.

Pallitto, R. M. , 2015. *Great Charter: Common Law Constitutionalism and the Magna Carta.* University of Kansas Press.

Pugh, T. , Aronstein, S. , 2012. *The Disney Middle Ages: A Fairy-Tale and Fantasy Past.* Palgrave McMillan.

Radbruch, G. , 2003. In: Ralf, D. , Stanley, L. , Paulson, C. F. M. (Eds.), *Rechtsphilosophie, Studienausgabe.*

Reid, J. P. , 2004. *Rule of Law: The Jurisprudence of Liberty in the Seventeenth and Eighteenth Centuries.* Northern Illinois University Press.

Stoner, J. R. , 1992. *Common Law and Liberal Theory: Coke, Hobbes, and the Origins of American Constitutionalism.* University of Kansas Press.

Tamanaha, B. Z. , 2004. *On the Rule of Law: History, Politics, Theory.* Cambridge University Press.

Taylor, A. J. P. , 1945. *The Course of German History.* Hamish Hamilton.

Vincent, N. , 2012. *Magna Carta: A Very Short Introduction.* Oxford University Press.

Viñas, A. , 2015. *La Otra Cara del Caudillo. Mitos y Realidades en la Biografía de Franco.* Critica

Zweiben, B. , 1990. *How Blackstone Lost the Colonies: English Law, ColonialLawyers, and the American Revolution.* Garland Publishing.

延伸阅读

Blackstone, W. , 1765 – 1769. Commentaries on the Laws of England in Four Books, Available at http: //avalon. law. yale. edu/subject menus/blackstone. asp.

Dicey, A. V. , 1885. An Introduction to the Study of the Law of the Constitution.

Available at http: //oll. libertyfund. org/titles/1714.

Placidus, J. W. , 1798. *Litteratur der Staatslehre.* Strassburg.

Plucknett, T. F. K. , 2010. A Concise History of the Common Law. Liberty Fund.

Von Mohl, R. , 1844. Die Polizei-Wissenschaftnach den Grundsätzen des Rechtsstaates. Laupp.

Wilson, W. , 1885. Congressional Government: A Study in American Politics. Houghton Mifflin.

前沿

Guide

Comparative

现代经济学中的事实与价值观

帕萨·达斯古普塔

引言

社会思想家经常提醒我们：对于个人福利如何构成，人们有不同看法；即使在这方面没有分歧，对于一个人的福利能够在多大程度上同其他人交换权衡，他们也意见不一。思想家们认为，某些人最关心收入和财富的不平等，另一些人更在意住房和受教育（乃至更广义的生存机会）方面的不平等，还有些人反对经济学家说的“机遇集合”（例如“人类能力”，见本文第 2.2 节）的不平等。思想家们说，虽然有人坚信收入和财富是个人福利最确切的决定因素，但对于多大程度的收入和财富分配不平等算是合理水平，并没有共识。他们认为，政治分歧可以追溯到人们对个人福利与社会福利的认识差异。我们应该承认人们有不同的伦理观。①

但如果用上述思路解释当代的经济学议题，你将面临一个困惑：对当今人

---

* Partha Dasgupta，剑桥大学 Frank Ramsey 经济学讲席教授，剑桥大学圣约翰学院院士。其研究领域涵盖福利经济学，发展经济学，技术变化经济学，人口、资源与环境经济学，博弈论，营养不良的经济学以及社会资本的经济学。本文的早期版本发表于 *Economics and Philosophy*，2005，vol 2，第 221—278 页。后收入 Harold Kincaid and Donald Ross 主编的 *The Oxford Handbook of Philosophy of Economic Science*（Oxford：Oxford University Press），2007。

① 在经济学中，对此观点的典型阐述包括：Robbins（1932）、Samuelson（1947）、Graaff（1962）和 Joan Robinson（1964）。政治学中的阐述可参见 Barry（1965）。

类遇到的某些最重大议题的专业讨论是围绕事实，而非价值观。更让人惊讶的是，经济学家的言论与著述显示，他们似乎对价值观拥有共识，只是对事实存在不同的解读。我这里说的讨论不仅是关于或然事实，还包括代表社会、政治和生态系统特征的那些机制，即人们说的“深度”事实，但它们很少涉及价值观。讨论的参与者仿佛很不愿意申明自己的价值观，因为这样做不仅多此一举，还显得傲慢。我读过的所有经济学文献，没有一篇不认为应该减少广泛的非自愿失业，或者应该让贫困成为历史，或者应该阻止热带雨林消失的可怕前景。然而，对于什么是减少非自愿失业、减轻贫困和放缓雨林消失速度的最有效办法，提出了大量不同意见。对于某个国家或地区非自愿失业的程度、当今世界的贫困规模或雨林消失速度等，同样存在广泛分歧。与此类似，我们在电视节目里不时看到的关于全球化议题的激烈争执，似乎是针对最近数十年来全球化进程到底让大多数人获得了收益，还是伤害了人数众多的最贫困群体。①

思想家们曾指出，“事实”与“价值观”是相互交织的。即使我们为理解周围世界构建的模型，也包含对哪些重要、哪些不重要的预先判断。这种判断会部分受到一个人的价值观与利益的影响（Putnam，2002），但也有其他许多因素的作用，例如检验某种思想或技巧是否合适的愿望。因此，这种相互交织可能带来误解。某人特别关心一种现象的事实方面，但其他人可能认为他是在做强烈的价值观假设。所以我们有可能忽略的是，即便价值观决定或深刻影响着人们关心的问题，他们得出的答案却未必涉及价值判断；另外，对事实问题给出答案，未必能够解决与事实相交织的规范问题。当然，某些经济学家担忧人类对待大自然的方式，某些经济学家相信市场和政治的良好运转足以保护与改善大自然，他们或许在内心深处确实抱有不同的价值观，他们用各自不同的伦理受体（ethical receptors），也许还时常用私人利益过滤他们对世界运行的认识。不过，即便他们用关于事实的争论掩饰其伦理观的差异或私人利益，争论的仍是议题的事实特征，这也是我在本文强调的要点。②

经济学家的工作几乎完全专注于对事实的讨论，这让公共知识分子认为，现代经济学必然是伦理荒漠。已故的伯纳德·威廉姆斯（Bernard Williams）爵士几年前在英国科学院宣读过一篇文章，批评经济学家从民众的实际选择中推

① 对此问题的不同观点，可参考 Stiglitz（2002），以及最近任何一期的《经济学人》。

② 关于专业科学发现与私人利益的冲突如何会被有意忽略甚至扭曲，可以参见 Ehrlich and Ehrlich（1996）。其中提到的例子包括对全球变暖（尤其是人为原因）和生物多样性退化的讨论。

测人们的福利。我不知道谁给威廉姆斯介绍过经济学家的著述内容，但他显然不清楚有大量关于价值评估的实证研究（例如关于环境资源的价值），远远超出他对经济学的想象。①

这种误解还受到我的老朋友阿马蒂亚·森（Amartya Sen）的推动，他的几本广受伦理学家重视的专著粗略地描绘了现代经济学（Sen，1987，1999）。除其他内容外，森（1987）特别提道："现代经济学缩窄了亚当·斯密对人类的广阔视野，这恰恰是现代经济学理论的主要缺陷之一，故步自封与经济学疏远伦理学密切相关。"森得出了一个无人能拒绝的普遍结论：经济学与伦理学有太多可以相互借鉴。然而在社会科学领域，看似无可辩驳、受人欢迎的普遍结论也最令人怀疑。此外，社会科学家走的捷径受制于他们恰好要研究的问题的范围，而森并未向普通读者提示过这点，威廉姆斯似乎也没有重视。

我们来看如下经常向经济学家提出的典型问题：

（1）高速公路车流量太大，导致严重拥堵。现在有项道路加宽的建议，是应该接受该建议，还是引入道路收费制度，或是扩大公共交通系统？

（2）某个穷国的政府数十年来一直为该国自然资源基础的利用提供补贴，这是否应该继续？补贴应该加大还是削减？

（3）若干国际组织计划支持一个受困于内乱和腐败政府的穷国进行重建，应该如何让政府、私人企业与民间社会共同参与进来？

显然，对此类问题的合理回答需要较为细致、谨慎，对生活的细微之处更敏感。例如，人们的偏好可能来自他们是采用公共或者私人交通工具、公路或者轨道交通，这构成了回答上述第一个问题的合理基础，否则我们如何知道交通的负荷对象？即使这并非完全合理，但我认为，其著作被伦理学家视为道德生活试金石的亚里士多德，对于该如何提供建议也难以有其他办法。亚里士多德对第三个问题确实能有所帮助（亚当·斯密也是），但也只是提供了基础。本文第4—5节将指出，对今天面临的此类议题，需要充分应用现代经济学及其所有技巧，才能给出实质性的答案，此外还要人类学、生态学、人口学、流

① 例如Freeman（1993）。我发现这个指责颇具讽刺意味，因为我在几年前才发表过一篇关于贫困与福利的论文，对福利做的解释远远超出"显示性偏好"的范围，即威廉姆斯批评的内容，参见Dasgupta（1993）。本文第2节和第3节还将详细介绍。

行病学、心理学、营养学和政治学等研究领域的加入。反之，伦理学此时似乎并无多少助益可言。

这样讲事出有因。现代经济学建筑在宽泛的伦理基础上，能够针对不同的伦理学理论而聚焦到具体情形（见本文第 2 节）。例如，罗尔斯（Rawls，1972）的《正义论》刚刚发表，经济学家就推导出了该理论对同世代（Atkinson，1973；Phelps，1973）和跨世代（Arrow，1973；Dasgupta，1974；Solow，1974）资源配置的不同启示。他们之所以能做到这点，是源于福利经济学的基础足够宽泛，可以把罗尔斯的理论纳入其中。但由于福利经济学的理论基础在数十年前就已奠定，研究者认为没有必要复述。于是，现代经济学中的伦理内容，例如个人福利的分配状况关系重大，对分配的评估要求对个人之间的福利做比较，在研究成果中都被视为默认的假设。在现代经济学家看来，值得关注的社会、政治和生态机制即便是最明确无疑的，至多也是半透明的，因此他们把最大部分精力用于探究社会实际面对的权衡取舍问题，而非伦理上允许的权衡取舍问题。或者说，经济学家不愿意在目前提出的各种伦理学理论之间做选择，而是从非常一般性的另一端入手，寻找无论采用何种福利概念及其支持理由，均可以改进人类福利的政策组合。因此，福利经济学得出的成果经常是一套政策菜单，其知识挑战则是恰当解读将政策导向最终结果的各条路径。

伦理其实并未从背景中消失，但追随森的思路的伦理学家似乎不这么看（罗尔斯是重要的例外，经济学家也因此格外重视他）。例如，罗宾斯（Robbins，1932）继续成为常见的讽刺对象（Sen，1987；Putnam，2002），说他把经济学家带到“无价值观”的方向。帕特南谈道（Putnam，2003，第 401 页）：

> 我的方法要求停止以“科学”之名把伦理考虑排除在经济学之外……并回归对社会福利的合理而人道的评估，亚当·斯密将此视为经济学家的一项核心使命。

然而，罗宾斯的著述完成于 70 年以前，我知道的经济学科已和当时大不相同。帕特南（2003，第 396 页）还教导我们说：“福利经济学的主题……要求我们能够开展有意义的讨论，明确说明收入分配的‘道德性’、采用或不采用人均收入作为唯一福利指标的‘道德性’，以及促进教育、减少疾病和营养不良的优先性……”他还抱怨说，经济学家没达到这些要求。与之一脉相承的是，哲学家玛莎·努斯鲍姆（Martha Nussbaum，2003，第413页）曾经提出“经济学这个知识领域较为荒芜”，并在静思后承认“我不是经济学家”。

作为老派的研究型经济学家，我对上述指责很难做到平心静气。我把整个学术生涯献给揭示和分析社会现象，提供政策建议，并为此学习相关学科的各种方法与技巧，最后却被告知，自己不过是在人类境况里横冲直撞的乡巴佬中的一员。我甚至不清楚该如何应对伦理学家的批评，只是注意到半个多世纪前，柏格森·伯克（Bergson Burk，1938）和保罗·萨缪尔森（Paul Samuelson，1947）提出了政策评价的规范理论框架，另外，迄今成形已30年之久的“公共经济学”也经常公开讨论伦理问题。

当然，只提到伯克与萨缪尔森是不够的。因此本文设定了两个相互关联的任务。首先，在第一部分（第1—3节）与作为过渡的第4节中，我将概述作为现代经济学基础的伦理学思考，展示现代经济学家为何认为福利经济学基础是一个已经解决的议题。其次，第4节和第2部分（第5节）将介绍一个案例，涉及贫困国家经济发展问题的长达50年的讨论。介绍该案例是为了揭示本文的论点：现代经济学家的专业讨论，即便是关于贫困和分配公正等深度涉及道德内容的议题，也是围绕事实，而非伦理价值观。的确，关于经济发展的研究文献中有许多内容可以批评，我在第5.6节中也会专门提出批评意见。但对这些研究的任何合理批评都应该着眼于被忽略的事实，例如在农村贫困研究中忽视了当地生态问题，而不是伦理价值观上的迟钝。我希望，本文的第一部分、第二部分与作为过渡的第4节能结合起来帮助解释：为什么伦理问题在现代经济学讨论中被放到后排，以及经济学家有充分理由这样做。在这一课题中取得的真正考虑周全的规范进步，都来自对社会和生态事实的深入理解，而不是对贫困、分配公正，乃至发展含义的反复斟酌。①

本文更为详细的结构安排如下。第1节介绍现代经济学家采用的模型：身处市场环境的行为人，以及用什么方式把个人选择与市场中的集体行为联系起来。我还将概述，这些模型如何能调整适用于非市场环境下的决策过程。第2节和第3节将基于该模型，介绍现代经济学的伦理学基础。虽然人们认为福利

① 我对案例研究题目的选择是针对前文提到的 Hilary Putnam 与 Martha Nussbaum 的批评意见。这两种批评都基于一个观点，即研究发展问题的职业经济学家缺乏对伦理问题的关注。

经济学对权利问题不敏感，但我指出，现代经济学家其实已经把权利问题纳入伦理考虑。我将介绍，人类权利和人类产品的观念，包括若干伦理学家与发展活动家近期强调的“能力”，如何能够被经济学家纳入普遍的人类福利概念之中，实际上也的确如此（第 2 节）。

第 3 节将区分福利的“构成因素”与“决定因素”。伦理学家的本性是关注前者，经济学家则研究后者。接下来将简要讨论将个人福利加总成社会福利的实质。第 3.1 节指出，社会福利不仅是古典功利主义等目的论理论的关注对象，也受若干直觉主义理论与现代正义契约理论重视。第 3.1—3.3 节将指出，社会福利可以用三种等价方法进行形式化，其中第 3 种形式化表述是由福利的决定因素定义的，它构成了社会成本收入分析的基础。接下来的第 3.4 节将结合肯尼斯·阿罗的著名定理（关于构建民主投票规则的普遍不可能性），继续探讨社会福利的概念。

我在第 3 节不得不采用一定数量的数学表达式。这难以避免，因为阐述社会福利概念的三种等价方法是一个数学问题。但我得赶紧声明，这些内容并非为了做数学演算，而只是用基本的数学符号描述必要的观点。

第 4 节是过渡部分，旨在回应伦理学家近期的抱怨，他们认为现代经济学中采用的行为人模型并不适用于面临残酷选择时的环境。但通过考察经验证据，即世界上最贫困的家庭在不同性别与年龄的成员中如何分配食品和医疗资源，如何做生育和生殖健康的决策，我将指出，经济学家的选择理论完全适用于分析人们在被迫做这些困难决策时的行为。

第二部分（第 5 节）包含对现代发展经济学演化历程的介绍。我指出，贫困经济学的研究重点屡次随实证结果发生变化，引起相关政策争论的通常是事实方面的分歧而非价值观。我首先解释，为什么早期的发展经济学会把国民生产总值（GNP）的增长视为经济发展的关键指标（第 5.1 节）。然后讨论把 GNP 增长作为福利指标后带来的问题，包括经济增长与收入平等分配之间可能出现的矛盾，主张取消政府对外贸和国内生产控制的理由，以及如何选择符合发展目标的公共政策等（第 5.2—5.3 节）。接下来，我介绍了有关食品消费和家庭行为（尤其是生育决策、女性教育与生育行为的关系等）的发现（第 5.4—5.5 节）。我继而提出，如果不把世界上最贫困国家的农村贫困现象与当地自然资源基础的利用联系起来，则对此类议题的任何研究都将难以得出满意结果。这些情况又与自然资源基础的主流产权体系有关系，属于一种新的研究思路，以解释世界最贫穷地区的持续极端贫困现象（第 5. 6 节）。

在发展活动家的宣传著述中，有观点认为，撒哈拉以南非洲以及印度次大陆的部分区域缺乏经济进步，很大程度上是由于选择经济政策时没有慎重做到以人为本。第 5. 7—5. 9 节对此做了反驳，提出更多证据表明，经济学家中关于发展政策的分歧来自对事实的不同解读，而非价值观争议，发展经济学研究一直把人放在核心关注点上。

本文的第 4 节与第二部分对发展经济学内部讨论的回顾并不完整，这里对议题的选择很大程度上受我本人的专业知识和经历的影响。但希望了解更多发展经济学讨论议题的读者将发现，我的观点在大部分情况下同样成立：现代经济学家是在探讨事实，而非价值观。本文第一部分将对此加以解释。

第一部分：价值观

1. 效用函数与偏好排序

现代经济学是指今天的大学研究生院讲授和应用的经济学，它并不比第二次世界大战古老多少。在初期发展中，这门学科深受 20 世纪 30 年代实证主义著作的影响，严格区分事实与价值观。当时的经济学家面临的一项任务（至少在英语国家）是阐明消费者需求理论，即市场经济中对产品和服务的需求同价格和收入的关系。

该任务的重要性显而易见。如果你想在市场经济中做预测，例如分析税收政策对产品与服务需求的影响，就必须找出这些需求的函数形式。当然如果你还想找到理想的税收政策，则需要更多探索。你需要了解为什么会出现那样的函数形式，以及其他内容；更一般地说，你需要了解哪些因素在推动人们的需求，当他们做选择时面临怎样的约束；你还需要了解某个人的需求应该以何种条件同其他人的需求做权衡取舍。为解答所有这些问题，你必须深入探究。

在此过程中，19 世纪后期到 20 世纪早期的一个经济学派（Edgeworth，1881）以如下理念作为基础：对商品的需求来自追求效用最大化的行为人。产品与服务的消费会产生（以基数测算的）效用，消费者试图从产品与服务的消费中获得预期效用值的最大化。经济学家对效用概念的解释各有不同，功利主义哲学家也一样。某些人将效用视为“愉悦”，另一些人认为是“满足”，还有人将效用看作“福利”“福祉”之类。无论哪种具体解释，需求理论的基本概念都是一个效用函数，通过商品组合定义的一个数值函数。

另外一个学派（Pareto，1909；Slutsky，1915）则认为，一个人的效用函数只是数字代表的不同选项的基本顺序，他据此做出选择。这些不同选项可以理解为事务状态或社会状态（第2.1节对此有一般性定义），但用于需求分析时，则指商品组合。这种需求理论的原始概念是商品组合的顺序排列（有时被称为偏好排序），而效用则是其派生概念。① 人们经常把该理论归功于希克斯和艾伦（Hicks and Allen，1934），将他们的作品视为现代经济学的开山之作，但事实上，这一作品只是代表英语国家对帕累托（Pareto，1909）和斯拉斯基（Slutsky，1915）思想的重新发现。

最初构建商品需求理论是为了研究今天的经济学入门课本中所说的消费者，此处唯一要关注的是：在价格给定的情况下，消费者在市场上如何买卖物品。对消费者而言，他能够购买的商品组合是一种可能的社会状态。该理论关注的是一种特定类型的个人自由：某人面临的约束只有市场价格以及他能支配的劳动收入与非劳动收入。如今我们都知道，这样的人被称作“经济人”。

知识界人士难以接受经济人的概念。由于他们通常还认为经济学在经济人概念之外并无突破，所以也很难接受现代经济学。他们批评经济人概念被孤立、异化和原子化，将其形容为“无根的气球”。他们指责说，经济学家想象经济人的动机是反映“理性的自我利益”，但这不可能做到，因为经济人没有

---

① 为便于叙述，这里对文中的某些术语做出定义。令 X 是一组不同选项（例如各种事务状态，或商品组合），对 X 的“部分排序”意指 X 的元素之间的一个二元关系 R（如“至少一样好”），它满足：(1) 自反性，对 X 中的所有 x，有 xRx；(2) 传递性，对 X 中的所有 x、y、z，若 xRy 且 yRz，则有 xRz。部分排序 R 如果满足如下条件，则是一个排序：(3) 完全性，对 X 中的所有 x、y，或者有 xRy，或者有 yRx。请注意，如果 X 中至少有一对元素没有通过 R 联系起来，则 R 只是 X 的部分排序。从 R 中，我们可以推导出“严格”的二元关系 P（如“好于”），其定义为：对 X 中的所有 x、y，当且仅当 xRy 成立而 yRx 不成立时，有 xRy。对排序 R 的数值表示，意指定义在 X 上的一个实函数 U，使得对于 X 中的所有 x、y，当且仅当 $U(x) \geqslant U(y)$ 时，有 xRy，由此可知当且仅当 $U(x) > U(y)$ 时，有 xPy。显然，如果 X 是个有限集合，它上面定义的每个排序都有数值表示。事实上，某个给定排序的数值表示的任何保序变换（order preserving transformation）本身就是该给定排序的数值表示，所以经济学家会说 U 是序数形式。另一方面，如果 X 是个无限集合，则排序必须有一定的结构（即连续性），才可以有数值表示。例如，对正方形中的点的字典式排序就没有数值表示。

充分的自我。他们质疑：这种人的感情在哪里？他有没有不时要面临的残酷选择？他对其他人的友谊，对事业和自己的承诺在哪里？他在市场之外要参与的其他各种活动又该如何考虑？①

消费者选择理论的创建者曾公开表明自己面向的是一个很小的目标。他们把经济人的政治、社会和家庭活动作为给定条件。例如，他们承认每个经济体中都有若干质量不等的公共品，例如安全、法律制度、文化财富、宁静的去处、公共卫生系统与知识等。他们设想，这些公共品的供给决策是通过政治活动过程达成的。② 事实上，早在现代消费者选择理论出现之前，经济学家就注意到交易可能有外部性，而政府的核心任务之一就是利用税收和补贴手段（Pigou，1920）或创建外部性市场（Lindahl，1958［1928］），约束或鼓励外部性。

外部性概念带来了公共品理论（Arrow，1971）。经济学家说的“外部性”意指交易会给交易谈判的非参与方造成影响。把外部性同法律体系（尤其是产权制度安排）联系起来是科斯的核心思想（Coase，1960）。例如在纯市场经济中，初等教育和公共卫生措施就涉及外部性。学会识字对我自己有好处，对其他人也有帮助，因为他们能通过口头之外的方式跟我交流。与之相似，对传染病免疫让我自己受益，同时也帮助了其他人，因为我不再会给他们带来危险。这就是为什么带有正外部性的产品与服务可能供给不足。出于同样的道理，带有污染等负外部性的产品与服务可能供给过度。交易中不涉及外部性的商品则属于私人品。

经济人在市场上购买的一种商品是闲暇。消费者选择理论家设想，经济人的闲暇时光不仅用于聊天、园艺或阅读，还包括从事政治和社会活动，以决定支持公共品供给、限制负外部性和鼓励正外部性、实施收入和财富再分配等所需的税收水平。不过在二战后初期，经济学家尚未开展这些研究。尽管市场与政治无疑有着密切联系，但那时并无充分的“政治经济学”研究为这样的联系提供指导。于是，在涉及公共品生产的支出与外部性问题时，便默认政府是

① 这些批评以不同形式见于 Sen（1987，1999）、Nussbaum（2000，2003）以及 Putnam（2002，2003）。

② 公共品是具有如下特性的商品：（1）能被共同消费；（2）具有非排他性。新鲜空气通常被当作典型的公共品。萨缪尔森的经典论文（Samuelson，1954）指出，公共品供给涉及我们如今熟知的囚徒困境问题，结论是这种困境无法用市场有效解决，而要通过政治方式解决。

追求社会福利最大化的（第3.1—3.3节）。税收、再分配和公共品供给等方面的政府决策被视为给定的背景，个人据此在私人产品市场和外部性场景中做出选择。下文将指出，关于经济人的动机和行为的假设来自社会学而非心理学。[①] 在有关经济人的研究中，存在一个重要条件，即“其他条件相同”。

不过，现代经济学家能够包容对效用的各种解释。一个人对各种选项的排序可能反映了远比个人偏好多得多的东西，它可以是很多内容的综合，例如其偏好和目的、个人价值观与社会价值观、对他人特性及可能行动的看法、对大自然的可能反应的看法等。个人的知识和情感构成可以是多元的。

效用从一个原始概念到派生概念的转变已经完成，并永久固定下来。此外，效用的绝对值高低在经济学家的叙述中不再有意义。有意义的是效用的比较：在不同社会状态与不同人之间的比较。当然，如果基本排序包含充分的结构（sufficient structure），相应的效用也可以用基数表示，对不同社会状态的比较可能得出相对而言“较大”、“较小”或“中等”的效用差距。[②] 这一理论甚至可以用于残酷的选择（第4节）。我本人以为，让经济学家把数值表示的排序叫作效用函数是一个糟糕的建议，它误导了许多反功利主义的伦理学家，使他们对现代福利经济学完全不能接受。可是，一项研究事业应该由它取得的成就评判，而非不慎选用的名称。[③]

2. 制度与人类繁荣

相比从个人对事务状态的排序开始的思路，另一种做法是考察什么样的法律、制度和公共政策最可能让民众实现繁荣。这里的策略是用递归方法研究公共领域的特征和个人决策之间的相互作用。罗尔斯（1972）采用的探索方法就属于此类，但并非从他开始。这也是现代经济学中反复出现的主题。

首先，对策略行为建模的进步让经济学家可以接受比经济人场景丰富得多的可能选项。因此，我们称之为“社会状态”（social states）的这些选项如今已不只市场中的商品组合，而是各种内容的混杂，例如市场产品、公共品、家庭内部的产品，以及在教育、政治、网络乃至闲话中消耗的时间和资源等。某种社会状态包含的内容有：资源配置（谁在何时何地为何得到什么），以及与个人或社

① 感谢 Robert Solow 对此的提示。

② 这方面最一般的形式化表述可参考 Gorman（1968）和 Koopmans（1972）。

③ 帕累托曾采用满足度的说法替代效用（Pareto，1909），但没有被经济学家普遍接受。

会选择有关的任何东西（见下文）。[①] 此外，承诺这个社会科学中的核心概念在经济学中不再是一个原始概念。对某种事项的承诺可以被视为策略，一种约束自身手脚的方式，使承诺内容不仅对他人来说是可信的，也能够说服自己。

由行为人的选择揭示的选项排序与经济制度有关。例如，一个人在最小政府环境中对穷人的关心应该不同于她在福利国家环境中的考虑。原因在于，她在福利国家需要缴纳更多税收，以支持再分配。而在最小政府的国家，再分配只能通过自愿的收入转移实现。从原则上讲，人们在福利国家中不用再为穷人操心，因为政府承担着强制再分配的任务。而在最小政府的国家，她将积极帮助穷人。既然在两种社会中面对截然不同的选项，所做的选择自然也有所区别。

2.1 福利：好处与权利

在探究什么样的法律、制度与公共政策最能促进民众繁荣的研究思路中，个人福利是个原始概念，这有别于个人效用。与效用不同，福利并不必然与这个人做选择时依据的排序有关。显然，社会制度在福利实现中居于核心地位，并且是资源配置的基础：社会生活是个人社会归属感的表现，不受胁迫控制的商品选择则是人们可以追求自身利益的手段。

伦理学理论中的选择对象是社会状态。从形式上看，一种社会状态是指一个完整的世界进程，从已知的过去到无限的未来，也即当前的识别力能够允许的最大范围。所有伦理学理论都评估社会状态，它们之间的区别在于：社会状态中哪些部分具有伦理学意义。其中一大类理论首先把个人福利作为社会状态的显著伦理特征，继而把它们加总为一个社会福利指标（第 3 节）。在下文中，我将介绍以这类理论为基础的福利经济学学派。相比之下，环境经济学家在价值评估中经常会考虑社会状态的更多特征。

由于从个人福利向社会福利的概念转移涉及加总方法，伦理哲学家便认为福利经济学具有“目标本位”（goal-based）属性，而把“权利本位”（rights-based）理论作为反例。沃尔德伦即认为（Waldron，1984，第 13 页）：“权利本位理论与目标本位理论的区别在于，如果某个条件是来自对个人利益的关心，则属于权利本位；如果是来自对整体社会利益的关心，则属于目标本位。”按照这个说法，权利本位理论拒绝加总方法，因为在这种操作中，代表众多其他人利

① 有关这些对象的讨论可以参见：Samuelson（1954）、Schelling（1960，1978）、Arrow（1971，1974）、Becker（1981，1983）、Dasgupta（1993，2004［2001］），以及 Persson and Tabellini（2000）。

益的要求可能吞没个人利益。例如德沃金提出（Dworkin，1978，第91页）：“目标是一种非个体化的政治意图。”目标本位理论被理解为集体主义。在更糟糕的情况下，被斥为技术统治论、程式主义，乃至“算法决定论”（O'Neill，1986）。

我感觉自己从未理解这些学者所说的区别。在他们推崇的理论中，权利并不与利益对立，而是强化某些利益，淡化其他不够紧急或重要的利益。另外，权利需要有理由支撑，不能凭空产生。即使被视为基本权利的部分，也源于它们是人类繁荣的必要条件，维护和促进了某些类型的人类利益，例如行动力、独立、选择和自决权等。① 该思路的出发点是一个不争的事实，即不同的人有不同的知识、不同的技能和天赋，并非所有人都能了解和看到同样的事情。这些生活特征提供了强大的理由，支持个人在思考、选择与行动方面的自决权（见第2.2节）。言论自由，包括不听话的媒体（公众有知晓权），就是此类例子。对某些财产的私人权利也属于此类，其理由是产权创造了财富积累和创新的激励，让经济进而让人民实现繁荣。民主制度同样如此，有证据显示，民主制度在贫困国家促进了经济发展（见第5.7节）。该逻辑还可以更一般地扩展到家庭等制度：对个人来说，家庭具有工具价值（每个家庭成员的成本在初期会随着家庭人数增加而下降）。因此，探求制度、活动和产品的工具价值，一直是现代经济学中反复出现的特征。

然而，基本权利不可侵犯这一观点加剧了解释难题：“个人拥有权利，没有任何人或群体可以对他们做某些事情，否则就是侵犯其权利。”（Nozick，1974，第ix页）这种权利概念给人们能做或不能做的事情施加了严格约束。在诺奇克的意识里，此类权利受到哪怕最轻微侵犯的社会状态也是不可接受的。权衡取舍是不被允许的。而在另一个完全不同的正义理论中，罗尔斯（1972）则对人的权利做出了字典式的等级排序。

伦理学家常说，把社会福利视为社会状态的重要伦理特征的那些理论允许在不同人的利益之间做权衡取舍，而权利本位理论则禁止紧急或关键利益同简单欲望之间的权衡取舍。然而，某些利益总会在一定程度上受挫，于是，相应的权利（如果存在的话）也就得不到满足。另外还有，由于不可侵犯性意味着零水平的权衡取舍，如果我们允许权利之间或权利与其他物品（如效用）之间的权衡取舍，但条件是此类权衡取舍限于事务状态空间的适当区域内的极

---

① 这方面的研究文献很多，Scanlon（1978）对此做了简短清晰的陈述。

小比率，则对于不可侵犯的权利，我们也不算违背其实际精神。

当然，现代经济学家用于讨论公共政策的语言，看起来与我这里介绍的现代经济学伦理基础的一般特征有差异。关于福利经济学有一个为人熟知的讽刺，说它把社会伦理面临的两难问题简化为如下公式：在满足 $F(x) \geqslant 0$ 的约束条件下，选择 x，使 $W(x)$ 的值最大化。人们会问：如果这不是最狭隘、最目标本位、最算法至上的做法，什么才是呢？

但事实上，该公式与任何伦理学理论都可以兼容。它并没有说明函数 $W(x)$ 的具体值域和形式，而在第3.1—3.2节中，我们将看到现代经济学并不把 W 限于任何特定的值域或形式。该公式也不依赖于 $W(x)$ 选取值域和形式时采用的任何特定理由，这说明它可以适用于类型广泛的伦理学理论（第3.1节）。对于最大化 W 的关注并不是古典功利主义的专利，下文将指出，许多有影响力的契约理论和直觉主义理论同样会提出这个课题。

2.2 把“能力”作为福利

需要指出的是，如今的伦理学家与发展活动家经常用人的能力得到保护和促进的程度来描述人的权利。形式上，能力被理解为“一个人可以实现的各种功能（functionings）的不同组合”（Sen，1999，第75页）。从能力入手开展研究的一个表面优势是，它们显得较为清晰客观，而福利的概念较为模糊，或许还有主观性。但问题在于，有许多学者主张用能力替代福利经济学家的话语方式，却不愿意就不同类型的能力如何相互比较给出任何提示。

能力是经济学家说的“机遇集合”的特殊版本。最早对机遇集合做排序的尝试没有提到如何对集合中的元素做评估和排序（如 Suppes，1987），表明这个思路并不成功。但后来我们看到了凭空建立起来的能力理论。努斯鲍姆提出了9种“核心人类能力”，并得到了帕特南的肯定（Putnam，2003），她坚持说，其中任何一种能力“在达到某个门槛值之前均不容谈判，而这些门槛值通常是在不同时期由司法和立法行动确立的”。① 问题在于，假如我们完全不需要

① 见 Nussbaum（2003，第416页）。她的能力清单包括［由 Putnam（2003）分类整理］：（1）生命，包括免于过早死亡的自由；（2）身体健康，包括生殖健康、充足的营养和居住条件；（3）身体完整，包括免受暴力攻击、有机会获得性满足和生育选择；（4）感受、想象和思考（例如能够有愉悦经历，避免无收益的痛苦）；（5）情感发展（不受恐惧和忧虑的破坏）；（6）实践理性（能够形成美好生活的概念）；（7）归属（例如集会自由）；（8）其他种群（能够关心或连接自然界）；（9）控制自己的物质和政治环境。

估算为维护和促进这些能力所需的成本，就把“核心人类能力”视为不容谈判的内容，恐怕过于草率。如果某个国家极为贫穷，甚至无法负担让全体社会成员都拥有这 9 种能力的费用，努斯鲍姆又会给出何种建议呢？当维护和促进权利需要投入资源时，我们或许无法回避其中存在的权衡取舍，而且必须对此加以评估。①

伦理学理论重视制定人生规划的能力，却对能力的实现及与之相关的经验状态不感兴趣，许多人会认为这有些荒唐。罗尔斯（1972，第 424—433 页）曾在一次深入讨论中，把福利与能力发挥的此类联系称作“亚里士多德原则”（Aristotelian Principle）。技能的获取需要资源投入，说明其中存在权衡取舍，并不是所有技能的权重都是相同的。算术和识字是基本技能，无论人们想成为什么、做什么，都对他们有帮助。健康也是福利中的关键部分，保持健康不仅本身是好事，也是人们实现计划与目标的必要条件，而不论具体目标是什么。同样的道理，如果有人坚持自己的言论自由，即使她当时没有发言的意图，这也并不奇怪。我们之所以珍视言论自由，是因为在许多或许难以预料的场景下它对我们的福利关系重大。反之，对于某些非常特殊的技能和特权，只有某些带特殊倾向和愿望的人会理性地希望拥有。

阿罗（Arrow，1995）从这些考虑出发，证明了为什么应该珍视成为什么和做什么的自由，能力集合比其他集合更有价值。他还指出，能力集合的伦理价值取决于福利的预先定义。为理解阿罗的观点，我们可以设想一个人在考虑不同的生活规划，有 n 个可能的能力集合，用 F_n 代表能力集合 n，再用 x_n 代表 F_n 中的一个元素。我们把 x_n 作为一个生活规划，可以理解为这个人能够实现的一套功能组合。接下来我们设想，这个人首先从各种能力集合中选择一个能力集合，再根据这个能力集合选择一个生活规划。②

未来的情形面临不确定性，意味着任何生活规划对这个人的价值也不确

① 为证实此类权衡取舍为什么不能避免，可参考 UNDP（2003），该报告试图测算全球最贫困国家实现千年发展目标所需的成本。这些目标不仅包括总体减贫、提供饮用水等，还涉及降低疟疾、肺结核、艾滋病的发病率等。诺奇克与罗尔斯的权利理论有一个吸引人的特点，它们都在任何社会的财力可及范围内。即使最贫困的国家也应该能确保民众享有民主和公民自由，而且按照罗尔斯的理论，能够在愿意的时候选择最穷人群的处境相对而言最好的社会状态。不过罗尔斯本人却将其正义论的应用范围限于不是过于贫穷的国家（Rawls，1972）。

② 读者要认识到，这一特定版本可以在许多方面扩展：能力随时间发展（后来的发展受早期选择的限制）；在人生的初期阶段，由其他人代为选择（但愿符合她本人的利益）；等等。

定。因此我们用随机变量 $\tilde{\epsilon}$ 代表不确定性，并设想这个人必须在观察到 $\tilde{\epsilon}$ 实现之前，选择其能力集合。为简化起见，我们假设在她选定能力集合之后，不确定性消除（ $\tilde{\epsilon}$ 的真实值被揭示），然后这个人继续根据选定的能力集合选择生活规划。如果此人从 F_n 中选择 x_n，$\tilde{\epsilon}$ 的实现值为 ϵ，则令此人的福利水平为 $V(x_n,\epsilon)$。我们再假设，当 ϵ 被实现时，此人在 F_n 中的最优生活规划为 $\overline{x}_n(\epsilon)$ 。① 由于此人是在 $\tilde{\epsilon}$ 被揭示之前选择能力集合，则她将根据最优策略 $\overline{x}_n(\epsilon)$ 下的不确定的福利水平，评价每个能力集合 n 的价值。具体来说，我们设想不确定情况下的选择是为了预期福利水平最大化（这个过程中的概率值有可能是完全主观的）。此时，她对 F_n 的赋值为 $E[V(\overline{x}_n(\epsilon),\epsilon)]$，其中 E 是期望算子，记为 $V(n) = E[V(\overline{x}_n(\epsilon),\epsilon)]$ 。也就是说，$V(n)$ 是她给能力集合 n 赋予的价值。请注意，这个人可以对所有的能力集合排序。

设想有两个能力集合，n 和 n'。当且仅当 $V(n) > V(n')$ 时，对此人来说，n 比 n'更有价值。因此，阿罗的分析表明，能力理论可以归结到以个人福利与社会福利为基础的一套伦理上。②

3. 个人福利与社会福利

在测算福利水平时（无论个人或群体的福利），既可分析福利的构成因素，也可分析其决定因素。在现实中则采用了构成因素与决定因素的混合，例如，联合国发展计划署的综合性人类发展指数（HDI）即是如此。③ 但在研究

① 若用形式化的表述，则 $\overline{x}_n(\epsilon)$ 是 F_n 中使 $V(x_n,\epsilon)$ 最大化的任何元素。但在许多情况下，$\overline{x}_n(\epsilon)$ 将是唯一的。

② 经常有人把现代经济学广泛视角中包含的正义理论同基于程序公正的道义理论做对比（Hayek，1960；Rawls，1972；Nozick，1974）。他们通常认为，其差异在于，判断程序公正的标准与应用这些程序可能带来的结果的任何事前评估无关。此类理论中的问题在于公正的事前定义。常见的例子来自赌博。例如，如果救生艇上有两个人，却只有一个人的食物，这些理论的倡导者通常建议的程序是，以抛掷一块无偏斜的硬币分配食物。这里的关键是“无偏斜”。虽然它意指结果出现的机会相等，但其道德力量来自经验概率，即如果硬币被反复抛掷，两个结果出现的概率会逐渐接近50%。然而这里的程序却是由一次抛掷决定结果。如果不知道经验概率，我们一开始就不能直观地知道什么是无偏斜的硬币。所以，程序公正完全取决于我们过去对可能后果的评估。

③ 人类发展指数是一个标准化的线性综合指标，包含人均 GNP、出生时预期寿命和识字率等，见第5节。

中则可以把它们分开处理，下文也是这样操作的。

3.1 直接测量1：构成因素

一个人的福利包含多种因素（例如健康和满意度），即福利的构成因素。由于福利本身是一个综合值，测算一个人的福利也需要用加总的办法。这意味着不同构成因素之间有权衡取舍，需要给它们赋予相应的权重。

例如，某人重视自己的健康，但也喜欢一种可能忽视健康的新奇生活方式，此时改善健康与丰富新奇生活之间就存在权衡取舍。为评估对自己的好处，她可以用健康作为标杆，考虑应该理性地赋予新奇生活多大权重。或者，她也可以用新奇生活作为标杆，考虑应该理性地赋予健康多大权重。除非此人遇到推理上的缺陷，否则她用哪种方式评估都不会有影响，都会得到相同的结论。① 但我们不能假设，她理性地对这两种构成因素赋予的权重是固定不变的。如果身体欠佳，在其他条件相同时，相比健康状态良好时，她可能会赋予健康更高的权重。

设想一个由 N 人组成的社会，我们用不同的 i、j、k 代表他们（i、j、$k=1$，2，…，N）。这些人未必属于同一个时代，集合 $\{1, 2, \cdots, N\}$ 可能包含未来的人。用 x 代表一种社会状态，$V_i(x)$ 是个人 i 在 x 状态中的福利水平，$V_i(x)$ 是一个标量函数。由于它是个人 i 的各项福利构成因素的加总，所以 $V_i(x)$ 的测算单位可能来自其中任何一种构成因素。例如健康，这可以用她的营养状况等指标测算。

这些与伦理相关的个人特征被包含在 V_i 函数中。在其他条件相同时，一个婴儿的福利函数不同于一个成年男子，一个成年男子的福利函数也不同于哺乳期的女性，等等。也就是说，他们的营养、健康和情感需求都可能不同。个人福利函数中的下标 i 反映了这种差异。当营养学家与计量经济学家提到居民家庭的食品或收入需求的“成年人同等”标准时，便是暗指上述差异。为开展实证研究，他们利用平减指数和放大指数，通过代表性成年人福利函数构建

① Tversky and Kahneman（1986）发现的实验证据表明，即使构建问题的不同方法在逻辑上等价，决策问题的构建方式仍可能给决策者造成影响。利用选择优势解释框架效应并不困难，即语言可以被用作信号工具，实际上也的确经常如此。但如果我在文中考虑的人受到框架效应的影响，她可以反复变换其比较标杆，以此在同一种社会状态下无限提升其福利水平。心理学家有理由说这是欺骗。

不同类型人群的福利函数。①

政策评估需要对福利水平进行比较。假设个人 k 是评估者，他可以是位国民，在给政治候选人投票前思考这些问题（见第 3.4 节）；可以是伦理学家，受邀为政府提供建议；可以是政府的决策者；等等。此时，k 对个人 i 的福利评估很可能不同于其他人对 i 的评估。这里并非强调福利是完全主观的议题，尽管其中某些方面肯定是，而是说即使没有其他问题，任何两个人对同一物体的测量也总是有差异。如果用 $V_{ki}(x)$ 代表 k 对 i 在社会状态 x 下的福利评估，再假设在 k 的评估里，i 在政策 A 时的福利预期值将高于政策 B，但他对 j 的福利预期值评估则相反。那么，k 应该如何决定政策的排序？

可以假设，k 有一套理论解释政策如何导致结果。我们这里把结果或影响解释为社会状态。如果 k 相信政策 A 导致社会状态 x，政策 B 导致社会状态 y，那么他作为政策评估者的任务就是对 x 和 y 做比较。

社会福利是个人福利的总和。设想我们可以做某些类型的个人之间的福利水平比较，例如 i 的健康程度比 j 更好。与个人福利函数一样，社会福利也是标量。社会福利测量中使用的单位可以是某个人的福利，而前文提到，个人福利可以由她的福利构成因素之一测量。例如，社会福利可以由个人 1 的某个健康指标（如营养状况）测量。

我们把 k 对 x 状态下的社会福利的评估记为 $W_k(x)$，并且有：

$$W_k(x) = W_k(V_{k1}(x), V_{k2}(x), \cdots, V_{kN}(x)) \tag{1}$$

当且仅当 $W_k(x) > W_k(y)$ 时，k 会认为 x 比 y 在社会层面更可取。W_k 是 k 的社会福利函数，它包含伦理价值观，不仅通过其中的每个 V_{ki} 函数，也来自 W_k 选用的函数形式。

假设 $W_k(x) > W_k(y)$，由于 k 相信政策 A 导致 x，政策 B 导致 y，则他给出的建议将是 A 优于 B。这种推理模式被称为社会成本收益分析。

现代经济学中广泛采用的一个较弱的伦理原则是，W_k 满足效率标准：如果 x 和 y 在其他方面相同，但至少在某个人的一个福利构成因素上有 $x > y$，则有 $W_k(x) > W_k(y)$。②

与之前的以赛亚·柏林（Isaiah Berlin）一样，森支持承认人类价值观多

① 同样，他们也可以采用“婴儿同等标准”，以及把其他任何类型的人作为标准。

② 上文定义的效率不同于众所周知的帕累托效率。后者是关于效用子空间的效率，见第 3.2 节。

样性的伦理学理论。森（1987，第 77 页）评论说："坚持只有一种我们重视的同质性标准，会极大地压缩我们的评估推理空间。"但请注意，k 在公式（1）中得出 V_{ki}所用的伦理依据并不需要这种坚持。事实上，它同森对现代经济学家的批评正好相反。今天的经济学家并不要求人们采用某种同质的价值标准，但认为 k 能从个人 i 抱有的多元价值观中得出同质的标准 V_{ki}。可以说，福利的构成因素本身就反映了价值观的多样性。

经济学家还探讨了 V 可以用基数测量时，W 的其他结构。尤其值得关注的情形是，W 可以是 V 的累加，这在理论和实证应用中都有极大帮助。在此时，x 状态的社会福利为：

$$W_k(x) = V_{k1}(x) + V_{k2}(x) + \cdots + V_{kN}(x) \tag{1a}$$

公式（1a）满足效率标准，同时可容纳各类伦理学理论。例如，如果 V_{ki}被理解为"幸福"或"满足"，并且采用"完全理性和公正的旁观者"（Rawls，1972，第 184 页）的视角，则代表古典功利主义。不过，该公式的累加形式并不限于目的论理论，也可以从直觉主义，甚至合同理论中得出。库普曼斯（Koopmans，1972）与马斯金（Maskin，1978）找到了直觉上很有吸引力的伦理学定理，在应用 $W_k(x)$ 时，要求 $W_k(x)$ 是公式（1a）的累加形式。在更早期的研究中，海萨尼（Harsanyi，1955）也得出过公式（1a），后来罗尔斯将海萨尼的这一推演视为"无知之幕"背后的假定选择。但与罗尔斯不同，海萨尼假定在评估社会状态时，选择者会对自己陷入任何人的处境赋予相同的概率。

经验表明，采用公式（1a）有巨大的计算方面的优势：这方面最知名的案例包括对最优储蓄的基础性研究（Ramsey，1928；Koopmans，1965），以及对最优所得税的研究（Mirrlees，1971）。

另一种不同于公式（1a）且被广泛采用的是罗尔斯式福利函数：

$$W_k(x) = (\text{lexicographic}) - \min\{V_{k1}(x), V_{k2}(x), \cdots, V_{kN}(x)\} \tag{1b}$$

需要注意的是，公式（1b）同样满足效率标准。

有关研究（Hammond，1976；d'Aspremont and Gevers，1977）给公式（1b）提供了公理基础。① 阿特金森（Atkinson，1973）利用该公式和莫里斯

---

① Koopmans and Maskin 采用的公理与 Hammond、d'Aspremont and Gevers 采用的公理有个重要差异：对每个 k，V_{ki}（$i=1, 2, \cdots, N$）在多大程度上可以测量并在 i 之间可比，他们有不同的设定。

(Mirrlees, 1971) 开创的一个简单模型估算了最优所得税率。通过一组有关个人动机的合理假设，他证明相比采用公式（1a）而言，采用公式（1b）并不会显著提高税收的累进性。这个结果出人意料，且有启发意义（后文的第5.3节还将解释这一结果），它也传递了更广泛的信息：给定世界可能的运行方式，表面上看似大不相同的伦理学理论可能得出相似的政策结论。

3.2 直接测量2：效用与其他好处

事实上，经济学家并未经常采用公式（1）阐述社会福利的概念。他们发明了另外一种（但是等价的）方法。稍后我们将解释这背后的原因。

设想评估者 k 知道 i 做选择时依据的排序基础。令 $U_{ki}(x)$ 代表 k 从 i 的排序中构建的数值函数，也就是 k 构建的 i 的效用函数。理论经济学家通常以个人效用（而非个人福利）定义社会福利（Samuelson, 1947；Graaff, 1962）。不过在一篇经典的公共财政学论文中，马斯格雷夫（Musgrave, 1959）认为，把社会福利完全建立在个人效用之上是一种不恰当的限制，因为存在他所说的有益品（merit goods）。此类产品比它们对效用的贡献更有价值。如第2节所述，个人和群体的“权利”也构成一类有益品。许多人还把财富的分配视为有益品。马斯格雷夫则指出，当我们评估社会状态时，对有益品供给的估值应该超出它们对个人效用的贡献。这种思考在应用福利经济学与发展经济学中已被普遍采用。

福利与效用不同。两者之所以有差异，是因为人们根据与自身福利无关的理由做出选择的现象并不罕见。如前文所述，人们所处的环境有重要影响。一个人可能受社会所迫做出特定选择，也可能受到引导，看重不符合自身利益的东西。更一般地说，许多选择是在家庭环境内部做出的。此类选择可能反映了家庭内部的作用机制，例如家庭成员之间的权力和责任关系。阿马蒂亚·森在一系列贬斥大量现代经济学研究的著作和文章中认为，不能把个人效用作为社会评价的唯一基础，因为除其他理由外，“被剥夺者对其遭受的剥夺往往逆来顺受”（Sen, 1999, 第63页）。不过在多年的老生常谈之中，他实际上是跟一扇敞开的门较劲。例如，我从未听说过哪位经济学家认为，由于贫困女性已屈服于命运，不再积极要求，所以没有必要再投资于最贫困国家的女性生殖健康项目；或者由于贫困国家的父母不关心教育，对教育缺乏了解的儿童自己也不关心，所以那里的政府不应该再投资于农村地区的初等教育。我同样不知道，有任何现代经济学家只根据民众对民主和公民自由的需求强度，证明民主制度和公民自由权利的合理性。与政治领导人一样，经济学家当然会问，贫困国家能否负担得起民主制度和公民自由（见第5.7节）；但该问题必然涉及：民主制度和公民自由是否妨碍了贫困国家的收入增长。这是那里的民众应该关心的，也是有理由关心的。

在伯克（1938）与马斯格雷夫（1959）的引领下，经济学家不仅把社会福利当作个人效用的函数，还明确纳入了社会状态的其他特征，包含超越效用决定因素的与伦理相关的内容，例如民主制度和公民自由等。形式上，这相当于评估者 k 把社会福利定义为有如下特征的函数 H_k：对所有社会状态 x，有

$$\begin{aligned} H_k(x) &= H_k(U_{k1}(x), U_{k2}(x), \cdots, U_{kN}(x), G_{k1}(x), G_{k2}(x), \cdots, G_{kN}(x)) \\ &= W_k(V_{k1}(x), V_{k2}(x), \cdots, V_{kN}(x)) \end{aligned} \tag{2}$$

其中，$\{G_{k1}(x), G_{k2}(x), \cdots, G_{kN}(x)\}$ 是 x 的 N 个函数，反映 x 的非效用价值。

请注意，这里的 H 作为 x 的函数不仅通过 U_{kt}，还通过 G_{kt}。另外，没有单一的 H_k 满足公式（2），这是 k 和 j 可能得出不同的社会福利函数的又一个原因。由于 H_k 在公式（2）中同 W_k 绑定，G_{kt}的定义使 H_k 满足效率标准：如果 x 和 y 在其他方面都相同，只有 H_k 的一个或多个自变量（arguments）在 x 中大于在 y 中，则有 $H_k(x) > H_k(y)$ 。

下面我们讨论较为熟悉但限制更多的帕累托效率概念。我们说，对于一种可能的社会状态 y，如果存在另一种可能的社会状态 x，使得对于所有 i，均有 $U_{ki}(x) \geqslant U_{ki}(y)$ ，并且对于至少一个 i，有 $U_{ki}(x) > U_{ki}(y)$ ，则社会状态 y 是帕累托无效率的。另外，如果某种可能的社会状态（如 z）不是帕累托无效率的，则我们说它是帕累托有效率的。最后，如果在社会状态的任何可能的集合中，H_k 最为推荐的那个是帕累托有效率的，则我们说 H_k 是帕累托式函数。这里请注意，除非每个 $G_{ki}(i = 1,2,\cdots,N)$ 都是每个 $U_{ki}(i = 1,2,\cdots,N)$ 的增函数，否则 H_k 将不是帕累托式函数，即便它通过构造可以满足效率标准。①

研究中采用 H_k（而非 W_k）的一个好处是，H_k 部分来自可观察的行为（U_{ki}是一个数值函数，评估者 k 用它表示根据 i 的选择进行的排序），部分来自社会状态的非效用价值（表现为 G_{ki}，$i=1$，2，…，N），例如对民主、隐私和

---

① 为证实这点，考虑一个可能的社会状态集合。从中选出一个有效率的社会状态（效率的定义如上文），排除每个 G_{ki}是每个 U_{ki}的增函数的特殊情形，再考虑它在个人效用的 N 维子空间中选点的映射，显然，它不是可能的社会状态集合在该子空间的映射中的一个有效率点，也就是说，它不是帕累托有效率的。森的“自由悖论”就是这种情形的一个例子。

公民自由的重视程度等。我们可以把后者理解为 k 在估计出效用对社会福利的贡献后，还需要对评估值所做的调整。当然，把后者说成“调整”既不表示这是事后行为，也不意味着调整的幅度必然较小。

经济学家采用 H_k 而非 W_k 的另一个原因是，这迫使他们努力思考为什么在评价政策时需要超越 U_{ki} 的范围。毕竟，对社会状态的“非效用”特征的热衷可能代表着父爱主义，甚至专制主义。① 最后，采用 H_k 而非 W_k 还有现实操作的好处。通过确定 U_{ki}，让 k 能估计人们对税收、补贴及满足基本需求的供给等公共政策的反应。如果 k 用 W_k 估算，他肯定知道如何直接依据个人福利函数从伦理的角度考虑社会状态，但并不清楚该支持哪种公共政策，因为他无法判断人们对政策会如何反应。请记住，V_{ki} 并不一定与个人 i 做选择时依据的排序基础相符。②

3.3 间接测量：决定因素

还有一种测量福利的办法是评估福利的决定因素，即产生福利的物品投入，包括食品和营养、医疗服务、衣服、饮用水、住房、对知识和信息的获取、国防资源投入，以及收入和财富等加总物品。我们在此前两小节指出，可以通过比较社会福利的构成因素评估政策，例如在 k 的判断中：由于 A 导致 x，B 导致 y，且估计显示 $H_k(x) > H_k(y)$，则应该选择政策 A，而非政策 B。不过，政策也可以通过它们对社会福利的决定因素的影响来评估。如果足够精确和细心，两种方式都能完成任务。也就是说，无论以社会福利的构成因素还是决定因素的恰当测算为基础，都可以对政策进行评估。③

3.3.1 社会成本收益分析

为此，我们设想有一个投资项目，它是与商品投入和产出相对应的服务的流量，因此也是福利决定因素的流量。一种投入或产出的社会价值等于它对社会福利的贡献，这种贡献被称为该商品的影子价格，或者“社会稀缺性价格”，或者“会计价格”。商品的影子价格不一定等同于市场价格，例如，孟加拉国达卡

① 伯林的经典文献（Berlin，1959）讨论这种隐含的代表关系，他指出，马克思的“虚假意识”概念被用于为暴政辩护。

② 在福利经济学理论中，当模型分析采取加总方式时（如涉及总消费、投资和闲暇），通常假设医疗和教育等构成因素属于前两类，并且社会福利只以个人效用为基础。此类做法的核心往往是分析不同形式的函数 H_k 如何反映人们对平等问题的关注。

③ 罗尔斯的两个争议原则（Rawls，1972，第302—303页）部分针对某些构成因素（政治与公民自由）的生产和分配，部分针对某些决定因素（收入与财富）的生产和分配，是构成因素与决定因素的混合物。我将在文中指出，理论上有可能单独采用其中一种因素进行评估。

的市民从城市污染中获得的市场价格为零，但影子价格并不为零，因为他们由于污染而罹患了支气管病。又如在一个关心收入和财富意义上的贫困问题的评估框架中，穷人所获收益的影子价格高于富人所获的同等收益的影子价格，等等。影子价格不仅取决于伦理价值观、技术与现有资源，还涉及影响资源配置的制度因素。影子价格能给我们带来巨大帮助，它兼容了事实与价值观。项目评估需要用影子价格估算项目的各种投入和产出，再以适当方式加总。加总的方式如下。

一个项目在给定时期的产出的影子价值之和，与同期投入的影子价值之和的差距，被称为该项目在同期的影子利润。在项目生命周期的每一年，都需要估算项目的影子利润。还需要考虑一系列针对每两个相邻时期的社会贴现率，使评估者能把项目的影子利润流加总起来。社会贴现率则是跨期影子价格。我们可以证明，在评估项目时，影子利润流的贴现值之和是恰当的总量指标：如果贴现值之和为正，就应该批准项目；如果贴现值之和为负，则应该否定项目。

至于为什么这是项目评估的恰当标准，我们现在用向量标记社会状态，意思是把社会状态理解为完整的产品和服务配置图景，包含谁得到什么、接受什么。令 x 代表一种社会状态，一个项目则是对 x 的扰动，可以记为 Δx 。假设 k 是项目评估者，他的社会福利函数为 $W_k(V_{k1}(x), V_{k2}(x), \cdots, V_{kN}(x))$ ，与公式（1）相同。如果项目得以实施，社会福利将发生如下改变：

$$\Sigma_i(\partial W_k/\partial V_{ki})(\partial V_{ki}/\partial x) = (\Delta x) \qquad (3)$$

该公式代表项目带来的以影子价格估值的所有小幅改变之和（ Δx ）。因此，公式（3）反映的是项目的社会营利性，由 k 根据影子价格得出。由于时间因素在公式（1）中是隐性的，公式（3）表示的是项目的影子利润流的贴现值之和。①

在一个项目的影子利润流贴现值之和与一个国家的实际财富之间，有很完美的联系。我们在谈及资本资产时，不仅关心它们自身的特征，还涉及其位置、时间、不确定性、所有者身份等。我们用“包容性财富”（inclusive wealth）的

① 对公共项目中选择恰当贴现率（即社会贴现率）的讨论，通常是针对事实而非价值观：贴现率是否应该反映市场利率，如果是，对应哪个利率？可参见 Arrow et al.（1996）。关于社会贴现率的观点分歧通常可以用敏感性分析予以解决，见本文第 4.2 节。我知道的对项目评估的最精简介绍是 Daily et al.（1999）。至于更完整的讨论，包括估算影子价格与社会贴现率的具体方法，可参考 Arrow and Kurz（1970）、Little and Mirrlees（1968，1974）、Dasgupta et al.（1972），以及 Dasgupta（2004［2001］）。

概念，指代全部资本资产的影子价值（或社会价值），不仅包括制造品资产，还涉及知识和技能，以及自然资本（如生态系统）等。因为 W_k 是产品和服务整体分布的函数，那么在其他条件相同时，某个穷人拥有的一单位特定类型资本资产的影子价值，将会高于某个富人拥有的一单位同类资本资产的影子价值。所以，包容性财富不仅是个人财富的总和，而且是个人财富的加权总和。可以证明，一个项目的影子利润流贴现值之和就是它对经济体的包容性财富的贡献，这意味着，用包容性方式测算的财富是社会福利的加总指标。一个国家的财富是全部资本资产的社会价值，因此就是对国家富裕程度的测量。这并不代表包容性财富等于社会福利，但它表明，当且仅当政策改革措施（例如一个投资项目）能增加包容性财富时，才会提升社会福利。

3.3.2　包容性财富与可持续发展：理论

有意思的是，社会福利与包容性财富在时间维度上也同步变化。可以证明，在有恰当定义的条件下，社会福利作为时间的非递减函数的充要条件是，人均包容性财富是时间的非递减函数。该定理已被证明，并被纳入越来越宽泛的场景（Dasgupta and Mäler，2000；Arrow et al.，2003a，b）。它给可持续发展的直觉理念（intuitive notion）提供了可操作的含义，这一概念因为著名的《布伦特兰委员会报告》（Brundtland Commission Report，WCED，1987）而流行，被定义为“既满足当前需求，又不损害未来世代满足其需求的能力得到发展”。

布伦特兰委员会对可持续发展的定义聚焦于维持经济体的总生产基础，但该报告没有指明，这一基础是社会福利决定因素的未予明确的总和。把社会福利与人均包容性财富的时间变化联系起来的上述定理则告诉我们，如何可以测算这个总生产基础。该定理把社会福利决定因素的一个确切总和同社会福利本身联系起来，也就解释了为什么应该关注这一生产基础。之后的第 5.5 节还将介绍把该定理应用于世界上最贫困国家的例子，以考察那里在过去 30 年的经济发展是否可以持续。

3.3.3　为什么关注福利决定因素?

追随森等人的思路（Sen，1987；Dreze and Sen，1990），部分后续研究也批评了把 GNP 作为社会福利指标的做法，理由是它测算的其实是一个国家的富裕程度（Anand and Ravallion，1993；UNDP，1994，第 14—15 页）。这类批评犯了两方面错误：第一，富裕程度是存量概念，而 GNP 并非我所知的任何财富指标的回报；① 第二，更重要的是，第 3.3.1 节得出的福利构成因素与决定因素的联系表明，试图用一个富裕指标测算社会福利并没有错。问题不在于富裕程度会造成误导，而是我们应该找到对富裕程度的恰当测算方法，包容性财富就是这样的恰当测算方法。

大体而言，福利构成因素与决定因素可以理解为“目标”和“手段”。伦理学家把构成因素视为研究的明确对象，而经济学家和统计学家更看重决定因素。这里有文化差异且经常存在冲突。不过，看一看教育和技能，它们是福利构成因素还是决定因素？事实上兼而有之。接受教育，一部分是目的本身，另一部分是改善未来机遇（或能力）的手段。亚里士多德主义的伦理强调前者，人力资本经济学关注后者。教育兼有这两种特征并不是问题，只要我们能够分别追踪。当某种物品能带来共同收益时，重复计算会是优点。教育和医疗都应该做双重计算。作为人力资本经济学的先驱，舒尔茨和贝克尔让我们关注的重点偏离亚里士多德式的美德，极大地深化了我们对经济发展过程的理解（Schultz，1961，1974；Becker，1964，1983）。如果劝诫当今贫困国家的政府说，教育并不会促进国民财富增长，但它本身是应该追求的目标，那只会成为让它们比现在更忽视教育的理由。那些国家的政府还可能辩护说，它们没有能力支付教育这样的奢侈品。

如果测算实际物品（即构成因素）是非常自然的事情，为什么我们还要费力测算福利的决定因素呢？

这背后有几个原因。第一，如果不了解决定因素“产生”构成因素的机制，我们就不知道何种制度最能促进人们的利益，何种制度可能带来灾难：是否应该依靠市场生产和配置食品、衣服、住房及信息？政府是否要介入教育、公共卫生、道路和港口的供给？本地社区是否要参与对当地自然资源的管理？人们在保险和信贷方面需要什么样的制度？等等。第二，借助商品性质的福利决定因素（commodity determinants），更容易描述政策选项，例如投资项目。这些项目用商品流量描述并非偶然，投资项目最初涉及的就是商品流量。第三，影子利润是项目的投入和产出的线性指标（linear index），线性函数很便于做估算。

---

① 甚至可以说，由于 GNP 未考虑资本折旧，也不能视为富裕程度的测算指标。见第 5.6 节。

3.4 社会福利函数与阿罗的投票规则

肯尼斯·阿罗著名的不可能定理与此有什么联系？对于阿罗的著作（1963［1951］）有多种解读，其中某些并不太符合他对自己关注的社会选择机制的公理设定。我的理解如下：

阿罗把著作标题定为《社会选择与个人价值观》（*Social Choice and Individual Values*），他的关注点是，在选民 k 根据 W_k（等同于 H_k）对社会状态进行排序的世界中，找到合适的民主投票规则。① 阿罗假设，人们根据自己对社会状态的伦理评价来投票。而在上文概述的理论中，公式（1）中的 W_k 就反映了 k 的价值观。如果说人们有不同的价值观，则意味着各自的 W_k 不同。阿罗假设，选民 k 在选票中能提供的唯一信息是由 W_k 得出的社会状态排序，而投票规则可以包含的唯一信息是众多个人的排序。投票规则把众多 W_k 中得出的 N 个排序加总，形成一个最终排序，在此基础上做出社会选择。请注意，阿罗设想的选民是根据伦理考虑（W_k）来填写选票的，而不是根据个人利益（V_k）或者个人选择（U_k）。阿罗不可能定理的含义是：如果社会状态超过两个，在可能的 W_k 函数集合不受限制的情况下，不可能设计出满足一套简单伦理原则（例如，应该通过民主方式，应该得到有效率的结果）的投票规则。可是，这个定理并不排斥人们的伦理思考。②

通常来说，人们并非直接对社会状态投票。在不同情境下，人们投票选择的是政策、法律、规则或候选人，但最终会反映在社会状态上。例如，人们在给政治候选人投票时，事实上是在影响社会状态，因为候选人代表不同政策，不同政策则导致不同社会状态。我们再次看到，关于事实的分歧会产生影响。我们设想有几项政策（或几位候选人）等待选择，即使所有选民对社会状态

① 多数决规则就是投票规则的一个例子。我这里说的“投票规则”在阿罗的著作里被称为“社会福利函数”（Arrow，1963［1951］）。很不幸，现代经济学里有太多技术术语，但只要能保持一致，这并不成为问题。

② 允许且只允许个人排序被加总，这个限定条件在社会选择研究中受到很多批评。但没有人证明，在不干扰选举过程的情况下，投票站还能够提供哪些更多的信息。感受的强度？这可能因为夸大表述而被严重扭曲。选民的特殊需要？这可能违背民主的核心原则，即人人平等（匿名投票）。个人之间的福利比较？本来这种比较就是选民在投票时要做的事情，还需要交给谁去做呢？等等。在许多国家的选举中（如美国的总统大选，英国的议会选举），投票规则要求选民披露的信息甚至比阿罗理论要求的更少。这些选举规则要求 k 只需标记出根据 W_k 得出的排序最高的候选人。该限制条件不仅没有必要，而且限制过头了：当候选人超过两位时，可能扭曲选举结果。可参考 Dasgupta and Maskin（2004）。

有相同的伦理排序，即公式（1）中的 W_k 和 V_{ki} 与 k 无关，但如果他们对于从政策到可能结果的路径有不同理解，给出的政策排序也将出现差异。阿罗不可能性定理认为，在超过两种政策选项时，如果选民对于从政策到可能结果的路径特征的认识来自不受限制的信念体系集合，则不可能设计出满足一套简单伦理原则（例如应该通过民主方式，应该得到有效率的结果）的投票规则。可是，这个定理不排斥人们的伦理思考。或者说，即使人们有相同的伦理价值观，但如果关于社会中的不同行为人对政策的预期反应，以及大自然对人类行为的预期反应，人们有着各不相同的理论看法，则不可能性定理依然成立。在第5节，我们将看到有关事实的这种分歧如何主导了50年来的发展经济学研究。

现代经济学的一个深刻洞见是，我们在私人品市场上处理自己的日常事务时，无须过于担心他人。市场体系极大地节约了信息成本：在购物时，我们不需要时常观测他人的行动，以决定谁需要什么以及为什么。然而，市场只有对私人品才是高效率的制度。公共领域涉及公共品和有益品的供给（以及更一般地说，外部性问题），其中一类是保证市场正常运转的公共制度。现代经济学鼓励人们在公共领域关怀他人，基于公共利益投票，在这里公共利益用 H_k 而非 W_k 表示。现代经济学家由此指出，所谓公民意识，就是承认并接受我们生活中存在公共领域与私人领域的二元划分（Arrow，1974）。

4. 残酷的选择、基于性别的资源配置和部分排序

当今有些伦理学家质疑现代经济学的基础，他们声称并非所有社会状态都是可以排序的。有人认为，以排序为基础做选择的设想，乃是对人性的误读（Sen，1987；Putnam，2002）。他们声称，伦理思考最多只能得出对于可能选项的部分排序，而非全部排序。① 用本文第2节的术语来说，这意味着如果 k 关注伦理，他就不能构建出 W_k（或 H_k），也不能构建出个人的 V_{ki}（以及 U_{ki} 和 G_{ki}），因为这里的每个指标都是各选项排序的数值表达。伦理学家还主张，如果不同选项都是“悲剧性质”的，还依然宣称能对它们全部排序，只会揭示出一个人的肤浅鄙陋、缺乏道德敏感。

4.1 个人选择

针对个人选择，经常有人提到阿伽门农面临的军事决策困境（Sen，

---

① 排序和部分排序的定义见本文第77页脚注①。

1987）。在埃斯库罗斯讲述的故事里，阿尔忒弥斯女神命令爱琴海保持无风状态，让希腊军队统帅阿伽门农面临残酷选择：要么牺牲自己的女儿伊菲琴尼亚，以便希腊舰队顺利航行到特洛伊；要么保护女儿，却会让舰队无法起航，遭受羞辱，甚至最终受到敌人的袭击。阿伽门农在艰难抉择之后，最终决定必须牺牲伊菲琴尼亚。森认为，尽管阿伽门农做了这个选择，他的依据却并非这是一个不那么糟糕的选项，因为两个选项都非常糟糕，以至于是不可排序的。

然而，森没有给我们为什么不能对残酷选择做排序的详细理由。① 即使承认两个选项都将摧毁自己的正直信念，阿伽门农依然可以坚持说，尽管必须这样选择，他也是两害相权取其轻，至少有一部作品是这样解读的（Williams，1993）。虽然就我所知，古希腊人的辞典里并无“恶”的术语，我们在这里却不妨采用，因为努斯鲍姆（2000a）就是用阿伽门农困境来阐述当今的贫困社会面临的某些残酷选择。她还进一步向经济学家和政策制定者推荐这部古典著作，认为阅读其中的悲剧选择有助于他们理解世界上最贫困家庭的成员遭遇的困境（Nussbaum，2003，第415—416页）。仔细想来，你会发现这对许多社会科学家来说极具羞辱性，他们早已在印度次大陆和撒哈拉以南非洲看到了此类选择困境，并深入探讨了有关背景。

在一项颇有启发却被严重低估的研究中，人口学家普拉文·维萨利亚（Pravin Visaria，1967）发现，印度的女性和男性性别比例自1901年人口普查以来趋于下降，并严重低于1。流行病学专家陈致和（Lincoln Chen）就此提出了“女性到哪里去了”的疑问。后来的众多研究成果发现，在印度次大陆的部分区域，食品和医疗资源在家庭中的配置向男性倾斜（D'Souza and Chen，1980；Chen et al.，1981；Chen，1982）。② 这些学者的结论来自死亡率和人体测量统计，以及从中推导出的家庭物品配置状况。若干发展经济学家随后探讨了如下可能性：在抚养女童的家庭成本高于男童的社会环境下（因为女孩结婚后将离开家庭，并可能需要不菲的嫁妆），维萨利亚从人口普查数据中观察

① 在威廉·斯泰伦（William Styron）的作品《苏菲的选择》中，主人公面临更加残酷的处境，不得不从两个孩子中选出一个去毒气室，否则两个孩子都将被送进去。这个困境令她崩溃，但在该书结束部分，她透露了自己做出选择的理由，我们依然从中看到了人性的光辉。

② 由此催生出了大量的研究文献，例如 Sen and Sengupta（1983），Behrman（1988a，b）。

到的歧视现象，或许是贫困家庭对持续紧张的经济状况的一种反应。①

经济学家并未忽视家庭与个人的区别。一个家庭的选择反映了其内部的作用机制，例如，建立在经济依赖上的成员之间的权力关系，女性同男性的社会地位，等等。如果我们设想，母亲比父亲对女儿更为同情，那我们应该看到在其他条件相同时，在女性受过教育，或能够从事有偿职业，或掌握家庭预算的家庭，对女童的歧视程度会更轻。延续这一思路，在其他条件相同时，在女性受过教育，或能够从事有偿职业，或掌握家庭预算的家庭，女性成员的营养状况会更好，遭受的歧视会更轻。这些确实有证据支持。②

还有证据显示，印度次大陆的性别歧视在不同生态区域和财产继承制度下有所区别；撒哈拉以南非洲的性别歧视特征也不同于印度次大陆。博赛拉普（Boserup，1970）在一本内容广泛的著作中指出，女性在需要锄地的农业中（例如在撒哈拉以南非洲）有更重要的作用，而在普遍采用犁耕的地区（如印度次大陆）则不然。博赛拉普认为在锄地耕作、一夫多妻制与女性地位之间存在关联。

在非洲证实这种关联是非常困难的。杰克·古迪（Jack Goody）在一篇基础性研究中强调，一个人在某个体系中的经济重要性不能只看他对农业的参与，还取决于从事其他互补性活动，如日常的取水和收集木柴等。他利用女性在最广义的经济活动中的角色，解释撒哈拉以南非洲的一夫多妻制现象，以及为什么已婚女性会获得配偶部落的耕地奖励，为什么男性必须在结婚时支付彩礼。③

博赛拉普对女性的社会地位与女性在农业中的角色相关的观点，被其他学者用来诠释印度次大陆的现象（Bardhan，1974；Sopher，1980）。他们注意到印度女性的生活机遇有显著的南北差异，种植小麦的北方地区比种植水稻的南

---

① 尤其可参考 Rosenzweig and Schultz（1982）。作为支持证据，印度北方的一个样本显示，出生顺序（birth order）较高的女孩受到的歧视程度，比出生顺序较低的女孩更甚。参见 M. Das Gupta（1987）。

② 参见 Cochrane（1979）、Behrman and Wolfe（1984）、Kennedy（1989）和 Sen（1990）等文献。据我所知，最早利用谈判理论（尤其是众所周知的纳什谈判解）解释家庭商品需求的是 McElroy and Horney（1981）。更早的文献，如 Kalai and Smorodinsky（1975），提出了更适合用于研究家庭选择的谈判模型（Sen，1990；Dasgupta，1993）。

③ 参见 Goody（1973）、Goody and Tambiah（1973）、Goody（1976）、Williamson（1976），以及 Goody et al.（1981）。

方地区黯淡得多，东部地区则介于其间。他们还发现，如今很知名的喀拉拉邦在南方地区是一个例外。与北方相反，喀拉拉邦的一个主要种姓群体是母系性质的，那里的婚姻中经常看到入赘现象，或许都与这种南北差异的出现有关。我们获得的一些证据符合这些推测，例如有部分行为习俗受当地的影响，包括邻居和同龄群体的影响等。①

我这里的介绍并不是为了支持或反驳上述乃至其他任何关于印度和非洲性别歧视现象的解释，而是希望探讨如下问题：用家庭成员（每个成员都能完整地给家庭的资源配置做出排序）的相对影响力大小解释家庭内部的性别歧视是否有意义？或者说，由于经常要做残酷的选择，把他们设定为不能做完全排序是否更合适？

与森（1987）类似，帕特南（2002）似乎也相信这一问题能通过思辨来解决。但我认为这是一个实证问题。当然，我不是指大学生能否在实验室提供的计算机程序中对不同选项做出排序，而是说，生活在原始经济条件下的人们能否解释为什么他们实际上那样看待事物。如果认为贫困家庭内部的选择机制是基于对食品和医疗资源配置的部分排序，那我们将难以解释印度次大陆和撒哈拉以南非洲广泛存在的系统性性别歧视。如果残酷的选择是不可排序的，则某些家庭会做此选择，某些家庭会做彼选择。然而在控制其他因素后，我们从数据中看到了家庭内部的食品和医疗资源配置的系统性偏向。除非能找到比当今伦理学家的主张更合理的解释，否则，经济学家没有理由抛弃他们在多年研究中一直采用的假设。

4.2 社会选择

不过，社会选择经常来自不同选项的部分排序，这却是现代经济学普遍采用的假设。我们在第2节看到，W_k 各不相同。即使某人（例如 k）在评估项目时确信它具有社会价值，即公式（3）的值为正，他也可能犹豫，因为参与决策的还有其他人，k 知道他们的社会福利函数可能与自己不同。因此，好的项目评估者会对项目做敏感性分析，找出最有争议的参数在哪些值域下会使项目被接受，在哪些值域下不被接受。这样的选择机制会因为地点和时间的不同而改变。政治压力经常会干预决策。在没有政治压力时，敏感性分析也能帮助

① 对经济学家所说的集体行为的“社会偏好”的一般分析，见 Blume and Durlauf（2001）；以社会偏好为基础的生育率模型研究，参见 Dasgupta（1993，2002，2003）。

参与者对项目开展考察、讨论，并做出选择，使他们的选项逐渐趋于一致。实际上，敏感性分析目前经常被用于社会成本收益分析。①

第二部分：事实

本文第 2 节和第 3 节介绍的理论架构有助于对经济政策讨论进行分类。设想有两种政策选项 A 和 B，个人 j 和 k 对这些选项的价值评估可能因为以下三个原因而存在分歧：

（α）j 和 k 测算个人福利的方法有差异。例如 k 对 j 说，在评价个人福利时，你给个人收入赋予的权重太高（相比教育而言）。即在公式（1）中，j 和 k 构建的 V_{ji} 和 V_{ki} 不同。

（β）j 和 k 对社会福利的构建方法有差异。例如 j 对 k 说，你没有给福利的平等性赋予足够的权重。即在公式（1）中，j 和 k 构建的 W_j 和 W_k 不同。

（γ）j 和 k 对政策选项的可能效应有不同的理论看法。例如 k 对 j 说，你认为政策 A 比政策 B 会让穷人的生活更加困难，我不赞成。

如果 j 和 k 讨论问题时用的是 H_j 和 H_k，即公式（2）的左侧项，也会出现相应的分歧。

职业经济学家之间的政策讨论经常采取以上的第三种方式。后续小节将通过发展经济学的演进揭示这一点，我的目的不是历史综述，只是简要介绍几十年中的几次讨论。很自然，这些议题的选择反映了我本人的专业领域和参与经历。

5. 关于发展的讨论

发展经济学探寻各国的贫困现象，关注摆脱贫困的路径。为讨论经济政策，发展经济学的研究对象在过去被称为“欠发达国家”，并在 50 年里几经改变，如“不发达国家”“发展中国家”“第三世界”“南方国家”等。包括我在内的部分经济学家则简单地称它们为贫困国家。这个领域有广泛的参与者。不仅学院派经济学家和人类学家在关注，政府机构、非政府组织与国际组织也在贡献智慧。尽管关于贫困的含义已有很多著述，并仍在不断撰写，但对

---

① 有关的案例研究也可参见 Dasgupta et al.（1972）。努斯鲍姆想象说，项目评估者仅得出一个数字（社会利润流的贴现值），就认为完成了工作。而我在多年来阅读的大量项目评估报告里很少看到这种情形。

于哪些人能被归为穷人有直观感受：对于维持生活运转所需的资源，穷人能获取的非常有限。

5.1 把经济增长作为发展

以上直觉看起来显得过于粗略、草率和笼统。毕竟，资源有很多类型，有人或许在某些资源（如食品）上较为丰富，但在其他方面（如医疗）较为匮乏。此外，"需要"的含义也有待澄清，并的确引来了长篇大论的深度分析。还有，"非常有限"和"维持生活运转"又是什么意思？所有这些都是有意义的问题。然而在发展经济学出现的最初阶段，收入逐渐被视为一个人维持生活运转所需资源的恰当指标。其理由是，无论人们还需要什么，他们都需要有收入去购买产品和服务。可是在发展经济学文献中，并无证据表明收入本身曾被当作目的。对贫困发生率和贫困程度的考察是发展经济学中反复开展的工作。经常被大家提到的世界银行的估计值，即约有 12 亿人每天的生活费不足 1 美元，就是用于展示贫困程度的一类事实描述（第 5.4 节）。①

从"个人"到"国家"的转化中，GNP 是明显的收入汇总。这一指标反映了经济体生产的产品。为简化起见，我们这里把国民收入与 GNP 视为同等指标。作为反映经济发展的指标，GNP 或许有些局限，但在谈及其他问题的时候，你经常会发现又要回到这个指标。例如，如果由中央或地方政府提供各种公共品，政府就需要资源。如果这些资源是通过税收获得的，那经济体就必须有足够多的收入以供征税，于是我们又回到了 GNP。由于在政策讨论中的广泛应用，GNP 如今已植根到我们的集体潜意识里，你问某个人"什么的增长"？回答很可能是"GNP 的增长"。

用 GNP 作为发展指标经常受到批评，这不仅来自伦理学家（Bauer，1971；另见第 5.7 节）。即便如此，它仍有惊人的承受力，这背后有一个简单的理由：发展经济学家相信物质生活条件的改善是其他一切的必要条件。因为这个信念只能通过事实而非价值观证实或证伪，所以长期以来关于收入是不是发展的恰当指标的争议是针对事实的争议。

---

① 世界银行最早的一期年度《世界发展报告》，就是聚焦于撒哈拉以南非洲和印度次大陆的贫困问题（World Bank，1978）。该报告的第 4 章题为"增长与减贫的前景"。世界银行年度报告的关注点后来仍不时面向贫困问题（World Bank，1990，2000）。更早的时候，印度政府的远景规划部（Perspective Planning Division）也发表过保证全体国民最低基本收入的蓝图（Pant et al.，1962），但无果而终。

为追溯 GNP 指标在发展研究中的主导地位，我们可以回顾一篇文章的表述，该文引领了经济发展的现代研究：

> 经济发展理论的核心问题是弄清楚一个过程，即储蓄和投资在过去仅占国民收入 4%—5% 乃至更少的社会如何变成自愿储蓄达到国民收入 12%—15% 乃至更多的经济体。之所以说这是核心问题，是因为经济发展的中心事实就是快速的资本积累，包括随之而来的知识与技能。

这段文字既非来自斯大林主义者，也不是痴迷于资本积累的某位 19 世纪英国企业主的后裔，其作者乃是已故的阿瑟·刘易斯（W. Arthur Lewis），一位被誉为有“人道情怀”的经济学家（Lewis，1954）。他的逻辑可以概述如下：

> 设想 1 美元的投资会持续地在每年产生 10 美分的新增收入，也就是说，投资的实际回报率为每年 10%，那么要产生 1 美元的年收入，就需要 10 美元的资本。如果每年把 GNP 的 5% 用于投资，GNP 就会以每年 0.5% 的速率增长，而如果投资率达到 15%，年增长率就是 1.5%。再假设人口以每年 1% 的速率增长，于是 5% 的投资率将导致 -0.5% 的人均 GNP 增长率，而 15% 的投资率将使人均 GNP 的增长率达到 0.5%。前者意味着萎缩，后者代表发展。①

5.2 经济增长的质量：投资的去向？

一项研究议程的繁殖力可以用它引发的可以回答的问题数量测算。以此标准看，刘易斯的论文倡导的研究思路有巨大的生命力。第一，它恰当地提出了投资率的问题，然而我们如何知道一个国家应该投资于哪些领域呢？是重工业（如钢铁）还是轻工业（如服装），或是农业？道路、港口、电力？公共卫生？初等教育？还有生殖健康项目？第二，投资的主体应该是谁，政府、私人企业，还是地方社区？第三，与之相关的是，政府是否需要一个经济发展“战略”，例如创建重工业体系？第四，在没有政府机构积极作为的情况下，GNP 的增长是否也能导致社会中的绝对贫困减少？等等。

---

① 可以顺便指出，东亚经济体在 20 世纪 80 年代的投资率经常超过 GNP 的 40%，如韩国、中国台湾。

第四个问题涉及著名的关于经济增长的“涓滴效应”观点，该观点认为随着经济的腾飞，没有人会被丢下，正式就业岗位将被创造出来，工资将会提高。如果询问经济增长能否带来足够快的涓滴效应，大多数发展经济学家会给你简洁的答案，尽管未必相同。然而没有哪位经济学家会问你为什么想知道，这表明关于发展问题的讨论有一个共同的伦理基础。尽管这个问题背后的动机是伦理考虑，但问题本身则是针对事实。经济学家面临的问题是统计数据含糊不清，因此这个讨论一直是也将继续是关于事实的讨论。①

有关贸易自由化的争议，以及更近期的国际资本自由流动的全球化议题，部分是在回应上述的第三个问题，即选择合适的经济政策。较早的直观认识是，保护国内产业免受外国进口威胁有利于经济增长，但若干贸易和发展经济学家对此提出了质疑（Bhagwati and Desai，1970；Bhagwati and Srinivasan，1975）。保护主义政策不仅扭曲了国内价格，导致资源浪费，还造就了易于滋生腐败的社会环境，意味着更大的资源浪费（Krueger，1978；Bhagwati，1982）。此外，在先进的出口产业中边干边学，有助于提高劳动生产率，并改善经济表现，至少从理论上讲是如此（Lucas，1993）。“出口驱动型增长”一词就是对这种思想的描述。

争论仍在继续。某些经济学家发现，近期取得成功发展的政府（尤其是中国台湾和韩国）在某些产业实施了防范外国竞争的保护措施，并通过事实上的补贴促进若干出口产业的发展（Amsden，1989；Wade，1990）。然而，主张减少政府干预的人又反问说，如果这些经济体的政府没有挑选未来的产业赢家，其发展表现是否会更好。此类反事实问题很难回答，但它们归根到底仍是针对事实的分析，而非价值观。

在上述四个问题中，第二个在公共知识界引发的争议最为严重。直至最近，还经常以这个问题的回答划分左右阵营。但它是个伪问题，如果不了解经济中各种制度的优缺点，你就无法判断应该由谁做投资主体，是公共机构、私人机构还是社区。之前的第 2 节谈道，现代经济学告诉我们，某些活动几乎肯定应该留在私人领域，某些交给市场，某些交给社区，还有些由公共领域负责。但仍有部分范围广泛的活动的安排，必须通过比较各种制度与当地配套的

① 世界银行近期发表的一项统计分析有一个启发性的题目“增长对穷人有利”（Dollar and Kraay，2000）。

其他公共政策和行为习俗的运行效率来决定。例如在介绍刘易斯的理论逻辑时，我们可以假设投资回报率为每年 10%，但如果公共部门腐败严重，或资本资产的产权缺乏保障（见下文），或政府具有掠夺性，则回报率可能会低得多，甚至为负值。对此类问题的深入理解使发展经济学家将讨论的焦点从早年的政策更多转向如今的制度特征。这两者相互联系：好的政策不可能凭空出现，经济政策的效力也取决于周围的制度特征。①

关于贫困国家社会成本收益分析理论的发展，则是为了回应第一个问题。我们在第 3.3 节指出，该理论有着广泛的伦理学基础。但实际上，社会成本收益分析在贫困国家的投资项目选择中并未发挥多大作用，因为技术细节感觉过于复杂（Little and Mirrlees，1991）。我不清楚这是否关系重大，因为直至 20 世纪 70 年代后期，人们还普遍不关心健康且受过教育的人口给经济带来的生产率收益。不仅最贫困国家的政治领导人不重视基本医疗和初等教育，而且社会成本收益分析的技术设计也主要是面向工农业项目。不过，越来越多经验证据给人力资本扮演核心角色的经济发展理论提供了佐证（如医疗：Leibenstein，1957；教育：Schultz，1961，1974；Becker，1981，1983），表明过去长期秉持的信念，即钢铁厂给世界最贫困国家带来的社会收益高于学校和公共卫生项目，是错误的。人力资本理论的一个启示是教育和卫生的改进不仅与 GNP 增长不矛盾，而且是经济发展的源泉。尽管这个启示在今天听起来很自然，但教育作为宏观经济增长发动机的理念直到最近才被整理为可检验的模型（Lucas，1988）。对人力资本理论的普遍接受（World Bank，1993，1998）是表明事实发现可以被社会科学研究吸收的一个范例，当然这样的普遍接受需要时间。

5.3 增长与分配

GNP 是加总指标，以市场价格为基础测算。如果人类个体是关注的焦点，发展经济学就必须关心收入分配问题，尤其是贫困发生率。一个国家的 GNP 可能很大，分配却高度不均，某些人生活赤贫。一个国家的私人收入可能较高，公共环境却很糟糕。更微妙的是，未来的 GNP 增长前景与当代收入分配的公平性之间可能存在冲突，这是有关增长与分配的长期争论的一个根源。

---

① 世界银行的年度《世界发展报告》是经济发展思想演变的很好指标，其中两份就是关注政府的作用与生产性制度的建立（World Bank，1997，2002）。

该冲突可能来自两方面的因素。首先，如果富人的投资比穷人更多（比如因为他们有较多资金），那么在其他条件不变时，有利于穷人的再分配就会拉低投资率与经济增长率。其次，再分配措施可能打击工作、投资以及从事一般生产活动的激励。值得一提的是，这种可能性直至不久前才在莫里斯那篇大胆且富有原创性的论文（Mirrlees，1971）中得到有意义的系统阐述。该论文清晰地指出，这种激励效应是否显著只能靠实证检验，例如分析人们对闲暇（和风险规避）的需求以及工作的生产率（和风险）等。阿特金森（Atkinson，1973）利用莫里斯模型开展的一项早期理论研究则显示，理论上激励效应可能非常强，使得如罗尔斯伦理学那样的平等主义伦理学［符合公式（1b）的描述］也会同意对高收入采取低边际税率。由此带来的启示是，虽然各国政府应该采取收入转移措施，但程度不能像平等主义者直觉上要求的那样激烈。

在增长与再分配以及更一般的效率与平等的冲突议题上，有方向相反的作用因素。如果小农场比大农场的生产率更高，比如原因是小农场主更容易监督雇佣工人的努力程度（Eswaran and Kotwal，1985），那么把土地再分配给失地者就可能促进经济增长。阿德尔曼与莫里斯（Adelman and Morris，1973）早先就发现了韩国与中国台湾的土地再分配对当地经济增长的推动作用。世界银行的实证研究也表明，当代的贫穷国家能够通过某些再分配促进经济增长，与上述发现相互印证（Chenery et al.，1974；Ahluwalia，1976a，b）。

还有一个作用因素是健康，这是人力资本的一个方面。借助营养学家与流行病学家找到的数据，有研究指出投资于穷人的营养和健康能提高其生产率，乃至提高整个经济体的劳动生产率。而且，仅靠市场不能很快地消除饥饿与营养不良，经济增长或许有涓滴效应，但流溢的速度很慢。

其理由如下：

> 长期营养不良导致发育不足，短期营养不良使人身体虚弱，两者都会显著约束需要力量和耐久性的体力劳动的能力。此外，维持生命也需要巨大能量，一个人日常营养摄入的能量有60%—75%用于维持生命，剩余的25%—40%才耗费在“自主性活动”（工作与娱乐）上。因此，维持生命就好比固定成本，这说明把营养摄入转化为营养状况的新陈代谢过程是非线性的，即对略有营养不良的人来说，其平均营养摄入的微小改变对营养状况的影响会被放大，超出营养摄入变化的比例。有关研究显示

(Dasgupta and Ray, 1986, 1987)，由于这种非线性关系，市场不太容易消除营养不良现象。营养不良者获取食品的能力会受到严重影响，由于工作能力不足，他们难以完成高质量的工作，以获取改善自身营养状况所需的食品。而且随时间推移，营养不良与落入贫困陷阱可能互为因果。营养不良表现出滞后现象（营养及其影响之间还有正反馈），甚至会使贫困世代延续。一旦某个家庭落入贫困陷阱，其后裔要摆脱出来将尤其困难。①对教育也有类似的研究结论（Heckman, 2000）。全民覆盖的初级医疗和教育服务可以给那些极少拥有其他资产的人提供人力资本，实现资产再分配。这样的行动不仅会增加当前的包容性财富，还会影响未来。

以上两个因素（土地所有权、医疗和教育）的作用机制表明，我们不仅能利用再分配影响经济增长，甚至可以设计出经济增长发生之前的再分配模式（Adelman, 1979; Deininger and Squire, 1998）。但请再次注意，所有这些有争议的问题都涉及对事实的广泛解释，而不是价值观。②

5.4 对贫困的估算

贫困显然包含多个维度，这使对当今世界的贫困程度和贫困范围的估算面临诸多问题。事实上，即使我们采用一个较狭窄的贫困定义，问题依旧存在。原因如下。

我们可以想到，由于食品是福利的一个关键决定因素，贫困能够用营养摄入低来识别。但这方面的测算仍有许多问题，因为我们必须了解，一个人的饮食是缺乏主要营养元素（蛋白质、碳水化合物）还是微量营养元素（铁、碘、磷等），或者两者兼有。在不以圆形根茎作物（如木薯、甘薯）为主要食品的社会，可以认为能量摄入充足的人就有充足的蛋白质摄入。因此，一个看似简单的测算贫困的办法就是确立一个能量摄入水平（如每天2000千卡），低于

---

① 我在其他文章中更详细地讨论过这些机制（Dasgupta, 1993, 1997）。有关营养摄入改善与经济发展的相互促进在西方国家崛起中的历史记述，可参见 Fogel et al.（1983）以及 Fogel（1994, 2004）。从经济数据中识别家庭层面的贫困陷阱有很大难度，因为我们必须找到经济条件曾经相似但后来逐渐分化的不同家庭。有学者在当代中国农村地区找到了贫困陷阱的证据（Jalan and Ravallion, 2002）。

② 经常提到的一个例子是对韩国与加纳的比较，这两个国家在1960年的人均GNP水平基本相当，但韩国有一项巨大优势：其政府开展了土地改革，并普及了初等教育。这些早期优势使得，如果用美元测算，今天韩国的人均GNP就已经是加纳的20倍。

该水平的人就可以被视为穷人，然后采用群体抽样的办法测算摄入水平。

但显然，摄入水平应该与能量需求水平相匹配，在其他条件相同时，久坐之人的日常摄入要求会低于从事艰苦劳动的人。还有，世界各地最贫穷的人把绝大部分收入用于食品，其占比经常高达 80%，但他们仍需购买其他物品（服装、被褥和偶尔的装饰）。因此完全用营养测算的贫困会显得过于狭隘，如今的贫困定义则经常采用最低收入或支出水平，把低于这个水平的人划分为穷人。

在贫困线确定后，最简单的测算贫困范围的办法是估计有多大比例的人处于贫困线之下，得出“人头贫困率”。但由于各国的生活成本不同，当我们探讨全球的贫困水平时，又会遇到新的实证问题。经济统计学家于是估算了生活成本的国际差异，他们不是用各国货币的官方汇率，而是借助购买力平价，使不同国家的贫困线可以相互比较。

在某些国家（主要是拉丁美洲），贫困以低收入定义，而其他一些国家（例如印度）则采用低支出水平。这也给贫困的国际比较增加了难度。更复杂的是，无论报告收入还是报告支出都没有反映农村人口从本地公共资产中获取的资源价值（见第 5.6.1 节）。还有，样本调查中的回忆期长短也会影响贫困估算。印度在 20 世纪 90 年代中期的全国抽样调查中做了此类实验，居民家庭被随机派发报告期不同的两类问卷，其中一类要求他们回忆此前 7 天的高频率项目（食品、烟草）的支出，此前 365 天的低频率项目（服装、鞋类）的支出，以及此前 30 天的其他项目支出。另一类问卷要求他们回忆此前 30 天的所有项目支出。有趣的结果是，前一类问卷得出的人头贫困率仅为后一类问卷的一半。①

尽管有实证上的诸多困难，我们仍能看出当今世界的绝对贫困现状。生活水平低于世界银行的每天 1 美元标准的人数，过去 15 年里在非洲和部分拉美国家有所增加，但全球总数量有所减少。中国和印度的人均收入快速增长把足够多的人拉升到贫困线以上，使上述改善得以实现。但很有意思的是，生活水平低于每天 2 美元标准的全球总人数却有所上升。中国和印度的高增长率尚未使足够多的人口提升到更高的贫困线之上。这些发现让我们得以初步了解近年来经济增长与减贫的关系。

---

① 对这些发现的讨论，参见 Deaton and Dreze（2002）。

5.5 女性教育与生育率

在当今世界，最贫困的地区有着最快的人口增长率。撒哈拉以南非洲和印度次大陆作为世界上最贫穷的地区，在过去 40 年里经历了前所未有的人口激增，年均增速远超 2%。那里的儿童死亡率显著下降，降幅远超生育率的下降。只是在印度和孟加拉的部分区域，最近才有所改变。贫困与生育率之间有何关系？贫困国家高生育率的长期延续是哪些原因造成的？①

考德维尔（Caldwell，1980）分析了若干历史案例，认为大众教育可能降低高生育率。关于贫困国家人口增长的后续研究则强调，教育（尤其是女性教育）与生育率之间有负向关联。把女性缺乏教育作为鼓励生育的主要原因的看法，如今已被普遍接受（Sen，1994，1999）。

然而后一观点还面临两个疑问。首先，女性生育率随女性教育水平下降的程度在时间序列和横截面数据上都呈现巨大的时间与空间差异，非洲部分地区还发现了方向相反的结果：女性初等教育水平的上升伴随着总和生育率的提高（Jolly and Gribble，1993）。其次，全球最贫困地区的生育率在最近之前基本没有改变，而婴儿死亡率却在下降，这说明肯定还有支持多生育的其他重要原因。仅靠女性缺乏教育难以解释生育率的稳定。无论如何，苏珊·科克兰（Susan Cochrane，1979，1983）作为第一位清晰展示女性教育与生育率下降关系的学者，她本人不愿意承认其发现中存在因果联系，利用更近期数据开展研究的学者也同样如此（Cohen，1993；Jolly and Gribble，1993），因为确定因果关系极为困难。女性教育或许确实能有效降低生育率，但另一方面，生育活动本身或许也是导致学业中断的因素。另外，即使教育是由政府提供的，居民仍可以选择放弃该机遇：贫穷国家的政府实施强制入学的能力和意愿通常极为有限。教育的私人成本和收益以及人们所在社区的习俗会影响他们的决策。女性受教育程度低反映的社区特征，例如女性之间缺乏活动联络，与外部世界缺乏沟通交流，或者不利于女性的继承规则等，或许恰好鼓励了高生育率（第 4.1 节已讨论了其中的部分内容）。追求普适性的人口学理论把女性教育和生育率都作为“内生”变量，在这样的理论中，教育和生育率之间的负向联系是一

---

① 总和生育率（TFR）是指，女性在育龄期结束前，按照现有年龄段的生育率所生育的子女总数，这是反映生育水平的单一最佳指标。20 世纪 70 年代后期，撒哈拉以南非洲的总和生育率为 6.6，印度次大陆为 5.3。到 90 年代中期，这两个数字分别降为 5.6 和 3.4。作为对比，全球在这两个时期的平均数为 3.7 和 2.8。

种关联，但不是因果关系。这两个变量被解释为在样本中存在"联动"，而没有其他含义。

20 世纪 70 年代早期的绿色革命让世界食品生产赶上了人口增长的速度。我相信，正是这个事实让社会科学家在 80 年代得出结论说，全球最贫穷地区的人口也不再成为问题。① 可是谷物产量的增长在近年来停滞不前，人口却仍在快速增加。此外，地球上已没有太多土地可以用于农业种植。这两个事实或许导致如今的经济人口学家转而认为，高人口增长阻碍了全球最贫穷地区的经济发展（Birdsall et al. , 2001）。但是，与高人口增长对经济发展不构成问题的看法类似，这一修正观点也面临相同的缺陷，它们都把人口变化视为外生因素。除生育率受到政府严格控制的国家（如中国）之外，人口变化并不能被视为外生给定的因素。下面，我将介绍以制度和生态因素（而非女性教育或生育行为）为基础的新近观点。作为说明，我将讨论地方自然资源基础在世界最贫困人群的农村生活中的关键作用，指出忽略这些基础通常将导致错误的政策处方。②

5.6　自然资本在农村生活中的作用

这个议题其实不限于发展经济学对地方自然资源基础的忽略。更一般地说，20 世纪的经济学很大程度上都同环境科学脱节。从专业著述看，经济学者最多把大自然当成背景，然后独立考虑资源问题。我们还假设，反映地球系统特征的变化进程是线性的。另外，宏观经济预测通常不包括环境资源。如果必须把大自然的因素考虑进来，那也是做完"经济学研究"之后的附加内容。

有人会说，这种做法已导致一个令人不解的文化现象：一群科学家（多数为地球科学家）在人类目前对大自然的利用中看到了严重隐患的征兆（如 Ehrlich and Ehrlich，2004；Steffen et al. , 2004），而另一群科学家（多数为经济学家）记录的事实则是，今天的人类生活平均在许多方面达到了前所未有的水平，并对上述悲观态度感到不解（如 Simon，1990；Johnson，2001）。在忽略自然资本对经济活动的作用方面，发展经济学家与自己的同行差不多。然而，政策和制度固然重要，生态也不可或缺。忽略大自然不仅令人遗憾，也极

① 例如 Kelley（1988）。生态学家对地球承载 80 亿—100 亿人口的合理生活水平的能力感到担忧，森（1994）对此却持轻蔑态度。

② 这一论点更全面的阐述，可参见 Dasgupta（1982，1993，2003，2004，2004［2001］）以及 Dasgupta and Mäler（1991）。

具讽刺意味。我们只需要想想内陆村庄的耕地、打谷场、牧场、村庄水塘、树丛和森林、溪流和水坑，沿海村庄的树丛和森林、岸边渔场、红树林和珊瑚礁，就能够认识到特定地域的自然资源对农村贫困人群生活的重要性。要知道，全球最贫穷的人口中有60%—70%生活在农村。可是除农地以外，发展经济学家制定政策建议依赖的理论模型大多没有考虑其他任何自然资本。发展经济学的主流著作也忽略了地方自然资源基础，以及管理这些资源涉及的类型广泛的制度。①

5.6.1 产权与地方公共资产

谈到资本资产，人们会想到对这些资产的所有权和其他权利。以地方自然资源基础为特征的资产归谁所有呢？在正统发展经济学边缘工作的人类学家和经济学家发现，除农用地以外，这些资产大多数既非私人财产，也非国家财产，而是归社区所有，属于地方公共资产（local commons）。作为总资产的一部分，地方公共资产在不同生态区域差异很大，在印度主要位于荒地、山区和非灌溉区域，很少在湿润地带与河谷。这种安排是有道理的，基于风险共担的需要。

地方公共资产重要吗？久德哈（Jodha，1986）的一项开创性研究收集了印度21个干旱地区的80个村庄的资料，表明贫困家庭收入中有15%—25%直接来自地方公共资产。在对津巴布韦东南部29个村庄的一项研究中，卡文迪什（Cavendish，2000）得出了更大的估计：直接来自地方公共资产的收入比例达35%，对最贫困的五分之一家庭来说，甚至达到了40%。

地方公共资产是由社区共同管理的吗？情况不尽相同，但很多情况下是如此，或者曾经如此。受到共同管理的公共资产不对外人开放，只面向通过亲属纽带或社区身份而拥有历史权利的人。对地方资源的共同管理通过“社会资本”建立联系，是人际网络的复合体，并包含以传统方式形成的合作关系的基础。由于地方公共资产支持非市场关系，有关的交易经常不是由市场价格调节，它们的情况通常不会显示在国民经济账户中。不过很多实证研究表明，这些资源的使用者在许多情况下会开展合作，有时采取民主决策的方式。案例研

① 参见 Dreze and Sen（1990）以及 Ray（1998）等。我曾多次抱怨正统发展经济学对自然资本的忽略，例如 Dasgupta（1982，1993，2004，2004［2001］）；Dasgupta and Mäler，（1991）。自1996年后，《环境与发展经济学期刊》（*Environment and Development Economics*，剑桥大学出版社）的编辑 Charles Perrings 教授积极推动把自然资本纳入发展经济学研究。

究同样表明，合作可以防止农村或沿海社区发生“公地悲剧”。关于地方公共资产的实证研究极具价值，它们可以揭示既非市场体系亦非政府体系的制度如何为解决资源配置问题自然地生长起来。①

这些是社区制度好的方面，但同时也有两个不利消息。第一，在地方公共资产管理的研究中得出一个普遍发现：公共资产的权益安排经常以私人财产为基础，富有家庭在公共资产收益中占有较大的份额。例如，印度的例子表明，公共资产的利用权往往限于精英群体，如印度教种姓家庭（Beteille，1983）。另有研究发现，样本中的富裕家庭从公共资产中获得的绝对收益高于贫困家庭（Cavendish，2000），女性有时被排除在公共林地使用权之外（Agarwal，2001）。②

第二个不利消息是，许多贫困地区的地方公共资产在近年来出现退化。在曾经以可持续方式管理公共资产的地方，为什么今天会出现这样的趋势？

原因之一是外部条件的恶化降低了资源基础（resource base）投资的私人收益和社区收益。外部条件恶化可能有多种方式，产权的不确定性增大就是主要例子。你和自己所在的社群或许认为前人留下的森林是大家共同拥有的，但如果没有产权文件，你们的共有权利就缺乏保证。在混乱状态下，政府可能征收这样的财产。政治动荡乃至极端情况下的内战也是不确定性的来源，你们的共有财产可能被暴力剥夺。政治不稳定还能直接造成环境退化：国内动荡经常表现为对物质资本的毁坏。

当人们对自己的产权感到不确定时，他们将不愿做必要的投资去保护和改善资产。如果共同财产的安全缺乏保证（无论出于上述哪种原因），集体合作的私人预期回报就会很低。这一作用也可能发生在相反的方向，资源稀缺加剧导致各种群体的争斗，让政治不稳定加剧。如果出现正反馈，就会在一定时期内使问题继续恶化，投资的私人回报进一步降低。对特定地域的资源展开的集体争夺在今天经常发生（Homer-Dixon，1999），共有制度本身也在逐渐退化。③

---

① 参见 Chopra et al.（1989）、Feeny et al.（1990）、Ostrom（1990）、Bromley et al.（1992）、Baland and Platteau（1996）、Jodha et al.（2007）及相关参考文献。关于地方公共资产的经济学理论构建来自 Dasgupta and Heal（1979，第 3 章）。

② McKean（1992）强调说，公共资产的收益经常被精英群体占有。Agarwal and Narain（1996）在研究恒河平原半干旱村庄的水资源管理做法时，也发现了类似现象。

③ 德·索托近期的研究认为（de Soto，2000），产权缺乏明确界定和保护是发展落后的核心事实。他正确地指出，穷人因为缺乏抵押品而难以获得信贷。本文则对贫困提供了多重因果关系的解释。

第二个原因是人口快速增长，如果制度实践无法应对资源压力的加剧，则可能导致资源枯竭。例如在科特迪瓦，农村人口增长伴随着森林毁坏加剧，土地休耕减少，单位生物量与农业生产率均随之下降（Lopez，1998）。不过，世界最贫困地区在最近几十年的人口快速增长本身也需要解释。制度退化造成的经济安全性下降是可识别的因素：在此情况下，子女比其他类型的资产有更高回报（Bledsoe，1994；Guyer，1994；Heyser，1996）。这意味着，尽管人口快速增长是环境恶化的直接原因，根本原因却在其他地方。因此当我们看到人口增长、环境退化和贫困之间存在数据关联时，并不能解读为其中之一是其他现象的主要原因。因为从长期看每个现象都可能是其他现象的诱因。①

第三个原因是地方层面的管理办法有时被中央法令推翻。非洲萨赫勒地区的若干国家实施的法规，就破坏了社区对森林的管理办法。如有人违反了地方制定的规则，各个村庄不再有实施惩罚的权力。政府如今有若干办法可以破坏地方的制度，把本地变成可以开放获取的资源（Thomson et al.，1986；Somanathan，1991；Baland and Platteau，1996）。

第四个原因是，对地方公产的管理经常有赖于在互惠基础上建立的社会习俗，但这些互惠制度较为脆弱，尤其是在替代资源的私人投资机遇增加时（Dasgupta，1993，2007；Campbell et al.，2001）。即使外部条件没有恶化，且没有人口增长的压力，也可能出现制度退化。当传统管理体系瓦解，又没有其他制度替代时，对地方公共资产的利用将失去约束。于是公共资产会退化，导致众所周知的公地悲剧。近期有研究发现（Balasubramanian and Selvaraj，2003），作为印度南方若干村庄最古老灌溉水源之一的村用水塘，在多年来出现退化，因为集体维护投资在逐渐减少。投资减少则是因为较富有的家庭越来越多投资于私人水井。由于贫困家庭不只依赖水塘的水源，还需要用到水塘周边生长的木柴和饲料，富有家庭转向私人水井的行动加剧了穷人面临的经济压力。

历史告诉我们，随着经济发展的推进，地方公共资产的重要性会下降（North and Thomas，1973）。关于肯尼亚东北部奥玛部落公共牧场私有化的研究证实，这种转移得到了部落元老们的首肯（Ensminger，1990），原因在于随

① 有关理论可参见 Dasgupta（1993，2003）；旨在检验该理论的近期关于南非的实证研究，可参见 Aggarwal et al.（2001）。

着交通成本下降和市场扩展，土地私有制变得更加有利可图。该研究指出，部落元老来自势力较大的家族，而且私有化加剧了部落内部的不平等程度。

以上讨论不是惋惜公共资产的衰落，而是想指出，哪些人可能因为经济制度变革而受损。经济发展过程中会产生赢家是自然的事情，更困难的任务在于识别出受害者，并找到能为他们提供安全网的政策。这要求对广泛的事实而不是价值观加以分析。

5.6.2　包容性财富与可持续发展：应用

过去管理地方公共资产的制度遭到削弱，其实是更广泛的社会问题的表现。环境资源的产权经常未做明确规定，即使有规定也未严格执行，这意味着它们的市场价格几近于零。于是，人们缺乏合理利用它们的激励。但由于环境资源本身具有社会价值，它们的影子价格是正值（见第3.3节）。我们在前文提到，测算社会福利的一种办法是估算包容性财富，不仅包括制造品类的资本资产以及知识和技能的社会价值，还涉及环境资产。我们同时指出，在某些条件下，当且仅当人均包容性财富不会随时间减少时，社会福利才可以持续增加。GNP不是经济发展的充分指标，因为除其他缺陷外，它并未考虑到资本资产的退化，大量经济交易没有被纳入这个指标。另外，联合国发展计划署的人类发展指数同样没有顾及资本资产的退化，从这个角度看，它对社会福利的测算并不比人均GNP更好。在许多情况下，一个国家的人均GNP可能在特定时间内增长，人类发展指数也得到改善，但人均包容性财富在下降。一般来说，此类情形包括：某些产品和服务的市场出现扩张（如石油产品或交通运输服务），但缺乏环境产品和服务（如生态系统的服务）的市场与共同政策。由此可见，全方位自由贸易的建议其实是错误经济学的结论，因为当许多环境资源的市场完全缺失时，我们不可能指望市场机制的有效运转。

当然，人均GNP和人类发展指数得到改善，而人均包容性财富下降的情形不可能长期持续。为提升当前产出而蚕食自身生产基础的经济体，不可能无限制地运转下去。最终人均GNP和人类发展指数也将不得不下跌，除非通过政策调整使人均包容性财富得以积累。利用世界银行发表的数据（Hamilton and Clemens，1999），我和阿罗等人的若干研究指出（Dasgupta，2004 [2001]，2007；Arrow et al.，2004），虽然印度次大陆的人均GNP与人类发展指数在最近30年有所进步，人均包容性财富却出现下降。下降的原因在于，在人口增长的同时，对制造品类的资本、知识和技能以及制度改善的投资，不足以弥补自然资本的损耗。而在撒哈拉以南非洲，尽管人类发展指数得到了改进，但人均 GNP 与人均财富都在下降。这些证据还表明，在全球最贫困地区，人口增长率较高的群体在人均包容性财富积累上的表现尤为糟糕。

当然，这些发现是非常初步的，一方面因为世界银行对影子价格的估计非常粗略，另外，也由于人均包容性财富作为社会福利的恰当指标需要非常严格的条件，目前看最多是第一近似值。为改进我们对可持续发展的认识，还有很多工作要做。不过，上述发现对之前提到的文化谜题给出了解释。该谜题在当前的一个表现是，发展活动家坚持说，得到认可的发展（例如联合国近期发布的年度《人类发展报告》）必须是可以持续的，但他们经常宣传与可持续发展无关的伦理标准（如人类发展指数）。这是一种奇怪的状况。

5.7 自由与发展

在一篇关于社会与政治史的经典论文中，已故的托马斯·马歇尔（T. H. Marshall，1964）通过西欧先后爆发的三次社会革命确立了现代的公民概念：18 世纪的公民自由权、19 世纪的政治自由权、20 世纪的社会经济自由权。

每种类型的自由都有其价值，但它们是相互兼容的吗？还是需要做权衡取舍？

李普塞特尤其注意到（Lipset，1959），人均 GNP 增长有助于促进民主实践。反过来，社会科学家认为，民主活动与公民自由也能增进物质繁荣。民主制度与公民自由（包括新闻自由）不仅被视为目的本身，也被当成经济进步的手段。但不出意料的是，世界上最贫困国家的统治者另有打算。如今大多数最贫困国家的掌权者都公开宣称，一方面是政治和公民自由，另一方面是经济发展，两者需要做权衡取舍。然而，在对所谓“社会能力”（social capability）的开创性实证研究中，阿德尔曼与莫里斯（Adelman and Morris，1965，1967）发现，社会对言论与思想的开放度是经济进步的动力。但这一成果对发展经济学几无影响。发展活动家直到最近仍对广大贫困国家缺乏政治与公民自由的现状熟视无睹（尤其是撒哈拉以南非洲），我们由此只能推测，不同类型的自由之间存在重大权衡取舍是他们不曾言明的信念。在苏联解体前，发展活动家就经常提到“吃饭先于自由”的口号。

通过初步分析 1970 年时人均 GNP 最低的 51 个国家的统计数据，我（1990）发现在 1970—1980 年，其中享有更大政治与公民自由的国家在人均

GNP 增长和出生时预期寿命改善上平均做得更好。相关性不是很强，但系数为正且统计上显著。虽然相关性不代表因果关系，但该发现毕竟意味着政治与公民自由对穷国而言并非奢侈品，并不必然妨碍经济进步。后来又有几份更细致的研究被发表，对象兼有穷国和富国。其中最详细的来自巴罗（Barro，1996），他发现在自由权利受到高度限制的各个国家中，政治与公民自由同人均 GNP 增长之间正相关，但在自由权利较大的各个国家中，二者表现为负相关。① 在整个 20 世纪 70 年代，对国民自由限制最严的主要是最贫困国家的政府，大多数位于撒哈拉以南非洲。因此，巴罗的发现与我的结论是一致的。

当然，这只是两份实证研究。② 更重要的是，两位研究者都没有考察贫困国家内部是否存在政治与公民自由同人均包容性财富增长的正相关，这意味着我们依然不清楚当今世界的民主制度与可持续发展的联系。③ 因此对于森坚持把发展等同于自由的主张（Sen，1999），我们要保持谨慎：把术语调换一下不等于揭示出发展的真正含义。自由不是单一产品，它的组成部分间存在权衡取舍。由于成分很多，森提出用个人能力重新构造自由概念的建议（见第 2. 2 节）也不能带来多少帮助。④ 例如，民主制度同时包括很多内容：公正的定期选举、政府的透明度、政治多元化、新闻自由、结社自由、对自然环境退化表达抗议的自由等。我们对于其中哪些方面最能促进可持续发展还严重缺乏实证了解，所以如今对民主的坚持就不能以它促进了可持续发展为基础。我们支持民主的原因在于：其一，它本身是个好东西；其二，我们知道它不会妨碍经济发展，甚至可能发挥促进作用。

于是，我们再度回到事实议题上来。对民主与经济发展的粗略指标之间的可能联系进行实证分析，要求有反映民主实践的明确标准，并独立于经济发展的指标（如人均 GNP）。我和巴罗的研究（Dasgupta，2000；Barro，1996）采

---

① 政治自由与公民自由虽然有差异，但在当今世界有着高度关联。参见 Taylor and Jodich（1983）。

② 森（1999）发现，民主国家没有发生过饥荒。我在文中没有关注极端情形，而是关注如何摆脱长期持续的困境，如营养不良。新闻媒体更关注饥荒，但营养不良与疾病从数量上讲更重要，它们长期持续，影响的人数也多得多。

③ 唯一（但极为有限）的例外来自 Barrett and Graddy（2000），这篇极有价值的论文通过跨国研究发现，在控制收入差距后，城市空气污染物与若干水污染物同国民享有的政治与公民自由大小之间负相关。在较为开放的社会，民众有更大的发言权，其意见也能够转化为更有效的政治行动。

④ 在回顾森（1999）的观点时，Seabright（2001）讨论了概念重构在什么情况下能带来帮助。

用了政治与公民自由的跨国指标，它们似乎满足这一要求，因为它们的构建方式与经济活动关系不大。

但就我所知，在国家以下的加总层面，并没有既独立于物质福利又逻辑一致的民主与公民自由的系列指标。而且在一个国家内部，不同地区之间的民主实践与公民参与状况可能大相径庭。假设我们希望探讨印度各邦或中国各省的经济发展差异能否以地方民主实践的差异（至少部分）解释，应该找什么样的指标呢？我们大多数人愿意相信，民主制度同美好生活的其他事物有关联，这让问题变得更复杂。实证研究会因此容易受计量经济学家所说的“温情效应”的扭曲，诱使我们在以非民主方式繁荣起来的社会中寻找民主实践的迹象。①

由于这些原因，如今的学者在探究民主、公民自由与经济发展的关系时，难以避免过度解读的倾向。例如在讨论森关于人类能力的概念时（Sen，1999），库珀提到民主的工具价值（Kuper，2000，第 663 页），认为：“非民主制度事实上一直对人的权利和福利有害，这已被反复证明。”

但愿能有这样的证明，可惜事实并非如此。有关的证据较为零碎，而且往往属于定性分析。在国家以下的层面，大多数证据是对事例的介绍，偶尔包装成案例研究的样子，很容易受温情效应的影响。相反的事例并不难找到。而在国家层面，印度和中国则被双方反复用来支持某一种或另一种观点。

5.8 伦理批评与实证问题

不过，发展活动家近期对 GNP 的批评是用伦理语言表述的。② 有关贫困问题的报道经常宣称，当代经济学家采用了错误的伦理标准，如果能够以正确的方式理解主要的事务状态，我们就会知道应该真正为减贫做些什么。经常有人鼓励我们考虑重新定义贫困或发展，以解释其发生的原因和过程。我相信，正是这些诱使我们在学术刊物和国际发展报告中对生活质量指数展开了大量讨论。但问题在于描述并不等于解释。此外，由于贫困问题容易激发情感，作者们太容易占据道德高地。他们建议用其他指标替换 GNP，冠以各种标题，如“带有人性面孔的发展”“以人为本”“人性化的经济学”，再辅以某些严肃的声明，如“穷人应该被当作行为人而非病人”，“自由应该被视为一种社会承

---

① Roemer（1999）提出过类似的看法：在 20 世纪六七十年代，政治上的“左派”倾向于把“社会主义”定义为一切美好事物的总和。

② 自 1990 年以来，最尖锐的批评来自联合国开发计划署的年度《人类发展报告》的作者们。

诺”等。他们主张，在试图理解导致贫困的社会、政治和生态过程时，如果不宣扬道德伦理，就等于对人类的忽视，等于让经济活动凌驾于人类利益之上。

但不足为奇的是，对伦理优越性的学术主张并没有取代其他任何东西。不过，鼓励伦理说教导致了“权利”概念的扩散（Nussbaum，2003；Putnam，2003）。问题在于，当人们的各方面好处都被有意无意变成“权利”之后，权利本身的意义就被贬低了，力量随之削弱。伦理说教还可能事与愿违。用错误的证据支持正确的观点，可能掩盖了有某些合理证据也能达到目标的事实。以下就是一个过犹不及的失误案例。

为表达对当今世界的巨大不平等的道德义愤，联合国开发计划署的作者们这样写道（UNDP，1998，第30页）：“新的估计数据显示，世界上最富有的225人掌握的财富合计超过1万亿美元，相当于全球最贫穷的47%的人口（共计25亿人）的年收入之和。”

然而，财富是存量，而收入是流量，因为维度不同是不可比的。如果要做比较，应该把存量换算为相当的流量，或者反过来换算。但1999年该报告的作者仍在延续这一错误。如果要采用联合国开发计划署的逻辑，我们可以借鉴通行做法，把财富以5%的年利率转化为永久收入数据，也就是除以20。假如这样操作，根据我极为粗略的测算，全球最富有的225人的年收入之和将超过500亿美元，高于当前最贫穷的12个国家的年收入之和，其对应的人口数量约占世界总人口的7%（3.85亿人）。这依然是一个令人警醒的数字。

5.9 关于事实而非价值观的分歧

妨碍现代经济学家找到可靠的减贫方法的并非伦理缺陷。归根到底，首先正是伦理责任促使我们中的许多人研究贫困现象。我们很容易找到描述贫困的其他办法，如穷人往往缺乏食品安全，面临饥饿，没有财产，发育不良且身体虚弱，寿命较短，不会读写，缺少赋权，没有防范作物歉收或家庭灾难的保险，对自己的生活缺乏掌控，生活环境不够健康，等等。这并不奇怪，现代经济学理论可以解释上述不幸为什么容易同时出现。① 然而真正困难的是找出导

① 参见Dasgupta（1993）。要证实此类解释，可以参见对世界银行大规模调查结果的总结与讨论（Narayan，2000）。我要指出，文章中并未提到，这些发现的确证实了现代经济学家已有的预测。我不是想贬低反复验证理论预测的意义，而是抗议把验证理论预测的实证结果扔回给经济学家，作为他们缺乏道德敏感的依据。

致贫困并使贫困持续的作用机制。本文第5.4节介绍过，与收集和分析调查数据有关的问题非常复杂。有一类讨论关注哪些变量是其他某些变量（如儿童的教育完成水平）的最佳预测变量。这类讨论部分是关于事实的；部分是关于方法的，即寻找揭示事实的最佳程序，关注的是与识别、估计和模型控制有关的研究流程。发展经济学家最近有一场关于南非的争论：黑人儿童受教育水平的最主要决定因素是什么（Case and Deaton，1999；Bhorat et al.，2001）。其中可能包括：生师比、单位家庭成员的食品能量摄入、父母的受教育水平等。所有的研究者似乎都理所当然地认为，儿童受教育水平提高是件好事。这是共同认可的价值观，研究者根本就不会提及。从深层次看，发展经济学关于什么是给定目的的正确手段的分歧，远超过关于什么是恰当目的的分歧。想用伦理价值观的讨论纠正现代发展经济学的缺陷，往好了说是以道德敏感性为幌子的任性，往坏了说是捣乱。例如，假使发展经济学家能严肃考虑大自然的因素，我们对世界上最贫困国家的近期经济史的理解本可以被大大推进。

后者的影响可能非常大。与人类的新陈代谢类似（第5.3节），生态过程也主要是非线性的（见Steffen et al.，2004）。但我们对发展前景的直觉主要是用线性类比形成的。因此，《独立报》（*The Independent*，1999年12月4日）的社论指出"经济增长对环境有利，因为各国需要先解决贫困才会关心环境"，《经济学人》（*The Economist*，1999年12月4日，第17页）也提道"贸易能改善环境，因为它促使收入提高，而人们越富裕，就越愿意拿出资源清洁自己的居住空间"。它们表达的信念是，在人们需要的时候，环境破坏总是能够被修复。但我们在之前关于贫困陷阱的讨论中指出（第5.3节），非线性进程驱动的变化经常是不可逆的。除非注意到这个事实，否则以发展之名采纳的政策完全可能导致发展的失败。①

前文中还提到，以联合国的人类发展指数为基础的讨论可能带来误导，因为该指数缺乏伦理基础。我们还指出，针对"人类能力"的讨论并无出路，因为该理论没有提供在能力集合内部做不可避免的权衡取舍的估值方法。然而，经济学家在现实中反对人类发展指数与能力理论的最主要理由来自实际操作，而非规范考虑。因为向执行政策的负责人建议说，他们的任务是提升人类

---

① 关于生态过程的非线性性质对经济政策的意义，可参阅Dasgupta（1982，2004［2001］）以及Dasgupta and Mäler（2004）。

发展指数或提高能力，这不会有效果，因为此类建议完全软弱无力。它会鼓励政策执行者的内部协调失败，因为几乎每项政策都可能促进人类发展指数，或促进人类能力包含的某个因素，或促进其他人偏好的目标。采用此类建议会导致无法让政府官员负责（Seabright，2001）。反之，若采纳以下主张：如果某项政策的预定受益人的包容性财富（或作为近似值的净收入）没有提高，就不能宣称他们获得了收益。这样的指令不仅在伦理上有根据（第 3. 3. 1—3. 3. 2 节，第 5. 6. 2 节），也具有实际操作意义。

所有这些讨论并不是说，不能或没有针对目的展开讨论；而是说，即使讨论的根源是关于目的的分歧，人们也会很快越过这些根源，转而探讨历史（例如，哪些人或群体在什么时候犯下了暴行），以及社会、政治和生态过程的运行机制。

世界银行的罗伊特林格与佩里卡安（Reutlinger and Pellekaan，1986，第 6 页）在关于贫困国家营养不良发生率的著名专著中指出：

> 长期经济增长经常被广泛而严重的食品不安全拖累，缺乏能量摄入的人们无力利用机会改善生产率和增加产出。因此，某些国家的政策制定者或许可以考虑采取干预措施，加速保障最困难人群的食品安全，而不必等待长期增长带来的普遍效应。

还有某些经济学家主张基于相反因果机制的政策建议，例如世界银行的说法（World Bank，1986，第 7 页）：

> 减少营养不良和贫困的最佳政策就是促进经济增长与竞争力的政策，因为增长和有竞争力的经济能带来更公平的人力资本及其他资产的分配，并提高穷人的收入水平。当且仅当能实现足够的经济增长时，对营养不良和贫困的斗争才可以持续取得进步。

在我看来，这些引文里不存在关于价值观的冲突，而是表明了人们对消灭贫困的最有效手段存在分歧。这些出版物来自同一家机构和同一个年份，也并不奇怪，因为人类社会与大自然对各种政策会如何做出反应，我们依然相当无知。

（余江　译）

参考文献

Adelman, I. (1979), *Redistribution before Growth* (Leiden: University of Leiden).

Adelman, I. and C. T. Morris (1965), "A Factor Analysis of the Interrelationship between Social and Political Variables and per Capita Gross National Product", *Quarterly Journal of Economics*, 79 (3), 555 - 78.

Adelman, I. and C. T. Morris (1967), *Society, Politics and Economic Development* (Baltimore, MD: Johns Hopkins University Press).

Adelman, I. and C. T. Morris (1973), *Economic Growth and Social Equity in Developing* Countries (Stanford, CA: Stanford University Press).

Agarwal, A. and S. Narain (1996), Dying Wisdom: Rise, Fall and Potential of India's Traditional Water Harvesting Systems (New Delhi: Centre for Science and Development).

Agarwal, B. (2001), "Participatory Exclusions, Community Forestry, and Gender: An Analysis for South Asia and a Conceptual Framework", *World Development*, 29 (10), 1623 - 1648.

Aggarwal, R., S. Netanyahu, and C. Romano (2001), "Access to Natural Resources and the Fertility Decision of Women: The Case of South Africa", *Environment and Development Economics*, 6 (2), 209 - 236.

Ahluwalia, M. S. (1976a), "Inequality, Poverty and Development", *Journal of Development Economics*, 3 (4), 307 - 342.

Ahluwalia, M. S. (1976b), "Income Distribution and Development: Some Stylized Facts", *American Economic Review* (Papers & Proceedings), 66 (2), 128 - 135.

Amsden, A. (1989), *Asia's Next Giant: South Korea and Late Industrialization* (New York: Oxford University Press).

Anand, S. and M. Ravallion (1993), "Human Development in Poor Countries: On the Role of Private Incomes and Public Services", 7 (1), 133 - 150.

Arrow, K. J. (1963 [1951]), *Social Choice and Individual Values*, 2nd Ed. (New York: John Wiley).

Arrow, K. J. (1971), "Political and Economic Evaluation of Social Effects of Externalities", in M. Intriligator, ed., *Frontiers of Quantitative Economics*, Vol. I (Amsterdam: North Holland).

Arrow, K. J. (1973), "Rawls' Principle of Just Savings", *Swedish Journal of Economics*, 75 (3), 323 - 335.

Arrow, K. J. (1974), *The Limits of Organization* (New York: W. W. Norton).

Arrow, K. J. (1995), "A Note On Flexibility and Freedom", in K. Basu, P. Pattanaik, and K. Suzumura, eds., *Choice, Welfare, and Development* (Oxford: Clarendon Press).

Arrow, K. J., P. Dasgupta, L. Goulder, G. Daily, P. Ehrlich, G. Heal, S. Levin, K. -G. Mäler, S. Schneider, D. Starrett, and B. Walker (2004), "Are We Consuming Too Much?", *Journal of Economic Perspectives*, 18 (3), 147 - 172.

Arrow, K. J., P. Dasgupta, and K. -G. Mäler (2003a), "The Genuine Saving Criterion and the Value of Population", *Economic Theory*, 21 (1), 217 - 225.

Arrow, K. J., P. Dasgupta, and K. - G. Mäler (2003b), "Evaluating Projects and Assessing Sustainable Development in Imperfect Economies", *Environmental and Resource Economics* (Symposium on the Economics of Non-Convex Environments), 26 (4), 647 - 685.

Arrow, K. J. and M. Kurz (1970), *Public Investment, the Rate of Return and Optimal Fiscal Policy* (Baltimore: Johns Hopkins University Press).

Atkinson, A. B. (1973), "How Progressive Should Income Tax Be?", in M. Parkin and R. Nobay, eds., *Essays in Modern Economics* (London: Longman).

Baland, J. -M. and J. -P. Platteau (1996), *Halting Degradation of Natural Resources: Is There a Role for Rural Communities?* (Oxford: Clarendon Press).

Balasubramanian, R. and K. N. Selvaraj (2003), "Poverty, Private Property and Common Pool Management: The Case of Irrigation Tanks in South India", Working Paper No. 2 - 03, South Asian Network for Development and Environmental Economics, Kathmandu.

Bardhan, P. K. (1974), "On Life and Death Questions", *Economic and Political Weekly*, 9 (32 - 34: Special Number), 1293 - 1305.

Barrett, S. and K. Graddy (2000), "Freedom, Growth and the Environment", *Environment and Development Economics*, 5 (4), 433 -56.

Barro, R. J. (1996), "Democracy and Growth", *Journal of Economic Growth*, 1 (1), 1 -27. Barry, B. (1965), *Political Argument* (London: Routledge and Kegan Paul).

Bauer, P. T. (1971), *Dissent on Development* (London: Weidenfeld and Nicolson). Becker, G. (1964), *Human Capital* (New York: columbia University Press).

Becker, G. (1981), *A Treatise on the Family* (Cambridge, MA: Harvard University Press). Becker, G. (1983), Human Capital: A Theoretical and Empirical Analysis, with Special Reference to Education (Chicago: University of Chicago Press).

Behrman, J. R. (1988a), "Nutrition, Health, Birth Order and Seasonality: Intrahousehold Allocation Among Children in Rural India", *Journal of Development Economics*, 28 (1), 43 -62.

Behrman, J. R. (1988b), "Intrahousehold Allocation of Nutrients in Rural India: Are Boys Favoured? Do Parents Exhibit Inequality Aversion?", *Oxford Economic Papers*, 40 (1), 32 -54.

Behrman, J. and B. L. Wolfe (1984), "More Evidence on Nutrition Demand: Income Seems Overrated and Women's Schooling Underemphasized", *Journal of Development Economics*, 14 (1 -2), 105 -128.

(Bergson, A.) Burk, A. (1938), "A Reformulation of Certain Aspects of Welfare Economics", *Quarterly Journal of Economics*, 52 (3), 310 -334.

Berlin, I. (1959), "Two Concepts of Liberty", in*Four Essays on Liberty* (Oxford: Oxford University Press).

Beteille, A., ed. (1983), *Equality and Inequality: Theory and Practice* (Delhi: Oxford University Press).

Bhagwati, J. (1982), "Directly Unproductive, Profit Seeking (DUP) Activities", *Journal of Political Economy*, 90 (5), 988 -1002.

Bhagwati, J. and P. Desai (1970), *India: Planning for Industrialization* (Oxford: Oxford University Press).

Bhagwati, J. and T. N. Srinivasan (1975), *Foreign Trade Regimes and Economic Development: India* (New York: Columbia University Press).

Bhorat, H., M. Leibbrandt, M. Mazia, S. van der Berg, and I. Woolard (2001), *Fighting Poverty* (Capetown: University of Capetwon Press).

Birdsall, N., A. C. Kelley, and S. W. Sinding, eds. (2001), *Population Matters: Demographic Change, Economic Growth, and Poverty in the Developing World* (Oxford: Oxford University Press).

Bledsoe, C. (1994), " 'Children are Like Young Bamboo Trees': Potentiality and Reproduction in sub-Saharan Africa," in K. Lindahl-Kiessling and H. Landberg, eds., Population, *Economic Development and the Environment* (Oxford: Oxford University Press).

Blume, L. and S. N. Durlauf (2001), "The Interactions-Based Approach to Socioeconomic Behavior", in S. N. Durlauf and H. Peyton Young, eds., *Social Dynamics* (Cambridge, MA: MIT Press).

Boserup, E. (1970), *Women's Role in Economic Development* (New york: St. Martin's Press). Bromley, D. W. et al., eds. (1992), *Making the Commons Work: Theory, Practice and Policy* (San Francisco: ICS Press).

Caldwell, J. C. (1980), "Mass Education as a Determinant of the Timing of Fertility Decline", *Population and Development Review*, 6 (2), 225 -256.

Campbell, B., A. Manando, N. Nemarundwe, B. Sithole, W. De Jong, M. Luckert, and F. Matose (2001), "Challenges to Proponents of Common Property Resource Systems: Despairing Voices from the Social Forests of Zimbabwe", *World Development*, 29 (4), 589 -600.

Case, A. and A. Deaton (1999), "School Inputs and Educational Outcomes in South Africa", *Quarterly Journal of Economics*, 114 (3), 1047 -1084.

Cavendish, W. (2000), "Empirical Regularities in the Poverty-Environment Relationships of Rural Households: Evidence from Zimbabwe", *World Development*, 28 (11), 1979 -2003.

Chen, L. C., E. Huq and S. D'Souza (1981), "Sex Bias in the Family Allocation of Food and Health

Care in Bangladesh", *Population and Development Review*, 7 (1), 55 – 70.

Chen, L. C. (1982), "Where Have the Women Gone? Insights from Bangladesh on the Low Sex Ratio of India's Population", *Economic and Political Weekly*, 17 (10), 365 – 372.

Chenery, H. et al. (1975), *Redistribution with Growth* (New York: Oxford University Press).

Chopra, K., G. K. Kadekodi and M. N. Murty (1989), *Participatory Development: People and Common Property Resources* (New Delhi: Sage Publications).

Coase, R. (1960), "The Problem of Social Cost", *Journal of Law and Economics*, 3 (1), 1 – 44. Cochrane, S. (1979), *Fertility and Education: What Do We Really Know?* (Baltimore, MD: Johns Hopkins University Press).

Cochrane, S. (1983), "Effects of Education and Urbanization on Fertility." In R. Bulatao and R. Lee, eds., *Determinants of Fertility in Developing Countries*, Vol II (New York: Academic Press).

Cohen, B. (1993), "Fertility Levels, Differentials and Trends." In K. A. Foote, K. H. Hill and L. G. Martin, eds., *Demographic Change in Sub-Saharan Africa* (Washington, DC: National Academy Press).

Daily, G., P. Dasgupta, T. Soderqvist, S. Aniyar, K. J. Arrow, P. Ehrlich, A. M. Jansson, B. O. Jansson, N. Kautsky, S. Levin, J. Lubchenco, K. -G. Mäler, D. Simpson, D. Starrett, D. Tilman, and B. Walker (1999), "The Nature of Value and the Value of Nature", *Science*, 289 (21 July), 395 – 396.

Das Gupta, M. (1987), "Selective Discrimination Against Female Children in India", *Population and Development Review*, 13 (1), 77 – 100.

Dasgupta, P. (1974), "On Some Alternative Criteria for Justice Between Generations", *Journal of Public Economics*, 3 (4), 405 – 23.

Dasgupta, P. (1982), *The Control of Resources* (Cambridge, MA: Harvard University Press). Dasgupta, P. (1990), "Well-Being and the Extent of its Realization in Poor Countries", *Economic Journal*, 100 (Supplement), 1 – 32.

Dasgupta, P. (1993), *An Inquiry into Well-Being and Destitution* (Oxford: Clarendon Press).

Dasgupta, P. (1997), "Nutritional Status, the Capacity for Work and Poverty Traps", *Journal of Econometrics*, 77 (1), 5 – 38.

Dasgupta, P. (2003), "Population, Poverty, and the Natural Environment", in K. -G. Mäler and J. Vincent, eds, *Handbook of Environmental and Resource Economics* (Amsterdam: North Holland).

Dasgupta, P. (2004), "World Poverty: Causes and Pathways", in F. Bourguignon and B. Pleskovic, eds., Annual World Bank Conference on Development Economics 2003: Accelerating Development (New York: World Bank and Oxford University Press), pp. 159 – 196.

Dasgupta, P. (2004 [2001]), *Human Well-Being and the Natural Environment* (Oxford: Oxford University Press), 2nd ed.

Dasgupta, P. (2005), "Three Conceptions of Intergenerational Justice", in H. Lillehammer and D. H. Mellor, eds., *Ramsey's Legacy* (Oxford: Clarendon Press).

Dasgupta, P. (2007), *Economics: A Very Short Introduction* (Oxford: Oxford University Press).

Dasgupta P. and G. M. Heal (1979), *Economic Theory and Exhaustible Resources* (Cambridge: Cambridge University Press).

Dasgupta, P. and K. -G. Mäler (1991), "The Environment and Emerging Development Issues," *Proceedings of the Annual World Bank Conference on Development Economics* 1990 (Washington, DC: World Bank), 101 – 32.

Dasgupta, P. and K. -G. Mäler (2000), "Net National Product, Wealth, and Social Well-Being", *Environment and Development Economics*, 5 (1), 69 – 93.

Dasgupta, P. and K. -G. Mäler, eds. (2004), *The Economics of Non-Convex Ecosystems* (Dordrecht: Kluwer Academic Publishers).

Dasgupta, P., S. Marglin, and A. Sen (1972), *Guidelines for Project Evaluation* (New York: United Nations).

Dasgupta, P. and E. Maskin (2004), "The Fairest Vote of All", *Scientific American*, 290 (3), 92 –

97. Dasgupta, P. and D. Ray (1986), "Inequality as a Determinant of Malnutrition and Unemployment, 1: Theory", *Economic Journal*, 96 (4), 1011 – 34.

Dasgupta, P. and D. Ray (1987), "Inequality as a Determinant of Malnutrition and Unemployment, 2: Policy", *Economic Journal*, 97 (1), 177 – 88.

d'Aspremont, C. and L. Gevers (1977), "Equity and the Informational Basis of Collective Choice", *Review of Economic Studies*, 44 (2), 199 – 209.

Deaton, A. and J. Dreze (2002), "Poverty and Inequality in India, a Reexamination", *Economic and Political Weekly*, September 7, 3729 – 3748.

Deininger, K. and L. Squire (1998), "New Ways of Looking at Old Issues: Inequality and Growth", *Journal of Development Economics*, 57 (2), 259 – 287.

de Soto, H. (2000), *The Mystery of Capital* (New York: Basic Books).

Dollar, D. and A. Kraay (2000), "Growth Is Good for the Poor", Discussion Paper, World Bank, Washington, DC.

Dreze, J. and A. Sen (1990), *Hunger and Public Action* (Oxford: Clarendon Press).

Dreze, J. and A. Sen (1995), *India: Economic Development and Social Opportunities* (Oxford: Oxford University Press).

D'Souza, S. and L. C. Chen (1980), "Sex Differentials in Mortality in Rural Bangladesh", *Population and Development Review*, 6 (2), 257 – 270.

Dworkin, R. (1978), *Taking Rights Seriously* (London: Duckworth).

Edgeworth, F. Y. (1881), *Mathematical Psychics* (London: K. Kegan Paul).

Ehrlich, P. R. and A. H. Ehrlich (1996), Betrayal of Science and Reason: How Anti-Environmentalism Threatens Our Future (Washington, DC: Island Press).

Ehrlich, P. R. and A. H. Ehrlich (2004), *One With Nineveh: Politics, Consumption and the Human Future* (Washington, DC: Island Press).

Ensminger, J. (1990), "Co-opting the Elders: The Political Economy of State Incorporation in Africa", *American Anthropologist*, 92.

Eswaran, M. and A. Kotwal (1985), "A Theory of Contractual Structure in Agriculture", *American Economic Review*, 75 (3), 352 – 368.

Feeny, D., F. Berkes, B. J. McCay, and J. M. Acheson (1990), "The Tragedy of the Commons: Twenty-two Years Later", *Human Ecology*, 18 (1), 1 – 19.

Fogel, R. W. (1994), "Economic Growth, Population Theory, and Physiology: The Bearing of Long-Term Processes on the Making of Economic Policy", *American Economic Review*, 84 (2), 369 – 95.

Fogel, R. W. (2004), *The Escape from Hunger and Premature Death*, 1700 – 2100: *Europe, America, and the Third World* (Cambridge: Cambridge University Press).

Fogel, R. W., S. L. Engerman, R. Margo, K. Sokoloff, R. Steckel, T. J. Trussell, G. Villaflor, and K. W. Wachter (1983), "Secular Changes in American and British Stature and Nutrition", *Journal of Interdisciplinary History*, 14 (4), 445 – 81.

Freeman III, A. M. (1993), *The Measurement of Environmental and Resource Values: Theory and Methods* (Washington, D. C.: Resources for the Future).

Goody, J. (1973), "Polygyny, Economy, and the Role of Women", in J. Goody, ed., *The Character of Kinship* (Cambridge, UK: Cambridge University Press).

Goody, J. (1976), *Production and Reproduction: A Comparative Study of the Domestic Terrain* (Cambridge: Cambridge University Press).

Goody, J., C. Duly, I. Beeson, and G. Harrison (1981), "Implicit Sex Preference: A Comparative Study", *Journal of Biosocial Sciences*, 13 (4), 455 – 466.

Goody, J. and S. J. Tambiah (1973), *Bridewealth and Dowry* (Cambridge: Cambridge University Press).

Gorman, W. M. (1968), "The Structure of Utility Functions", *Review of Economic Studies*, 35 (4), 367 – 390.

Graaff, J. de V. (1962), *Theoretical Welfare Economics* (Cambridge: Cambridge University Press).

Guyer, J. L. (1994), "Lineal Identities and Lateral Networks: The Logic of Polyandrous Motherhood," in C. Bledsoe and G. Pison, eds., *Nupitality in Sub-Saharan Africa: Contemporary Anthropological and Demographic Perspectives* (Oxford: Clarendon Press).

Hamilton, K. and M. Clemens (1999), "Genuine Savings Rates in Developing Countries", *World Bank Economic Review*, 13 (2), 333 - 356.

Hammond, P. (1976), "Equity, Arrow's Conditions and Rawls' Difference Principle", *Econometrica*, 44 (5), 793 - 804.

Harsanyi, J. C. (1955), "Cardinal Welfare, Individualistic Ethics and Interpersonal Comparisons of Utility", *Journal of Political Economy*, 63 (3), 309 - 321.

Hayek, F. (1960), *The Constitution of Liberty* (London: Routledge and Kegan Paul).

Heckman, J. J. (2000), "Policies to Foster Human Capital", *Research in Economics*, 54 (1), 3 - 56.

Heyser, N. (1996), *Gender, Population and Environment in the Context of Deforestation: A Malaysian Case Study* (Geneva: United Nations Research Institute for Social Development).

Hicks, J. R. and R. G. D. Allen (1934), "A Reconsideration of the Theory of Value", Parts 1 & 2, *Economica*, NS, 1 (1&2), 52 - 76 & 196 - 219.

Homer-Dixon, T. F. (1994), "Environmental Scarcities and Violent Conflict: Evidence from Cases", *International Security*, 19 (1), 5 - 40.

Jalan, J. and M. Ravallion (2002), "Geographic Poverty Traps? A Micro Model of Consumption Growth in Rural China", *Journal of Econometrics*, 17 (4), 329 - 346.

Jodha, N. S. (1986), "Common Property Resources and the Rural Poor", *Economic and Political Weekly*, 21, 1169 - 81.

Jodha, N. S., R. Ghate, and P. Mukhopadhyay (2007), *Promise, Trust and Evolution: Managing the Commons of South Asia* (Oxford: Oxford University Press).

Johnson, D. Gale (2001), "On Population and Resources: A Comment," *Population and Development Review*, 27 (4), 739 - 747.

Jolly, C. L. and J. N. Gribble (1993), "The Proximate Determinants of Fertility." In K. A. Foote, K. H. Hill, and L. G. Martin, eds., *Demographic Change in Sub-Saharan Africa* (Washington, DC: National Academy Press).

Kalai, E. and M. Smorodinsky (1975), "Other Solutions to Nash's Bargaining Problem", *Econometrica*, 43 (3), 513 - 518.

Kelley, A. C. (1988), "Economic Consequences of Population Change in the Third World," *Journal of Economic Literature*, 26 (4), 1685 - 1728.

Kennedy, E. (1989), *The Effects of Sugarcane Production on Food Security, Health, and Nutrition in Kenya: A Longitudinal Analysis*, Research Report No. 78 (Washington, D. C.: International Food Policy Research Institute).

Koopmans, T. C. (1965), "On the Concept of Optimal Economic Growth", Pontificiae Academiae Scientiarum Scripta Varia, 28. Reprinted in*The Econometric Approach to Development Planning* (Amsterdam: North Holland, 1966).

Koopmans, T. C. (1972), "Representation of Preference Orderings over Time", in C. B. McGuire and R. Radner, eds., *Decision and Organization* (Amsterdam: North Holland).

Krueger, A. O. (1978), *Liberalization Attempts and Consequences* (New York: National Bureau of Economic Research).

Kuper, A. (2000), "Rawlsian Global Justice: Beyond The Law of Peoples", *Political Theory*, 28, 640 - 74.

Leibenstein, H. (1957), *Economic Backwrdness and Economic* Growth (New York: John Wiley). Lewis, W. A. (1954), "Economic Development with Unlimited Supplies of Labour", *Manchester School of Economic and Social Studies*, 22 (2), 139 - 191.

Lindahl, E. R. (1958 [1928]), "Some Controversial Questions in the Theory of Taxation", in

R. A. Musgrave and A. T. Peacock, eds., *Classics in the Theory of Public Finance* (London: MacMillan). Originally published in Swedish, in 1928.

Lipset, S. M. (1959), "Some Social Requisites of Democracy: Economic Development and Political Legitimacy", *American Political Science Review*, 53 (1), 69 – 105.

Little, I. M. D. and J. A. Mirrlees (1968), *Manual of Industrial Project Analysis in Developing Countries: Social Cost Benefit Analysis* (Paris: OECD).

Little, I. M. D. and J. A. Mirrlees (1974), *Project Appraisal and Planning for Developing Countries* (London: Heinemann).

Little, I. M. D. and J. A. Mirrlees (1991), "Project Appraisal and Planning Twenty Years On", *Proceedings of the Annual Conference on Development Economics* 1990 (Washington, DC: World Bank).

Lopez, R. (1998), "The Tragedy of the Commons in Cote d'Ivoire Agriculture: Empirical Evidence and Implications for Evaluating Trade Policies", *World Bank Economic Review*, 12 (1), 105 – 132.

Lucas, R. (1988), "On the Mechanics of Economic Development", *Journal of Monetary Economics*, 22 (1), 3 – 42.

Lucas, R. (1993), "Making a Miracle", *Econometrica*, 61 (2), 251 – 272.

Marshall, T. H. (1964), *Class, Citizenship and Social Development* (Garden City, NY: Doubleday & Co.).

Maskin, E. (1978), "A Theorem on Utilitarianism", *Review of Economic Studies*, 45 (1), 94 – 96.

McElroy, M. B. and M. J. Horney (1981), "Nash Bargained Household Decisions: Toward a Generalization of the Theory of Demand", *International Economic Review*, 22 (2), 333 – 349.

McKean, M. (1992), "Success on the Commons: A Comparative Examination of Institutions for Common Property Resource Management", *Journal of Theoretical Politics*, 4 (2), 256 – 68.

Mirrlees, J. A. (1971), "An Exploration in the Theory of Optimum Income Taxation", *Review of Economic Studies*, 38 (1), 175 – 208.

Musgrave, R. (1959), *Theory of Public Finance* (New York: McGraw Hill).

Narayan, D., with R. Patel, K. Schafft, A. Rademacher, and S. Koch-Schulte, (2000), *Voices of the Poor: Can Anyone Hear Us?* (Oxford: Oxford University Press).

North, D. and R. P. Thomas (1973), *The Rise of the Western World: A New Economic History* (Cambridge: Cambridge University Press).

Nozick, R. (1974), *Anarchy, State and Utopia* (New York: Basic Books).

Nussbaum, M (2000a), *Women and Human Development* (Cambridge: Cambridge University Press).

Nussbaum, M. (2000b), "The Costs of Tragedy: Some Moral Limits of Cost-Benefit Analysis", *Journal of Legal Studies*, 29 (6), 1005 – 1036.

Nussbaum, M. (2003), "Tragedy and Human Capabilities: A Response to Vivian Walsh", *Review of Political Economy*, 15 (3), 413 – 418.

O'Neill, O. (1986), *Faces of Hunger: An Essay on Poverty, Justice and Development* (London: Allen and Unwin).

Ostrom, E. (1990), *Governing the Commons: The Evolution of Institutions for Collective Action* (Cambridge: Cambridge University Press).

Pant, P. et al. (1962), *Perspectives of Development*: 1961 – 1976, *Implications of Planning for a Minimum Standard of Living* (New Delhi: Planning Commission of India).

Pareto, V. (1909), *Manuel d'economie Politique* (Paris: Giard et Briere).

Persson, T. and G. Tabellini (2000), *Political Economics: Explaining Economic Policy* (Cambridge, MA: MIT Press).

Phelps, E. S. (1973), "Taxation of Wage Income for Economic Justice", *Quarterly Journal of Economics*, 87 (3), 331 – 354.

Pigou, A. C. (1920), *The Economics of Welfare* (London: Macmillan).

Putnam, H. (2002), *The Collapse of the Fact/Value Distinction* (Cambridge, MA: Harvard University Press).

Putnam, H. (2003), "For Ethics and Economics without the Dichotomies", Review of Political Economy, 15 (3), 395 – 412.

Ramsey, F. P. (1928), "A Mathematical Theory of Saving", *Economic Journal*, 38 (4), 543 – 49.

Rawls, J. (1972), *A Theory of Justice* (Oxford: Oxford University Press).

Ray D. (1998), *Development Economics* (Princeton, NJ: Princeton University Press).

Reutlinger, S. and H. Pellekaan (1986), *Poverty and Hunger: Issues and Options for Food Security in Developing Countries* (Washington, DC: World Bank Publication).

Robbins, L. (1932), *An Essay on the Nature and Significance of Economic Science* (London: MacMillan).

Robinson, Joan (1964), *Economic Philosophy* (Harmondsworth, Middlesex: Penguin Books).

Roemer, J. (1999), "Does Democracy Engender Justice?", in I. Shapiro and C. Hacker-Cordon, eds., *Democracy's Value* (Cambridge: Cambridge University Press).

Rosenzweig, M. R. and T. P. Schultz (1982), "Market Opportunities, Genetic Endowments and the Intrafamily Allocation of Resources: Child Survival in Rural India", *American Economic Review*, 72 (4), 803 – 815.

Samuelson, P. A. (1947), *Foundations of Economic Analysis* (Cambridge, MA: Harvard University Press).

Samuelson, P. A. (1954), "The Pure Theory of Public Expenditure", *Review of Economics and Statistics*, 36 (4), 387 – 389.

Scanlon, T. M. (1978), "Rights, Goals and Fairness", in S. Hampshire, ed., *Public and Private Morality* (Cambridge: Cambridge University Press).

Schelling, T. (1960), *The Strategy of Conflict* (Cambridge, MA: Harvard University Press).

Schelling, T. (1978), *Micromotives and Macrobehaviour* (New York: W. W. Norton).

Schultz, T. W. (1961), "Investment in Human Capital", *American Economic Review*, 51 (1), 1 – 17.

Schultz, T. W. (1974), *The Economics of the Family: Marriage, Children and Human Capital* (Chicago: University of Chicago Press).

Seabright, P. (2001), "The Road Upward", *New York Review of Books*, March 29, 41 – 43.

Sen, A. (1970), *Collective Choice and Social Welfare* (San Francisco: Holden Day).

Sen, A. (1987), *On Ethics and Economics* (Oxford: Basil Blackwell).

Sen, A. (1990), "Gender and Cooperative Conflict", in I. Tinker, ed., *Persistent Inequalities: Women and Economic Development* (Oxford: Oxford University Press). 62 – 71.

Sen, A. (1994), "Population: Delusion and Reality." *New York Review of Books* (September 22),

Sen, A. (1999), *Development as Freedom* (Oxford: Oxford University Press).

Sen, A. and S. Sengupta (1983), "Malnutrition of Rural Children and the Sex Bias", *Economic and Political Weekly*, 18 (19 – 21: Annual Number), 855 – 864.

Simon, J. L. (1990), *Population Matters: People, Resources, Environment, Immigration* (New Brunswick, NJ: Transaction Press).

Slutsky, E. (1915), "Sulla Teoria del Bilancio del Consumatore", *Giornaledegli Economisti e Rivista di Statistica*, 51 (July), 1 – 26. Translated as "On the Theory of the Budget of the Consumer", in K. E. Boulding and G. J. Stigler, eds., *Readings in Price Theory* (London: Allen & Unwin, 1963).

Solow, R. M. (1974), "Intergenerational Equity and Exhaustible Resources", *Review of Economic Studies*, 41 (Symposium Issue), 29 – 45.

Sopher, D. E., ed. (1980), *An Exploration of India: Geographical Perspectives on Society and Culture* (Ithaca, NY: Cornell University Press).

Steffen, W., A. Sanderson, P. D. Tyson, J. Jäger, P. A. Matson, B. Moore III, F. Oldfield, K. Richardson, H. J. Schellnhuber, B. L. Turner II, and R. J. Wasson (2004), *Global Change and the Earth System* (Berlin: Springer).

Stiglitz, J. E. (2002), *Globalization and Its Discontents* (New York: W. W. Norton).

Suppes, P. (1987), "Maximizing Freedom of Decision: An Axiomatic Analysis", in G. Feiwel, ed., *Arrow and the Foundation of the Theory of Economic Policy* (London: McMillan).

Taylor, C. L. and D. A. Jodice (1983), *World Handbook of Political and Social Indicators*, 1 (New Haven, Connecticut: Yale University Press).

Tversky, A. and D. Kahneman (1986), "Rational Choice and the Framing of Decisions", *Journal of Business*, 59 (S), 251 -278.

UNDP (1994, 1998, 1999, 2003), *Human Development Report* (New York: Oxford University Press).

Visaria, P. M. (1967), "The Sex Ratio of the Population of India and Pakistan and Regional Variations During 1901 -61", in A. Bose, ed., Patterns of Population Change in India (Bombay: Allied Publishers).

Wade, R. (1990), *Governing the Market: Economic Theory and the Role of Government in East Asian Industrialization* (Princeton, NJ: Princeton University Press).

Waldron, J. (1984), "Introduction", in J. Waldron, ed., *Theories of Rights* (Oxford: Oxford University Press).

Williams, B. (1993), *Shame and Necessity* (Berkeley, CA: University of California Press).

Williamson, N. E. (1976), *Sons or Daughters? A Cross Cultural Survey of Parental Preferences* (Beverley Hills, CA: Sage Publications).

World Bank (1978, 1986, 1990, 1997, 2000, 2002), *World Development Report* (New York: Oxford University Press).

WCED-World Commission on Environment and Development- (1987), *Our Common Future* (New York: Oxford University Press).

论“必然会发生”

历史分析中的解释偏差

阿鲁普·穆哈吉　理查德·泽克豪泽

历史是对过去的提炼与分析，能为我们更好地理解当前和更明智地制定未来政策提供巨大的价值。历史可以丰富我们对决策环境的认识，厘清潜在的成本和机会，使我们更深入地理解生活那可怕的复杂性。这种复杂性的一个关键特点是，未来通常是极不确定的，甚至苏联解体和“阿拉伯之春”这样的重大事件也莫不如是。然而，一旦事件发生，擅长事后诸葛亮的人往往会夸大事件的可预测性和必然性。诚然，随着时间的推移，档案、研究以及对参与者的采访或许能让人们更好地了解过去发生了什么。但是，认为未来是不确定的，而过去曾经是可以预测的，这明显前后矛盾。我们将在本文中论证，若想根除这种不一致性，评价历史时应该更加关注世界的不确定性。

---

* Aroop Mukharji，哈佛大学肯尼迪政府学院贝尔弗科学与国际事务中心 Ernest May 历史与政策研究员，主要研究领域为国际关系、美国外交政策、历史、国际安全和防卫、军事干预。Richard Zeckhauser，哈佛大学肯尼迪政府学院 Frank P. Ramsey 政治经济学讲席教授，他在决策理论和行为经济学领域有不少杰出贡献，如提出了质量调整生命年、现状偏差、背叛厌恶(betragal auersion)、作为对风险和不确定性之补充的无知（未知的世界状态）等概念。原文“Bound to Happen：Explanation Bias in Historical Analysis”发表于 *Journal of Applied History* (2019)，第1—23页。

** 作者感谢 Bradley De Wees、Paul Behringer、Fredrik Logevall、Philip Tetlock、Lawrence Summers 和 Philip Zelikow 在本文写作过程中提出的有益意见。也感谢匿名评审人的意见。

作为致力于政策分析的在校从教者，我们尝试从历史中了解世界将如何发展，以及（特别是）我们的行为会如何影响这一发展。经验告诉我们，无论是在学术上还是在我们的国家话语中，公共政策领域中的历史思考都不够深入。① 然而，对历史的研究受到无数知识陷阱的侵害，不少陷阱已经在文献中得到过分析；包括受惑于肤浅的类比，假设过去是未来的序幕，假设过去比现在简单得多，甚至假设过去比真实地理解现在更加重要。②

本文将探讨另一个重要但极少被讨论的陷阱。我们认为，所有的个人，包括专业历史学家③在分析历史发展时，都在某种程度上淡化了不确定性。确切

① 我们的意思是，首先，政策学派未能解释如何从历史中进行恰当的推理。其次，尽管专家和政客经常使用历史论据证明自己的观点，但他们的论证往往肤浅而且有选择性。

② 参见 Ernest R. May and Richard E. Neustadt, *Thinking in Time*: *The Uses of History for Decision Makers* (New York: Free Press, 1986); Margaret Macmillan, *Dangerous Games*: *The Usesand Abuses of History* (Toronto: Viking Canada, 2008); Amos Tversky and Daniel Kahneman, "Judgment under Uncertainty: Heuristics and Biases." *Science* 185 (4157) (1974), 1124 – 1131; Yuen Foong Khong, *Analogies at War*: *Korea*, *Munich*, *Dien Bien Phu*, *and the Vietnam Decisions of 1965* (Princeton, NJ: Princeton University Press, 1992); Fredrik Logevall and Kenneth Osgood, "The Ghost of Munich: America's Appeasement Complex." *World Affairs* 173 (2) (2010), 13 – 26; and Philip Zelikow, "The Nature of History's Lessons." In *The Power of the Past*: *History and Statecraft*, eds. Hal Brands and Jeremy Suri (Washington, D. C.: Brookings Institution Press, 2015), 281 – 309.

③ 本文尽量避免批评当前活跃的历史学家。为了预先提供至少一个例子，我们选择分析一位已故历史学家的作品。在这个脚注中，我们给出了一个关于解释偏差（explanation bias）的例子，尽管我们在本文中并未定义这一偏差。因此，我们恳请读者在看完全文后重新阅读本脚注。说到解释偏差的例子，请看21世纪最著名的历史学家之一霍布斯鲍姆（Eric Hobsbawm）的一段话："但是，难道不实施代价高昂甚至有可能使经济赖以生存的企业家减少其利润的社会政策，就无法赢得大众的忠诚了吗？正如我们所见，人们不仅相信帝国主义可以为社会改革买单，还认为它很受欢迎。事实证明，战争或者至少是战争胜利的可能性天然具有煽动民心的更大潜力。在1900年的'非常时期大选'（Khaki election）中，英国保守党政府利用南非战争（1899—1902年）横扫了自由党对手；美帝国主义在1898年对西班牙的战争中成功动员了枪支的普及。事实上，以西奥多·罗斯福（1858—1919；1901—1909年任美国总统）为首的美国统治精英恰好发现，手持枪支的牛仔真正象征了美国精神、自由和本土白人的传统，可以抵御大举涌入的低阶层移民和无法控制的大城市。从那时起，这一象征被广泛利用。"关于1898年的美西战争，霍布斯鲍姆在没有提供证据或引文的情况下提出了若干因果论断。他声称，第一，统治精英（以罗斯福为首）动员了公众支持战争；第二，他们利用枪支和一场成功战争的印象完成了动员；第三，统治精英在帝国主义精神的驱使下宣战（他把"美帝国主义"拟人化，但在语境中又把它与统治精英联系起来）。所有这些主张都是解释偏差的经典案例。首先，在美西战争之前，罗斯福并没有领导统治精英。1898年的时候，他还没有担任纽约州州长，更没有成为美国总统；当时他是海军助理部长。（转下页注）

地说，他们往往会忽视生活在过去情境下的人们面对的未来有多么不确定。这样做的部分结果是，人们常常高估自己偏好的那些有关过去的解释，即他们对历史事件的因果论断（causal claims）。

有些未来事件并没有发生，但本来多半是会发生的，这种认知充分显现了上述高估问题。就像"9·11"委员会极富诗意的描述："但事情发生的经过如此透亮，以至于其他一切都被置于更深的阴影之中……时间一天天过去，可以找到的文件日益增多，事件的真相也愈加清晰。然而，随着对过去世界的关注和不确定性逐渐消退，现在越发难以重新想象那些事情是怎么发生的，而对它的残余记忆也因后来发生的事情和流传的描述而受到歪曲、渲染。"① 在任何一段相对平淡的时间里，总有某些潜在的重大事件不曾发生。譬如，大家想想冷战期间美苏没有爆发任何重大的直接暴力冲突；自 2001 年之后，美国避免了由外国发动的重大恐怖事件。如果发生了这样的事件，对历史的书写就会截然不同，会更加强调背后的其他动因，而可能与我们的直觉相反的是，这些动因也存在于过去的现实中。

社会和政治运动同样对过分自信的因果论断提出质疑。这些运动的进程极不确定。想想过去十年里，同性婚姻出乎意料地被迅速接受，堕胎辩论持续白热化，民粹主义在全球兴起。对曾经高度不确定的结果所做的简单化解释，我们应持怀疑态度。

本文旨在探讨解释偏差现象，即历史叙事倾向于追溯一条明确的因果路

(接上页注③)他是重要人物，但在外交政策上还没有话语权。倘若总统威廉·麦金莱得知自己的内阁下属官员被视为统治精英的"首脑"，一定会大吃一惊。历史学家习惯夸大西奥多·罗斯福在 19 世纪 90 年代的作用，因为（我们推测）他们对罗斯福总统任期和遗留问题的了解影响了他们对历史现实的评估。其次，几乎没有证据表明，主要决策者（即麦金莱总统及其内阁）有意使用了枪支或成功战争的印象。相反，许多内阁成员反对战争，而麦金莱本人在宣战前也非常低调，显得犹豫不决。这是对未来结果的了解（以及也许是突出的牛仔形象）如何影响事件解释的又一案例。最后，美国在美西战争后成为帝国主义强国，这本身并不意味着帝国主义是宣战的主要动机。我们认为，霍布斯鲍姆犯的这个错误同样是由于解释偏差造成的。他对未来帝国主义的认识影响了他对战前的推动力和态度的理解。Eric Hobsbawm, *The Age of Empire: 1875 - 1914*（New York: Vintage Books, 1989, 第 1 版, 1987），第 103—104 页。

① National Commission on Terrorist Attacks upon United States, The 9/11 Commission Report: Final Report of the National Commission on Terrorist Attacks upon the United States（Washington D. C.: National Commission on Terrorist Attacks upon United States, 2004），第 339 页。

径，而当时的预测则本应认识到众多的不确定性。① 解释偏差带有尴尬的副作用，诱使个人夸大历史影响的重要性，甚至扭曲历史的性质和事件本身。这会影响人们如何解读过去并从中吸取经验教训。政治学家中有一个诙谐的说法，即任何一个持有战争起因论的人都务必要用一战作为佐证。显然，一战那么复杂，完全能为几十种相互矛盾的战争理论提供依据。②

我们并不是说，解释偏差是历史学家或新闻播报员故意误导听众的伎俩；③ 也不是说，人们一遇到历史叙事就会变得稀里糊涂。相反，解释偏差是一种自然倾向，在某些时候几乎影响所有人，有些人甚至一直受到影响。

本文的其余部分安排如下。我们首先阐述解释偏差，证明它源于对不确定性的忽视。探讨这一概念后，我们将区分解释偏差与后视偏差（hindsight bias）等相关概念。接着，我们分析解释偏差最可能出现的原因和地方，以及如何克服它。最后，我们简要评述在历史分析中接受不确定性从而减少解释偏差的积极意义。

1. 历史的不确定性

生活充满不确定性。在决策理论中，这个术语具有特定的含义。“不确定性”是指人们知道世界可能会发生什么情况，但不知道其发生的概率，比如2020年谁将成为民主党候选人，2030年纽约市的平均气温将是多少。④ 偶尔会出现以往从未预料到的结果，就像前面提到的“阿拉伯之春”和苏联解体。

---

① 当时的一些预测可能很有信心，即认为可能性极高，但和实际发生的情况相反，譬如上文提到的“阿拉伯之春”和苏联解体。关于预测和专家判断的更多信息，请参阅：Jeffrey A. Friedman, *War and Chance: Assessing Uncertainty in International Politics* (Oxford, UK: Oxford University Press, 2019); Philip E. Tetlock, *Expert Political Judgment: How Good Is It? How Can We Know?* (Princeton: Princeton University Press, 2006); Philip E. Tetlock and Dan Gardner, *Superforecasting: The Art and Science of Prediction* (New York: Crown, 2016); and Don A. Moore, "When Less Confidence Leads to Better Results," *New Yorker* (25 November 2013), Available: https://www. newyorker. com/business/currency/when less confidence leads to better results. 这些作品中都有一个令人沮丧的主题，即大多数预测者甚至是该领域的专家，都太过自信了。

② 这里，我们并非暗示政治学家在不同程度上受到解释偏差的影响。我们认为这是一种普遍现象，困扰着任何对历史做出因果论断的人。

③ 诚然，有些人确实是故意误导，但这不是我们关注的问题。故意误导与完全透明和全面之间有一个中间地带，在这个地带里，只选择支持论题的事实、叙述和数据也无疑是有益的。

④ 如果世界上已知状态的概率是已知的，譬如大多数的赌博游戏，这种情况就叫作“风险”。

我们用“无知”（ignorance）一词形容世界上可能存在却无法作为可能事件被预见到的状态。①

在人们的日常生活中，从狭隘的私人领域到与政策相关的突出问题，不确定性和无知都是世界的特性。第一次约会是否会促成终生婚姻，人工智能是否会让无数人失业，这些都是未知数。就连专家也不愿猜测五年后的中美关系。同样，历史时刻也充斥着不确定性和无知。2008 年的金融危机，几十年内生育模式的巨大改变，2007—2017 年对同性婚姻的支持率上升了 25%（从 37% 升至 62%），这些无不是非常难以预见的复杂变化。几乎没有人预测到这些发展动态，可事后却有一大堆人轻松地做出解释。怎么会这样呢?②

在人们解释结果的时候，普遍存在的重大不确定性往往被忽略或遗忘了。从某种程度上讲，这是合理的。通过一个结果，人们可以了解实际情况，即“最终胜出”的是什么；此外，相关信息出现在以前并不知晓的某个事件之后。③

---

① 参见 Richard Zeckhauser，“Investing in the Unknown and Unknowable.” *Capitalism and Society* 1（2）（2006）。例如，我们现在并不知道有组织的宗教在 2100 年将扮演什么角色，也不知道气候变化的长期影响会是什么。因此，无知是一种极端情况，超越了不确定性。它是对历史分析的一个极致挑战。

② 当然，并非所有历史事件都难以解释。物理事件，比如火灾，可以在事后诊断。通常可以找到事故的源头，例如电线故障或丢弃的烟头。多次发生的事件更容易评估。事实上，分析者的确经常使用概率来描述这类事件。所以，美联储有预测来年经济衰退前景的模型，并使用概率来报告结果。相比之下，奇怪的是，当发生单个大型异常事件时，比如 2008 年的金融危机（几乎没有人预见到这一异常事件），历史学家和其他分析人士都觉得有必要解释事件的根源，而且在解释的时候，他们往往不会给不确定性留有余地。

③ 虽然随着时间的推移，我们肯定知道得更多，但我们也会受到认知的限制，这取决于保存了哪些文件，哪些参与者决定发声，以及他们是否诚实地发声。罗伯特·肯尼迪的《十三天》（*Thirteen Days*）就是一个生动的例子，演绎了回忆录、个人文件等历史数据如何与事实不符。这本书夸大了肯尼迪的作用，歪曲了他在古巴导弹危机期间的立场（他描述自己是当年拥有重要发言权的温和派，但他两者都不是）。著名历史学家小阿瑟·施莱辛格（Arthur Schlesinger，Jr.）在他 1978 年出版的肯尼迪传记中支持了这一失真的事实，因为肯尼迪的个人文件似乎证明了这一点。直到多年后，肯尼迪的秘密录音带被公之于众，国家安全联席会议执行委员会（ExComm）对话的真实内容才得以披露。Robert F. Kennedy，*Thirteen Days: A Memoir of the Cuban Missile Crisis*（New York：W. W. Norton，1969）；Arthur Schlesinger，Jr，*Robert Kennedy and His Times*（Boston，MA：Houghton Mifflin，1978）；Ernest R. May and Philip Zelikow，*The Kennedy Tapes: Inside the White House During the Cuban Missile Crisis*（Cambridge：The Belknap Press of Harvard University Press，1997）；Sheldon M. Stern，“The Cuban Missile Crisis ExComm Meetings：Getting it Right After 50 Years.” *History News Network*（15 October 2012），Available：https：//historynewsnetwork. org/article/148802.

譬如2008年金融危机，其中涉及金融机构的交叉持股比例和杠杆率。但实际情况并不等同于历史因果关系，新信息也很少能揭示因果确定性。是什么导致了这场崩溃？是不是像许多人说的，根源在于企业贪婪、政府放松管制、过度疯狂的房地产投机、公众信任的严重丧失或者恐慌心理？此外，为什么这些看似普遍的现象没有更频繁地引发全球金融危机？大多数追溯性解释都把灾难归咎于这些力量的共同作用，却没有明确指出，当时有多少种不同的替代选择对关键决策者和普通民众来说是合理的。① 就这样，我们忘记了不确定性（和无知），转而优先思考某个让人觉得合理的解释。虽然合理的解释可以说明观察到的结果的逻辑链条，但它既不能也不应排除其他可能的解释。②

当然，出色的历史学家不会带着历史决定论的意识写作。他们承认，其他的未来事件原本可能发生，而对实际发生之事的记录可能并不十分清楚。历史学中对因果论断的处理也不如政治学和经济学中那么形式化。③ 优雅的历史叙事成为一种粉饰。在做出解释时，它们很少与相互冲突的解释进行严格的对比。这使得我们很难弄清在已知的初始条件下还会发生什么事情。探索其他解释也许十分烦琐，而且几乎肯定会中断流畅的叙事，而叙事本身就是一种有说服力的手段。但是，看似合理的未必是可能发生的。当我们回过头审视真实性时，情况就更是如此。

历史学家只有直接参与一系列对立观点的探讨（或者接受反事实分析），才能

---

① 大卫·卡尔（David Carr）提出了相关观点，即在事后看来，个人会将某一行为与实际发生的事件联系起来，但历史上的行为人可能预测或设计了不同的未来现实，只不过这些现实没有实现罢了。David Carr，“Place and Time：On the Interplay of Historical Points of View.” *History and Theory* 40（4）（2001），第159页。

② 比如，年迈的乔治叔叔重病住院。医生说他可能活不过两个晚上，但他挺过来了，又多活了几年。年迈的拉尔夫叔叔也因同样的疾病面临同样的危险，但他死了。尸检结果显示，他的病情严重影响了心脏。适当的回顾性分析会说，对于一个老年人，这种疾病可能是致命的。医生可能会对器官逐个评估以完善其预测，但他仍然只会分配概率，而不是因果确定性。尸检（这是比喻说法）当然是有用的，但是，由单一原因导致的现象非常罕见。我确实想到了一个案例：理查德·费曼（Richard Feynman）发现了导致1986年挑战者号灾难的O形环故障，这也是通过事后调查发现的。

③ 不过，正如我们在前文关于一战的例子中指出的，政治学家也会像经济学家一样夸大因果论断，尽管他们自以为对因果关系进行了小心求证。我们的观点是，在讲述历史故事时，解释偏差会影响所有人。

得出令人信服的结论，解释究竟是什么可能导致了实际发生的事情。① 对每一个因果论断都这样做相当费事，甚至会适得其反；毕竟因果论断无处不在。② 然而，最好的分析必须承认当前存在的潜在不确定性和无知。为此，要清楚地说明哪些是决策者和公众知道的，哪些是他们不知道的；要注意他们如何构想不同的未来，同时考虑不确定性对决策的独特影响。③ 对每一个核心因果论断都采取这种做法颇具挑战；但对于重大历史问题，如果我们想准确地描述和解释过去，这似乎是必要的。

2. 解释偏差及其相关因素

解释偏差是指个人对历史因果关系的确信往往超过了证据所能证明的。这种偏差与不确定性和无知密切相关，因为它表明历史分析会低估不确定性和无知，高估给定事件的特定因果解释。

解释偏差涉及决策和逻辑中的一些常见概念：易得性启发式偏差（availa-

---

① See Fredrik Logevall, "Presidential Address: Structure, Contingency, and the War in Vietnam." *Diplomatic History* 39 (1) (2015), 1 - 15; Philip E. Tetlock and Geoffrey Parker, "Chapter 1: Counterfactual Thought Experiments." In *Unmaking the West*: "*What - if?" Scenariosthat Rewrite World History*, eds. Philip E. Tetlock, Richard Ned Lebow, and Geoffrey Parker (Ann Arbor, MI: University of Michigan, 2006), 14 - 46; Martin Bunzl, "Counterfactual History: A User's Guide." *The American Historical Review* 109 (3) (2004), 845 - 858; and Niall Ferguson, ed., *Virtual history*: *Alternatives and Counterfactuals* (New York, NY: Basic Books, 1997).

② 有关学术史中解释偏差的说明性示例，请参见第128页脚注③。至于在通俗史中没有证据支持的因果论断何其常见的说明性示例，只需看看亨利·基辛格在《大外交》一书中关于威尔逊决定参加一战的一段话。在三句话中，他提出了三个独立的因果论断（我们给每个论断都编了号）。"从一位开国元勋反对外国干涉的禁令中推衍出一份全球干涉宪章，并详尽阐述了一种使参战成为必然的［2］中立哲学［1］，这可真是另辟蹊径！威尔逊明确阐述了他对更美好世界的愿景，使他的国家越来越向世界大战靠近，他唤起了激情和理想主义，由此证明了美国蛰伏一个世纪之久是值得的，这样美国就可以充满活力地登上国际舞台，并带着一种不为其更老练的伙伴所知的天真。［3］欧洲外交在历史的严峻考验中变得既强硬又谦卑；他们的政治家见过太多脆弱的梦想、破灭的希望，以及因人类缺乏预见而丧失的理想。" Henry Kissinger, *Diplomacy* (New York: Simon and Schuster, 1994), 第48页。

③ 关于不确定性之下的判断，有浩如烟海的文献。有两篇经典文章今天仍然富有意义：Tversky and Kahneman (1974)；以及 Daniel Kahneman and Amos Tversky, "Prospect Theory: An Analysis of Decision Under Risk." *Econometrica* 47 (2) (1979)，第263—291页。有关行为经济学的最新全面概述，参见 B. Douglas Bernheim、Stefano Dellavigna and David Laibson, *Handbook of Behavioral Economics*: *Foundations and Applications*, Vol. 1 and Vol. 2 (Amsterdam, 2018, 2019)。

bility heuristic）、后视偏差（hindsight bias）和事后归因谬误（post hoc fallacy）。为了更好地理解什么是解释偏差，以及它与众所周知的现象有何不同，我们需要讨论一下这些概念。

2.1 易得性启发式偏差

行为心理学家阿莫斯·特沃斯基（Amos Tversky）和丹尼尔·卡尼曼（Daniel Kahneman）的奠基性著述表明，个人倾向于过分重视更容易想象或回忆的实例和经历的解释价值。① 例如，如果一个人的朋友患有某种疾病，他们可能会认为自己遭遇同样命运的概率远大于合适的贝叶斯更新模型暗示的概率。这就是易得性启发式偏差，即更容易想到的东西会过度放大个人对可能性的估计。

解释偏差在某种程度上是易得性启发式偏差的产物。确切地说，易得性启发式偏差可能有助于解释为什么存在解释偏差：对历史事件的某一合理解释越容易出现在个人的脑海里，他往往就越相信这个解释确实导致了结果。对信息匮乏的人而言，情况可能尤其如此，这样一来，他们便不太可能考虑对历史事件的那些相互冲突的解释。

2.2 后视偏差

后视偏差指个人倾向于在事后夸大自己的预见能力。② 换句话说，在事情过去之后，个人总是认为他们早就确定地知道后来发生的结果，但实际并非如此；这种现象被巴鲁克·菲施霍夫（Baruch Fischhoff）称为“渐进决定论”（creeping determinism）。2016 年唐纳德·特朗普当选美国总统就是一个范例。尽管大多数民主党人爽快地承认他们对特朗普的胜选感到十分惊讶，但今天（比当时）有更多的民主党人表示他们在大选前夕真的非常担心特朗普会当选。而后视偏差告诉我们，这些人现在夸大了他们当时的担忧。这是因为，事

① Tversky and Kahneman（1974）.

② See Baruch Fischhoff, “Hindsight not Equal to Foresight: the Effect of Outcome Knowledgeon Judgment Under Uncertainty.” *Journal of Experimental Psychology: Human Perceptionand Performance* 1（1975）, 288 – 299; and Baruch Fischhoff, “For Those Condemnedto Study the Past: Heuristics and Biases in Hindsight.” In *Judgment Under Uncertainty: Heuristics and Biases*, eds. Daniel Kahneman, Paul Slovic, and Amos Tversky（Cambridge, UK: Cambridge University Press, 1982）, 335 – 351.

后看来，人们很难回忆起当时自己不知道的东西（即过去的不确定性），而且他们对结果的了解会影响他们的记忆。

后视偏差指的是人们过度自信地认为事先预见了后来发生的结果，解释偏差则是指事后对过去结果的特定解释过度自信。有两个完全不同的群体容易受历史叙事中的解释偏差的影响：历史叙事的创作者，即历史学家或分析者；以及消费者，即阅读叙事的个人。从这些叙事中得出结论通常是消费者的弱项，因为他们往往不比历史学家知识渊博，而历史学家会筛选证据支持自己选择的因果解释。

2.3 事后归因谬误

事后归因谬误是论证中的一种逻辑谬误，也会导致解释偏差。它是 post hoc、ergo propter hoc 的简写，字面意思是“在这之后，所以这就是原因”。它指的是错误地认为因为事件 A 发生在事件 B 之前，所以事件 A 导致了事件 B。[①] 假设一支球队经过颠簸的飞行去参加下一场比赛，然后输了。如果认为球队是因为飞行才失利，这可以算是典型的事后归因谬误。球队失利可能是由于这次飞行，也可能是对手服用了兴奋剂，还可能是场地有利于对手，又或者是许多其他原因。即使教练也未必知道是哪个事件造成了球队落败。

与解释偏差相关的是，事后归因谬误描述了对某一给定因果解释做出错误认定的潜在来源。而解释偏差指的是这一特定解释被高估，但没有给出选择该解释的理由。这一选择可能由诸多原因导致，包括事后归因谬误。事后归因谬误暗含的事件发生顺序增加了解释的合理性。一个解释越可信，就越有可能被相信和高估。

2.4 解释偏差：为什么会发生，何时可能发生，如何应对

解释偏差与上述各个术语不同。它指的是在解释历史事件时，倾向于夸大某一被提出的因果链条适用的可能性。例如，2016 年特朗普意外当选美国总统后，人们给出了若干原因：愤懑的全球化和市场资本主义受害者、日益扩大的城乡差距、白人民族主义复活、充满激情的新兴贫困白人选民群体。显然，

---

① 与此关联的是相关性谬误（cum hoc fallacy）或“与此相关，故因此”（cum hoc，ergo propter hoc），指的是因为事件 A 与事件 B 同时发生，所以错误地假设事件 A 导致了事件 B。这一谬误也被世界各地的统计分类纳入“相关性并不意味着因果关系”的警告中。

特朗普赢得了选举，我们也很清楚谁投了他的票、投票人数是多少以及分布在美国的哪些地方。但是，当时的他很可能不会获胜，而这些解释都受到了他获胜这一事实的影响。①

根据福尔摩斯在狗不吠这起著名案件中的原理，② 我们发现，这些解释因素在选举前的预测中几乎没有受到关注。这至少表明，其他因素对特朗普的胜选起了重要作用。要确定这一点并不容易。事实上是太难了，以至于在竞选期间，一半美国人似乎都对今天在专家眼里那么耀眼的激进运动视而不见。然而，当人们讲述奥巴马第二任期乃至20世纪90年代以后的往事时，特朗普继奥巴马之后获胜带来的启示可能会永远改变这段历史。人们将被引导着去相信，所有这些不断壮大的力量，都是特朗普当选总统的明确且公认的途径，尽管很少有人看到它们如何产生、如何变强；人们还会相信，选举取决于关键州的数千张选票。③

需要明确的是，我们的论点绝非认为“任何事物都无法被解释”。相反，我们注意到，当人们讲述历史时，不确定性和无知几乎总是很少受到关注，这导致人们过于相信对过去事件的因果解释。

我们在讲述特朗普2016年获胜的故事时，应该尽力处理那些不确定的情况。分析人员要承认他们提出的那些解释是有其适用范围的，并对照相互冲突的证据检验每一种解释，然后为相互冲突（和支持）的解释的可能重要性分配权重。在这个过程中，还应强调选举前环境的潜在不确定性。选举前夕，特朗普明显处于劣势，但是他赢了。如果清楚地知道他获胜的原因，或者是因为他得到了白人工薪阶层男性的支持，或者是因为希拉里没有充分走访关键州，那么他本该是胜算很大的热门人选。

对各大报纸报道的简要分析表明，解释偏差一直在起作用。我们研究了在2016年美国总统大选后30天内，某些人口统计学词语如“工薪阶层男性”

---

① 如果特朗普2020年获胜，会是因为他对白人至上主义的热爱、强劲的经济、预期中的民主党对财政不负责任，还是其他原因？值得注意的是，在选举之后，专家们会声称知道答案，但今天没有人会宣称知道最具解释价值的是什么。时间的流逝会以某种方式揭示这一点吗？（请参阅我们文章的第一段，“诚然……”）

② Arthur Conan Doyle, “The Adventure of Silver Blaze.” 见 *The Memoirs of Sherlock Holmes*（New York: Harper and Brothers, 1894），第1—28页。

③ 当然，专业历史学家尚未对特朗普的胜利之路做出分析。事实上，有人可能会强调他获胜的偶然性、复杂性和意外性。我们一时还无从知晓。我们觉得，即便如此，在未来的历史中，人们会强调某些社会因素，而在叙述（譬如）希拉里获胜时，则不会强调这些因素。

（被认为是特朗普的关键优势来源），被用来解释选举结果的频率。① 我们检查了三家主要的全国性日报，② 将这些术语的使用情况与“郊区女性”（希拉里的一个推定优势）等术语进行比较。引用了解释特朗普选举优势的那些词语的文章多了一倍。我们将这些使用率与选举前30天的使用率做了对比。这一比率徘徊在2/3左右。简言之，在选举之后，支持特朗普（希拉里）的词语比选举前使用的更多（更少）。结果见表1。③

表1　2016年选举结果公布前后解释性短语的使用情况

特朗普支持率	选举前	选举后	比例	希拉里支持率	选举前	选举后	比例
贫穷白人	318	206	1.54	郊区女性	50	87	0.575
工薪阶层男性	182	97	1.88	高学历女性	29	45	0.644
蓝领男性	66	30	2.20	高学历男性	20	30	0.667

注：数据为《纽约时报》《华盛顿邮报》《华尔街日报》的使用情况。“选举后”的日期为2016年10月9日至2016年11月7日。“选举前”的日期为2016年11月9日至2016年12月8日。按引用术语的文章总数排序。

这意味着，选举改变了记者在得知出人意料的结果后对相同人口因素的识别频率。④ 更重要的是，当我们分析某些解释性词语的引用时，如民粹主义、全球化、白人民族主义等，差异甚至更大。在从特朗普获胜到希拉里备受青睐的前后两段时期，后一个时期引用这些词语的文章数量是前一个时期的2.5—3倍。

解释偏差是一种普遍现象。为什么众多历史学家，哪怕他们是历史的专业解释者，也无法避开解释偏差？为了避免落入我们自设的陷阱，过于自信地做出解释，我们将提出一些可能的影响因素。

首先，许多历史学家撰写的作品充斥着关于世界如何运行的根深蒂固的理论假设。⑤ 相信市场资本主义是人类行为主要决定因素的人，也许更有可能认

① 这些词语在检查使用情况之前就已经确定。

② 它们是《纽约时报》《华盛顿邮报》《华尔街日报》。

③ 关于我们分析的完整说明，请参阅本文的附录。

④ 平心而论，我们也许希望投票率和投票后民意调查（exit polls）能改善投票评估。但在解释一场险胜时，我们不应期待，投票评估会发生如此剧烈的变动。

⑤ 对于任何重大历史问题，个人要面对一辈子都读不完的海量数据。他们必须有选择地查看档案资料；没有其他办法可以做到这一点，毕竟还要吃饭、呼吸和睡觉。这种选择性基于他们认为什么是重要的。他们认为什么是重要的则基于预感，而预感受到关于世界如何运行的直觉的影响。

为市场资本主义是任何特定历史事件的主要决定因素。理性行为人理论、种族理论、性别理论，或者吸引特定历史学家的其他一些行为理论可能也是如此。但是，某个单一的人类互动理论能够解释一个历史学家在职业生涯中可能处理的多起事件，这实在不可思议。① 有些事件应该用因果关系层次中的某些原因来解释，而另一些事件则应该用不同层次的不同因素集合来解释。因此我们认为，越受意识形态驱动的人，受解释偏差的影响越严重。②

解释偏差的第二个来源是解释历史的非正式动机和学术动机，这种动机也可能间接助长了解释偏差。承认自己的分析中存在不确定性，其回报是微乎其微的。我们使用三个虚构的叙述来说明这一点。历史学家不会因为以下分析获得青睐（也许还会被嘲讽）："心怀不满的工薪阶层男性可能帮助特朗普赢得了密歇根州的选举，但在威斯康星州也许就没那么大的助力，而且很难说他们的作用超过了这两个州总体经济疲软所产生的影响。"相比之下，下面的叙述可能会引来一片喝彩："自 20 世纪 90 年代以来，全球化被广泛接受，大家渐渐忽视了数十万甚至数百万

① 所谓的威斯康星外交史学派，正是历史理论集中于一个解释变量的案例，它优先考虑美国外交政策的经济解释，在美国外交关系领域产生了一些大腕。威斯康星学派创始成员之一、历史学家威廉·艾普曼·威廉斯（William Appleman Williams），是深陷解释偏差的一个生动例子。关于美西战争后吞并菲律宾的话题，他写道："随后的分析和行动使麦金莱及其亲密伙伴成为辩论本身（占领菲律宾）的积极参与者，并进一步表明，这些人在制定最终被整个国家接受的帝国战略中做出了巨大贡献。"这里，解释偏差源于威廉斯知道麦金莱总统最终赞成占领菲律宾群岛，进而错误地认为总统已经拥有一份构想了数月甚至数年的战略。可恰恰相反，有证据表明，麦金莱在 1898 年的大部分时间里都没有决定占领这些岛屿。当时菲律宾的命运是极其不确定的，甚至在麦金莱自己看来也是如此，直到 1898 年 10 月，他才最终指示其巴黎和平专员就此进行谈判。William Appleman Williams，*The Tragedy of American Diplomacy*，Fiftieth Anniversary Edition（New York：W. W. Norton，2009，第 1 版，1959），第 48 页。有关麦金莱对菲律宾战略的详细透彻说明，参见 Philip Zelikow，"Why Did America Cross the Pacific? Reconstructing the U. S. Decision to Take the Philippines，1898 – 99."*Texas National Security Review* 1（1）（2017），第 36—67 页。

② 一些政治学研究表明，具有强烈意识形态使命感（ideological commitment）的专家更可能拒绝接近真相的反事实，从而间接地表现出解释偏差。然而，这项研究也警告说，对历史偶然性持开放态度也有不利的一面；它可能会导致给过多的历史情景分配过多的主观概率。Philip E. Tetlock and Richard Ned Lebow，"Poking Counterfactual Holes in Covering Laws：Cognitive Styles and Historical Reasoning."*American Political Science Review* 95（4）（2001），第 829—843 页；Philip E. Tetlock，"Theory-Driven Reasoning about Plausible Pasts and Probable Futures in World Politics：Are We Prisoners of Our Preconceptions?"*American Journal of Political Science* 43（2）（1999），第 335—366 页。

失去工作、陷入困境的美国人。当这个国家的其他地方欣欣向荣之时，他们被抛在了后面。特朗普是第一位承认这一差距并围绕这个问题挑战正统观念的主要政治候选人。这使他得以当选，也是他受不满的全球化受害者追捧的原因。”后一种论述更清晰、更优美，但会让读者误认为这些说法是确凿无疑的。

故事和叙事是用来说服人的手段。倘若第二种叙述还伴随着一些确凿的采访，而且这些采访很容易被找到，哪怕只有相对较少的人持有相关观点，也会形成一个明确的因果解释，让很多人觉得说服力十足。但再看看以下更谨慎的叙述："在这三个州以白人工薪阶层为主的县，特朗普拿下了45%的选票，而2012年罗姆尼的得票率仅为36%。统计分析显示，假设其他县的表现与艾森豪威尔竞选总统时的表现相当，那么这三个州的选举结果有70%的可能会发生变化。”这种纯粹的分析式处理方法用概率评估代替线性的政治故事，可能会更加准确，对出版社和期刊来说却没那么诱人（也许接受了这一叙述的出版社和期刊除外）。①

解释偏差的第三个来源可能与客观倾听相互冲突的理论时遇到的认知失调有关。人类通常很难处理相互矛盾的假设。② 单一的解释（特别是叙述性解释）可能更受欢迎，因为个人更容易理解这种解释，并被它说服。虽然这或许会间接导致（任何类型的）历史叙述者产生解释偏差，但它可以更好地解释消费者对解释偏差的接受程度。历史的消费者比历史的传播者知道得更少，可能也更不了解相互冲突的理论，因此更容易受到解释偏差的影响。

我们还找不到清晰简单的方法消除解释偏差。然而，我们的确觉得可能有某些方法可以减少解释偏差；在命名这一偏差时，我们也希望引发人们的关注，从而向前迈出第一步。这些抵御解释偏差的方法也是推测性的，但它们与对偏差本身的潜在直觉有关。首先，我们觉得知识获取（阅读、研究等）往往能减少历史的消费者的解释偏差。如果对某个主题认识不足（因此对相互矛盾的证据知之较少）会导致更大的解释偏差，那么更多的知识应该有助于

---

① 有些出版社的做法更令人失望，他们不是将注释以脚注（或章节尾注）的形式贯穿全书，而是将它们作为尾注，单独放在一本书的最后。虽然书中的信息都一样，但阻碍透明度的边际成本远远高于整齐有序的正文这一表面上的边际收益。没人喜欢翻到几百页之后去阅读引文，所以被阅读的引文会更少。

② 关于认知失调的文献至少可以追溯到1957年利昂·费斯廷格（Leon Festinger）的作品 *A Theory of Cognitive Dissonance*（Palo Alto：Stanford University Press），1957。

减少这种偏差。阅读历史事件的不同解释，包括阅读不同时代历史学家撰写的说明，可以减少解释偏差。像其他研究领域一样，历史具有流行的意识形态和方法论，并随着世代的更迭而变化。①

其次，对历史学家而言，用于寻找确凿证据的技术过程也应该用于挑战某个理论。一句话，人们应该努力减少搜索证据的偏差。② 我们相信，逆向思维对历史解释来说是一个有益属性，就像对许多学术学科那样。任何理论和分析领域的优秀学者都应该尝试逆向思考，甚至（也许尤其）对他们自己的著述也应如此。

再次，我们认为，熟悉决策科学有助于厘清因果推断，识别常见的决策陷阱，让人们获得其他情境下的不同解释。当然，这些都是为了补充而不是取代丰富的历史方法。我们来自一个跨学科的机构，观察到不同学术领域的成员可以相互提供深刻的见解。决策科学领域致力于研究人类如何应对不确定性和相互竞争的价值观，以及人们如何使自己变得更好，从而解决这些难题。将决策科学纳入历史研究并不容易（尽管一些政治学家和历史学家已经这样做了③），但即便只是基本了解决策科学的直觉和方法也极具启发意义。决策科学可以有助于阐明人们如何思考因果关系、对立的证据和主观概率，对研究历史事件来说，这些都是直观有用的分析工具。

最后，我们认为，历史模拟，即历史决策的群体案例研究（group case studies）是一种极好的方式，可以让个人回到过去的环境中，尽可能地见证和应对政策制定的复杂性和不确定性。哈佛大学肯尼迪政府学院的教授设计了许

---

① 不过，历史学家不把这些现象称为“趋势”或“潮流”，而是称为“转折”。

② 平心而论，特别是考虑到第 137 页脚注⑤中关于历史学家必须筛选大量数据只为证明一个单一的解释，有必要承认，我们认为这些解决方案实际上并不简单或容易。证明一个合理的解释就已经够难了。但我们确实认为，承认不确定性、承认替代方案并在一定程度上参与这些替代方案是可行的，尽管困难重重。分析的严谨性将得到加强。关于矫正程序的学术处理，请参阅“Part VIII：Corrective Procedures.”见 Kahneman、Slovic and Tversky（1982），第 391—462 页。

③ For instance，Robert Jervis，*How Statesmen Think：The Psychology of International Politics*（Princeton，NJ：Princeton University Press，2017）；Robert Jervis，*Perception and Misperceptionin International Politics*（Princeton，NJ：Princeton University Press，1976）；Rose McDermott，*Risk-Taking in International Relations：Prospect Theory in Post-War American Foreign Policy*（Ann Arbor，MI：University of Michigan Press，1998）；Deborah Welch Larson，*Origins of Containment：A Psychological Explanation*（Princeton，NJ：Princeton University Press，1985）；and Khong（1992）.

多这类案例，并且越来越多地被美国其他地方的课堂采用。① 该学院的学者在20世纪80年代撰写了最具指导意义的案例之一，它分析的是美国的分裂危机。② 学生们扮演英国商人银行家的角色，持有于1861年4月12日（南部同盟军进攻萨姆特堡之日）到期的铁路期权。他们得到一系列材料、报纸文章和其他分析，并被问及是否会行使期权和购买股票，而如果发生敌对行动，那些股票将会贬值。通过这一练习，尽管大家已经知道历史结果，但每个人都能体会到，站在历史性时刻预测美国历史上最重要的某一事件是多么困难！③ 我们认为，这反过来也会影响学生处理和解释历史事件的态度。

案例研究方法的另一个相关优势是，它强调历史现状的弹性。如果让学生坐在决策者的位置上，他们或许更容易意识到历史事件很少（甚至不会）是预先确定的，而是可能取决于一系列个人选择，每一个选择都可能将世界引向不同的方向。案例研究方法并非历史课的唯一教学方法；对某些决策节点进行反事实分析，或者简单地阅读包含不确定性和可塑性的历史记录，也可以达到这个目标。④

3. 结束语

我们认为，解释偏差是影响所有人的普遍现象。它指的是在历史解释中忽视不确定性，从而高估了自己的逻辑路径。简言之，这意味着，对于许多人和许多情况，对过去的合理解释变成了对过去的可能甚至是确定的解释。

认识到这个世界的高度不确定性和我们的严重无知，对准确理解、解释和借鉴过去从而揭示现在和不远的未来是至关重要的。从最近政治学和决策学的

---

① 一些陈旧（但仍然具有启发性）的案例详见 May and Neustadt（1986），第283—294页（附录C）。有关最近的群体案例研究，另请参见：David Moss，*Democracy：A Case Study*（Cambridge，MA：Harvard University Press，2017）；Philip Zelikow and Ernest R. May，*Suez Deconstructed：An Interactive Study in Crisis, War and Peacemaking*（Washington，D. C.：Brookings Institution，2018）。

② Ellsworth D. Draper，Joshua L. Rosenbloom，Melanie Billings-Yun，and Richard E. Neustadt，"Secession：C14-82-435，C14-82-435S，C14-82-436，and C14-82-427." Harvard Kennedy School Case（Cambridge，MA：Harvard Kennedy School，1983）。May and Neustadt（1986，第259—261页）描述了学生的案例分析场景。

③ 将决策简化为货币决策可以隔离不确定性的问题，而不确定性在金融术语中可能更容易理解。扮演英国国民，则可以最大限度地减少南方人或北方人在处理这种情况时可能抱有的先入之见。

④ 需要补充的是，未来的不确定性不仅源自决策者的选择。其他因素，如大众舆论的潮流，也可能掺杂在其中。

学术研究看，我们知道，相比于直面世界之不确定性的人，专家在概率评估方面往往表现欠佳。① 因此，乐于承认和内化这种不确定性绝非智识上的缺陷；恰恰相反，这显示了一种分析能力。套用（也许是）温斯顿·丘吉尔的话："真正的才华体现在对未知、危险和对立信息的评估能力之中。"② 不确定性带给我们有关联、有启发意义的历史教训。它有力地告诉我们现实中的决策者如何制定政策，并警告我们，一个不确定的世界可能会对这一过程产生影响。但是，如果我们对历史事件的解释过于自信，就会扼杀（甚至扭曲）这些教训。

探索真相的个人不需要屈服于过度自信的历史分析陷阱。拥抱不确定性为我们所有人提供了一种抵御解释偏差的方法，让我们站在决策者和普通人的角度，面对他们所处时代的无比复杂性。认识并重视不确定性，就是最伟大的历史教训之一。

附录：报纸分析

分析程序概述：使用 ProQuest 历史报纸数据库,③ 我们搜索了三家报纸（《纽约时报》《华盛顿邮报》《华尔街日报》）引用选举相关词语的文章数量。对于每一个词语，我们将选举后 30 天（2016 年 11 月 9 日至 2016 年 12 月 8 日）的结果与选举前30 天（2016 年10 月9 日至2016 年11 月7 日）的结果进行比较。由此，我们得以计算表1 中引用频率的相对比率。

方法论选择：我们将搜索分为以下报纸清单：《华盛顿邮报》（从 1974 年到当前的文件），《纽约时报》（从 2008 年到近期的文件），《华尔街日报》（从 1923 年到当前的文件），《纽约时报》（从 1923 年到当前的文件），《华尔街日报》纸版，《华尔街日报》在线版，《华盛顿邮报》（从 2008 年到近期的文件）。对于我们感兴趣的日期，只有以下列表返回了结果：《纽约时报》（从 2008 年到近期的文件），《华尔街日报》纸版，《华尔街日报》在线版，《华盛顿邮报》（从 2008 年到近期的文件）。文章清单包括《纽约时报》和《华盛顿

---

① 参见 Tetlock and Gardner（2016）。

② 这里我们使用"也许是"这个词遵循了我们的主题，即承认历史的不确定性，这句话通常被认为出自丘吉尔之口，但没有给出确切的出处。

③ *ProQuest Historical Newspapers*, Online, Available: https://www.proquest.com/products services/pq hist news.html.

邮报》的印刷文章，以及《华尔街日报》的在线文章和印刷文章。鉴于《华尔街日报》在线版返回的是印刷文章（未包含在其他《华尔街日报》列表中）和在线文章，并没有明确的方法将所有搜索限制在这三家报纸的印刷文章上。

我们的搜索词没有加引号（例如，我们搜索郊区女性而不是“郊区女性”，后一种方法保留了两个词的短语）。我们不使用引号是因为这样能大大减少结果的数量。例如，“郊区女性”不常出现在两个词的短语中（它还以“郊区居住女性”和“郊区白人女性”等形式出现），因此可以通过去掉引号更准确地了解引用郊区女性的文章的数量。这种方法的缺点是，搜索结果也会同时选出包含搜索词（即“女性”和“郊区”）的文章，但这两个词在正文中可能并不相邻，进而降低了文章与2016年大选有关的概率。为了粗略地消除这些情况，我们在字符串中添加了以下搜索词：“特朗普”、“选举”和“克林顿”（指希拉里，下同。——译者注）。如此一来，返回的结果更有可能在2016年总统大选的背景下引用譬如“郊区女性”等词。果然，这样减少了结果中返回的文章总数（相对于排除这三个选举术语而言），但比率保持一致，某些情况下甚至有所增加。

另一个挑战是，有些文章以非解释性的方式引用搜索词（例如，描述投票模式）。消除这些情况的唯一方法是阅读每篇文章，并确定它是解释性的还是非解释性的。鉴于我们的数据量超过2000篇文章，我们没有这样操作。

我们首先考虑支持特朗普的词语，然后考虑支持克林顿的词语。在每一种情况下，我们都会先呈现使用最多的词语。这些术语是在获得报纸数据库信息之前确定的。[①] 最后，本附录（而非本论文）考虑了用于帮助解释特朗普获胜的四个非人口统计学词语。

A1 支持特朗普的词语

A1.1 搜索词：（贫困白人）

ProQuest 搜索字符串：pub. Exact［“华盛顿邮报（从1974年到当前的文件）”或“纽约时报（从2008年到近期的文件）”或“华尔街日报（从1923年到当前的文件）”或“纽约时报（从1923年到当前的文件）”或“华尔街日

① 我们确定并搜索了另外两个术语，但没有把它们的完整结果包含在附录中，因为这些搜索结果都不到50个引用。然而，即便使用这些术语，我们的结果也与我们的假设和其他结果一致。这些术语包括：（1）非大学学历（后：9，前：12，比率：1.33）；（2）城乡差距或城乡分歧（后：6，前：12，比率：2）。

报”或“华尔街日报（在线版）”或“华盛顿邮报（从2008年到近期的文件）”］和（贫困白人）和［（特朗普）或（选举）或（克林顿）］。

30天后的文章数量：318

30天前的文章数量：206

比率：1.54

A1.2 搜索词：(工薪阶层男性)

ProQuest 搜索字符串：pub. Exact［“华盛顿邮报（从1974年到当前的文件）”或“纽约时报（从2008年到近期的文件）”或“华尔街日报（从1923年到当前的文件）”或“纽约时报（从1923年到当前的文件）”或“华尔街日报”或“华尔街日报（在线版）”或“华盛顿邮报（从2008年到近期的文件）”］和（工薪阶层男性）和［（特朗普）或（选举）或（克林顿）］。

30天后的文章数量：182

30天前的文章数量：97

比率：1.88

A1.3 搜索词：(蓝领阶层男性)

ProQuest 搜索字符串：pub. Exact［“华盛顿邮报（从1974年到当前的文件）”或“纽约时报（从2008年到近期的文件）”或“华尔街日报（从1923年到当前的文件）”或“纽约时报（从1923年到当前的文件）”或“华尔街日报”或“华尔街日报（在线版）”或“华盛顿邮报（从2008年到近期的文件）］”和（蓝领阶层男性）和［（特朗普）或（选举）或（克林顿）］。

30天后的文章数量：66

30天前的文章数量：30

比率：2.20

A2 支持克林顿的词语

A2.1 搜索词：(郊区女性)

ProQuest 搜索字符串：pub. Exact［“华盛顿邮报（从1974年到当前的文件）”或“纽约时报（从2008年到近期的文件）”或“华尔街日报（从1923年到当前的文件）”或“纽约时报（从1923年到当前的文件）”或“华尔街日报”或“华尔街日报（在线版）”或“华盛顿邮报（从2008年到近期的文件）”］和（郊区女性）和［（特朗普）或（选举）或（克林顿）］。

30 天后的文章数量：50

30 天前的文章数量：87

比率：0.575

A2.2　搜索词：（高学历女性）不是（非高学历）

ProQuest 搜索字符串：pub. Exact［“华盛顿邮报（从 1974 年到当前的文件）”或“纽约时报（从 2008 年到近期的文件）”或“华尔街日报（从 1923 年到当前的文件）”或“纽约时报（从 1923 年到当前的文件）”或“华尔街日报”或“华尔街日报（在线版）”或“华盛顿邮报（从 2008 年到近期的文件）”］和（高学历女性）和［（特朗普）或（选举）或（克林顿）］不是非高学历。

30 天后的文章数量：29

30 天前的文章数量：45

比率：0.644

A2.3　搜索词：（高学历男性）不是（非高学历）

ProQuest 搜索字符串：pub. Exact［“华盛顿邮报（从 1974 年到当前的文件）”或“纽约时报（从 2008 年到近期的文件）”或“华尔街日报（从 1923 年到当前的文件）”或“纽约时报（从 1923 年到当前的文件）”或“华尔街日报”或“华尔街日报（在线版）”或“华盛顿邮报（从 2008 年到近期的文件）”］和（高学历男性）和［（特朗普）或（选举）或（克林顿）］不是非高学历。

30 天后的文章数量：20

30 天前的文章数量：30

比率：0.667

A3　非人口统计学词语

A3.1 搜索词：（民粹主义）或（民粹主义者）

ProQuest 搜索字符串：pub. Exact［“华盛顿邮报（从 1974 年到当前的文件）”或“纽约时报（从 2008 年到近期的文件）”或“华尔街日报（从 1923 年到当前的文件）”或“纽约时报（从 1923 年到当前的文件）”或“华尔街日报”或“华尔街日报（在线版）”或“华盛顿邮报（从 2008 年到近期的文件）”］和［（民粹主义）或（民粹主义者）］和［（特朗普）或（选举）或（克林顿）］。

30 天后的文章数量：595

30 天前的文章数量：259

比率：2.30

A3.2　搜索词：(全球化)

ProQuest 搜索字符串：pub. Exact［“华盛顿邮报（从 1974 年到当前的文件)”或“纽约时报（从 2008 年到近期的文件)”或“华尔街日报（从 1923 年到当前的文件)”或“纽约时报（从 1923 年到当前的文件)”或“华尔街日报”或“华尔街日报（在线版)”或“华盛顿邮报（从 2008 年到近期的文件)”］和（全球化）和［（特朗普）或（选举）或（克林顿)］。

30 天后的文章数量：217

30 天前的文章数量：82

比率：2.65

A3.3　搜索词：(白人民族主义)

ProQuest 搜索字符串：pub. Exact［“华盛顿邮报（从 1974 年到当前的文件)”或“纽约时报（从 2008 年到近期的文件)”或“华尔街日报（从 1923 年到当前的文件)”或“纽约时报（从 1923 年到当前的文件)”或“华尔街日报”或“华尔街日报（在线版)”或“华盛顿邮报（从 2008 年到近期的文件)”］和（白人民族主义）和［（特朗普）或（选举）或（克林顿)］。

30 天后的文章数量：55

30 天前的文章数量：40

比率：2.13

A3.4　搜索词：(全球化受害者）或（抵制全球化)

ProQuest 搜索字符串：pub. Exact［“华盛顿邮报（从 1974 年到当前的文件)”或“纽约时报（从 2008 年到近期的文件)”或“华尔街日报（从 1923 年到当前的文件)”或“纽约时报（从 1923 年到当前的文件)”或“华尔街日报”或“华尔街日报（在线版)”或“华盛顿邮报（从 2008 年到近期的文件)”］和［（全球化受害者）或（抵制全球化)］和［（特朗普）或（选举）或（克林顿)］。

30 天后的文章数量：19

30 天前的文章数量：41

比率：2.16

（颜超凡　译）

比较制度分析

Comparative
Institutional Analysis

Comparative

正在萎缩的资本主义

塞缪尔·鲍尔斯　温迪·卡林

资本主义的一个决定性特征是，在所有者或经理人的控制下使用私有资本品作业，以获取工资，生产用于出售的产品，以获得利润。这一特征是否能描述当今高收入经济体中所做的工作，其中大部分基于知识和关怀（knowledge and care based），且一半以上在公共部门或者是无薪酬的？符合这一特征的地方，资本主义就是组织生产的好方式吗？我们认为，这两个问题的答案都是“并非如此”。

因此，我们特意使用了一个双关标题：资本主义生产体系尚能有效运行的那些经济部门已经规模不大并且还在萎缩，无论是基于道德理由还是经济理

* Samuel Bowles，美国圣塔菲研究所研究教授（Research Professor），圣塔菲研究所行为科学研究项目的负责人，曾任教于哈佛大学、马萨诸塞大学、锡耶纳大学，是马萨诸塞大学的荣休教授。他目前关注的研究领域有：政治层级的理论和实证研究，财富不平等及其长期演变。他的著述被认为具有新马克思主义传统。他对经济学的看法特立独行，并吸收了不同学派的思想，包括他所说的后瓦尔拉斯经济学。Wendy Carlin，伦敦大学学院（UCL）经济学教授，欧洲经济政策研究中心（CEPR）研究员，欧洲经济学会（EEA）会员，其主要研究领域为：宏观经济学、制度与经济表现、转轨经济学。原文“Shrinking Capitalism”发表于 *AEA Papers and Proceedings* 110（2020），第1—6页。——编者注

** 作者感谢圣塔菲研究所行为科学研究项目和圣塔菲图书馆提供的研究支持。感谢 Pranab Bardhan、Tim Besley、Antonio Cabrales、Joshua Cohen、Nancy Folbre、Margaret Levi、Suresh Naidu、Philippe van Parijs、Paul Seabrigh 和 Elisabeth 给予的宝贵评论。

由，当务之急便是制定新的政策范式，设计新的制度，在资本主义生产体系萎缩的同时，保持创新和经济活力。社区衰败和许多国民之间的社会疏离正在助推威权主义运动，在这样一个世界中，反思当前的政策和制度选择对维护和加强自由至关重要。

不完备合同和行为经济学革命为此提供了工具，它们推翻了马歇尔—瓦尔拉斯（Marshall-Walras）传统设想的企业和社会互动。本文将利用这些经济学的最新发展，针对在当前条件下有效运行的经济，勾勒出一个理论框架，这个框架既符合广义自由概念概括的价值观，又大大超越了不断提高的物质生活水平的公平分配，因此能够更好地支持一个更加公正、民主和可持续的社会。

1. 伦理价值观、经济学模型和政策范式

成功的政策范式将一组伦理价值观和有关经济如何运行的模型相结合，它们的一个特点是：追求这些伦理价值有助于模型所代表的经济体的表现。古典自由主义（classical liberalism）依赖于对秩序、反家长制的自由（antipaternalistic liberty）、自治和规则功利主义（rule-utilitarianism）的承诺。这些承诺与基于竞争性市场、私有财产和基数效用的经济学模型相辅相成（对范式的比较见附表1）。

更晚近的经济范式也建立在各种互补的价值观和经济学模型的协同作用之上。对凯恩斯主义经济学家来说，通过政府计划和工会谈判减少经济不安全感、提高贫困人口收入的规范性承诺，与一系列关于储蓄行为、自动稳定机制和总需求的主张相结合。这一范式的一致性和雄辩力都取决于如下事实：通过经济政策和组织来追求其倡导者的价值观，将支持更高、更稳定的产出和就业水平，从而改善总体经济表现。

新自由主义也以类似的方式，提出了一个基于互补经济学模型的消极自由和程序正义的规范框架。将新自由主义哲学及其经济学结合在一起的，是关于人类本性的个人主义和非道德的共有观点，以及关于我们在经济中如何互动（主要是我们如何根据完备合同在竞争市场中交换）的描述。这一范式的主要作者将自利行为人的假设扩展到公共领域，提出了公共选择理论，即政府和工会等其他集体行动者只是特殊利益的寻租者。在这类经济学模型中，基于哲学理由提倡的有限政府也是经济良好运行的必要条件。

将经济学模型和伦理价值观以互补的方式结合起来，这本身并不足以使一

种范式取得成功：要使倡导的政策奏效，经济学模型必须足够接近经验经济（empirical economy）。正如经济现实的变化预示着大萧条后古典自由主义的消亡一样，凯恩斯主义范式也受到了20世纪70年代滞胀的挑战。同样，在全球金融危机之后，随着气候危机日益迫近，人们对新自由主义的幻想也在逐渐破灭。

在新自由主义的后继范式中，将民主、平等和可持续伦理与更基于经验研究的经济学模型相结合，首先必须反思关于交换过程的标准模型，即价格接受者在完备合同下交易。

2. 将经济互动界定为无道德区

在新自由主义的经济学模型中，市场均衡意味着市场出清，每个人当前的交易价值与他的保留选择完全相同。因此，每个经济行为人，无论是雇员、购物者还是借款人，都可以零成本地退出目前的关系。这使得一个人在交换过程中（包括在工作中）经历的任何事情都是自愿的，从而为那些看起来是强制的或道德上可疑的行为和关系开脱。例如，在这类经济学模型中，"经济民主"是一个自相矛盾的词，因为没有什么是需要民主化的。

因此，这类模型给经济互动赋予了一种道德上的治外法权，使普通的道德判断被搁置。道德哲学家戴维·戈捷（David Gauthier，1986，第96—97页）对此有很好的描述："自由（市场）活动的前提确保了任何人都不会受到任何形式的强迫，或任何类型的限制都不会影响他作为独立个体的行为，"他写道，"（因此）道德不适用于完全竞争条件下的市场互动"（第93页）。

因此，经济事务中的伦理问题和公共利益被简化为消除政府对经济决策的干预、维持竞争和确保资产获取的程序公正。肯尼斯·阿罗（Kenneth Arrow，1971，第6页）写道："任何对市场体系运行的抱怨都可以归结为对收入分配的抱怨……（但是）价格体系本身决定收入分配只在维持现状的意义上成立。"

除了这类狭隘的分配正义问题之外，价格还可以发挥道德的作用。其后果就是将更广泛的伦理价值观边缘化，其中之一就是更宽泛的自由观念，它超越了简单的政府不干预论。这种自由观念是谴责一个人支配另一个人的依据，这种支配关系在资本主义公司的雇主和雇员之间司空见惯（Pettit，2014）。

不同于马歇尔—瓦尔拉斯理论中非政治化的企业概念，企业作为一个权力体系，即一个微型计划经济的政治性质，是由罗纳德·科斯在80年前确立的。

他要求他的读者“注意就业合同的性质”：工人“为了一定的报酬同意服从企业家的指令”。事实上，科斯用政治结构来定义企业：“如果一个工人从 Y 部门转移到 X 部门，不是因为相对价格的变化，而是因为他按命令这样做……企业的显著特点是压制价格机制”（Coase，1937，第 387 页、第 389 页）。

对科斯来说，合同的特别之处在于，工人放弃的东西是非强制服从的承诺，而不是雇主为了盈利生产和销售商品所需的东西，即劳动力。在科斯看来，将服从的承诺转化为实际工作的，是资本主义企业的政治结构。

3. 回顾“已解决的政治问题”的经济学

虽然科斯的企业理论是好的经济学，但对那些希望运用自由的标尺捍卫资本主义的人来说，这很尴尬。科斯本人（在他的诺奖演讲中）回忆起其职业生涯开始时的疑惑：“我们如何调和经济学家表述的两种观点：一种是关于价格体系的作用，另一种是关于社会和企业都是有计划的……中央计划经济不可能在我们自己的经济中成功运行?”（Coase，1992，第 715 页）

科斯的企业理论肯定有民主化的成分，也许这有助于解释为什么他的想法从未成为 20 世纪后期教授给本科生的传统经济学范式的一部分。

早在科斯之前，约瑟夫·熊彼特（［1911］1934，第 21 页）就认为，“经济理论的一项基本任务”就是证明雇主并不会对雇员行使不对称的权力。正如奥利弗·哈特所说，只要假设劳动力市场上存在完备合同，就能完成熊彼特提出的任务。但是他又雄辩地反问：“如果所有行为都可以在合同中明确规定，那么让某人‘负责’某一行为或者决策意味着什么呢?”（Hart，1995，第 62 页）

因此，大多数经济学家开始接受一种观点：就业合同与交换汽车或衬衫的合同没有本质区别，在后一类合同中，卖方以一定价格交付汽车或衬衫，而不是做出将来提供商品这种也许不会兑现的承诺。于是，哲学家伊丽莎白·安德森（Elizabeth Anderson，2017）称之为私人政府的企业概念就在经济学中消失了。

律师、商人和雇员都清楚，将完备合同的概念扩展到雇佣关系是不切实际的。但是在 20 世纪中叶，经济学家发现这个概念很合意，因为它消除了经济交换过程中的政治因素，使经济学不必尴尬地面对促使科斯首先研究企业理论的那个问题（注意，那时是冷战时代）。

完备合同假设及其支持的经济互动非政治化的观点构成了一种知识氛围，带来了一些政治后果。在这种知识氛围下，倘若总需求概念没有成为经济学术语的一部分，就难以提倡扩大工人在工作场所的发言权，就像在大萧条之后难以推动失业保险和其他收入替代型转移支付（income-replacing transfer）一样。类似地，如果没有完全竞争的经济学模型支持亚当·斯密的“看不见的手”这一理念，也就难以倡导政府采取自由主义的立场。

因此，我们默认政治谱系上的左派和中间派接受社会民主主义。它主要强调物质生活水平的普遍改善和分配正义，这是社会民主党派和工会努力实现的目标。但是，其代价是工作场所的社会结构广受批评，批评者认为，这种社会结构违反了公认的民主准则，即权力应该受到问责和限制。另一个代价是，人们还认为，企业的层级结构阻碍了人的能力的发展，而这种发展对有效运行的民主社会至关重要。

经济学视角的收窄是模型的错误还是特征，取决于一个人的政治利益。阿巴·勒纳将合同关系称为“经济交易”，他认为（Abar Lerner，1972，第259页）：“经济交易是一个已解决的政治问题。经济学通过选择已解决的政治问题作为其研究领域，获得了社会科学女王的称号。”

勒纳的观点还有另一面，那就是当时已经很小而且越来越受限制的领域，即完备合同的世界。从那时起，这一领域因导致气候危机的非合同性质的环境效应而进一步收缩。这也是因为生产实物产品所需雇用的工人越来越少，而且确定被交换物品的质量或所要完成的任务比许多服务行业更容易（现在，农业、采矿和制造业在美国的雇员加起来不到总人口的七分之一）。

现代信息处理技术，包括监控技术，让更完备的合同得以出现。如网约车服务、配送和其他零工经济（gig economy）部门，采用计件工资式的薪酬是可行的。但是，从经验的角度看，相比于工作大量转移到很难以合同方式将工人的产出贡献和工资相对应的照护、教育、安全、知识生产和分配以及其他服务行业，这些可订立更完备合同的新工作机会微不足道。

因此，鉴于经济中正在发生的这些结构性变化，在新自由主义范式主导20世纪八九十年代的经济政策时，经济理论已经开始向前发展。那时，人们普遍认识到，无论是在劳动力市场，还是在信贷市场和质量参差不齐且难以测度的商品或服务市场，合同都是不完备的。人们对行为革命的兴趣很大程度上源于人们认识到，职业道德或讲真话等社会规范有时可以取代完备合同。

4. 把权力和社会规范带回经济学

由于学科的界限，人们对新理论的规范含义关注较少也就不足为奇了。其中，我们要解释的是，新的微观经济学将权力和社会规范带回了经济学，这可以发挥伦理学和经济学的协同作用，对一个既可以更具伦理力量地批判资本主义经济，又可以探索替代方案的新范式来说，这种协同作用必不可少。

我们从批判资本主义经济开始。如果合同不完备，那么无论是雇主和雇员之间、贷款人和借款人之间，还是在一份可执行合同中无法明确规定质量的某一商品的买卖双方之间，实际的交易条件取决于参与者的社会规范和他们能行使的权力种类。于是，这种交易既是基于政治和规范的，又具有经济性质，因此不仅要接受基于效率和公平的评估，还要接受基于更广泛的自由价值观的评估。

这些交换可以用委托代理模型表示：贷款人或雇主是委托人，借款人或雇员是代理人。这些模型的四个结果解构了经济互动作为无道德区（morality-free zone）的概念。

委托人有凌驾于代理人之上的权力。委托人和代理人之间的关系是政治性的，因为事实上的交易条件由实施制裁的威胁（即委托人终止交易）决定。终止交易对代理人来说代价高昂，其原因在于，为了鼓励辛勤工作、审慎使用借入的资金等，委托人向代理人提供了获得租金的条件，只要交易持续，它就比代理人的下一个最优选择要好。利用收回租金的威胁来保护与代理人冲突的委托人的利益，显然是一种权力的行使。

滥用这一权力对委托人来说可能没有代价。在这种关系中，委托人可以对代理人施加一阶成本（first-order costs），而自己承担的成本几乎为零。例如，雇主规定了雇员的工作条件，包括承受性骚扰、种族侮辱和有害物质。这样做可以实现利润最大化，因为雇主减少员工在这些方面遭受侮辱和危险的防护只需付出二阶（几乎为零的）成本。①

社会规范对实现互利交易至关重要。由于委托人行使权力的效力是有限的，社会规范，例如职业道德或对诚实的承诺，对劳动力市场、信贷市场和其他合同不完备市场的运作来说，至关重要。

由此导致的资源配置是无效率的。委托人的利润最大化和代理人的效用最大化形成了纳什均衡，这个均衡既是帕累托无效率的，又是技术上无效率的。

① 这个结论基于包络定理。直观的说法是，山顶是平的，所以把一小部分从山顶移开（工作条件的变化）实际上对海拔高度（公司的利润）没有影响。

当然，让委托人和代理人的境况得到改善（同时，受影响者的境况不会恶化）的其他结果也是存在的，例如，在劳动力市场中，不同水平的工资和工作努力。在纳什均衡的现状下，雇主也可能修改其劳动纪律方面的策略，例如减少监督和提高工资，这样可以用更少的某种投入（监督）产生相同的产出，又不增加任何其他投入。

权力和社会规范在委托代理关系中的重要性不仅使交易过程具有政治性、社会性和经济性，它还能够支持新的需求和制度设计。例如，在政治学家罗伯特·达尔（Robert Dahl，1977，第9页）所谓的“经济企业的统治者拥有专制权力”的背景下，工作场所（以及经济中的很多其他领域）成为一个舞台，在这个舞台上，一种新的范式可以大力推行民主问责的主张，包括增强工人的个人权利和员工所有权。

认识到社会规范对市场运作至关重要，也促使我们考虑其他可选择的经济组织形式，它们不会破坏团结与合作的规范，反而会更有效地培育、动员和受益于共同的内在动机和利他偏好。最后，当前无效率的制度安排表明，在日益以知识和关怀为基础，因而合同不完备尤其显著的经济中，层级更少和更平等的组织可能有更好的经济绩效。

5. 扩展批判和替代方案的空间

不完备合同的经济学模型和行为经济学的贡献并不是要揭示工作和交易的一些前所未知的方面。管理学、产业社会学、心理学以及经济学的学者都对此进行了研究。相反，它所做的是在经济讨论中开辟一个空间，捍卫有关尊严和民主的价值观，以及强化自由概念的其他要求，并为我们思考旨在推进这些价值观的措施提供了一个分析视角，正如凯恩斯的总需求概念成为二战后旨在减少经济不平等的政策和规范范式的重要组成部分一样。

这一扩展的空间如图1所示，其中实线表示在传统的“政府要么管得更多要么管得更少”的限制下，政策和制度选择的状态空间，由第三极，即公民社会提供的空间中所包含的位置与双极构成的实线上的位置具有相同的含义。① 它们倡导的替代范式和制度位于三角形上，而那些更接近给定顶点的

① 类似的社会互动调节的三方表述（广义上的解释）已经被提出：例如，计划、市场、互惠（Kolm，1984）或官僚、市场和宗族（Ouchi，1980）。对埃莉诺·奥斯特罗姆来说，第三个维度是地方的非正式自治（Ostrom，1990）。

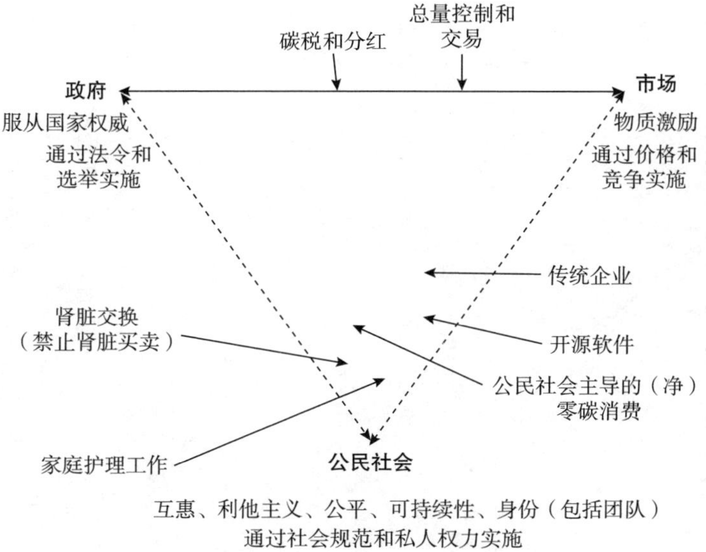

图 1　批判和替代方案的扩展空间

范式和制度，更加强调与该顶点相关的方面。因此，自由放任会出现在右上角，中央计划会出现在左上角，社群主义范式（communitarian paradigm）会出现在底部。

就实的直线而言，问题不在于那里有什么（市场和政府仍将是必不可少的），而在于完全缺失了什么。首先，它没有认识到现代机制设计理论的主要结论，即激励和政府法令有其内在局限，特别是在解决非市场社会互动问题，如气候变化和流行病传播方面。其次，从描述的角度看，它忽略了私人行使权力和社会规范在支撑现代经济方面的重要作用。

图中的政府—市场轴也有其局限性，因为面对那些既非国家也非市场的机构（即企业、家庭和其他私人机构）不负责任地行使权力，它没有为我们提出批评并设计替代方案提供空间。

如图 1 所示，在我们的制度和政策选择中探索非政府和非市场维度，对构建新范式来说至关重要。这就需要我们设想并说明：追求更广泛的自由概念，促进团结、公平、互惠和可持续的相关规范，将如何使现代经济更成功地运行。

我们邀请经济学家和其他人共同迎接这一挑战。

（清华大学经管学院　吴思怡　译）

附表 1　政治经济学范式

政策范式	规范基础（一级）	规范基础的来源	经济学模型（二级）	经济学模型的来源	代表性政策（三级）	日常经济学（四级）
古典自由主义	秩序、规则功利主义、自由、自治（反对社会等级制度和家长制）、平等的尊严	休谟、斯密、潘恩、边沁、约翰·穆勒	劳动分工、专业化、竞争市场、比较优势、李嘉图增长、初始的机制设计、基数效用	曼德维尔、休谟、斯密、李嘉图、边沁	自由贸易、反垄断、国家提供基础设施和私人投资的互补性	“我们期待我们的晚餐不是来自屠夫、酿酒师、面包师的仁慈，而是来自他们对自己利益的考虑……只有乞丐会选择依靠他的同胞的仁慈。” “道德情操”与物质利益的可加性
凯恩斯社会民主主义	团结 安全 公平	托尼、贝弗里奇、比阿特丽斯·韦布（B. Webb）、西德尼·韦布（S. Webb）、托马斯·马歇尔（T. H. Marshall）	总需求、节俭悖论、统一工资、次优理论	庇古/马歇尔、凯恩斯、罗宾逊、卡尔多、梅德纳/雷恩（Meidner/Rehn）	需求管理、税收、转移支付和公共品再分配、平等主义的供给侧政策	高薪工人维持着需求；在经济衰退时，储蓄对家庭来说是明智的，但对政府来说不明智

（续表）

政策范式	规范基础（一级）	规范基础的来源	经济学模型（二级）	经济学模型的来源	代表性政策（三级）	日常经济学（四级）
“新自由主义”	消极（正式）自由 程序正义	米塞斯、哈耶克、诺齐克、戴维·戈捷	谋取私利（个人和政府官员）和竞争市场，没有对效用进行人际比较，帕累托标准	马歇尔/瓦尔拉斯、布坎南、贝克尔、弗里德曼	自由放任、教育券、“负所得税”	“管得越好的政府管得越少”；工会是特殊利益集团；不存在“社会”之说；你付出什么就会得到什么
正在酝酿中的新范式	不受支配的社会关系 话语权、平等尊严 社区 可持续性	哈林顿（Harrington）、罗伯特·达尔、阿马蒂亚·森、菲利普·佩蒂特（Philip Pettit）、范·帕里斯（Phillippe Van Parijs）、伊丽莎白·安德森	委托代理模型中的社会偏好和权力、身份经济学、收益递增、成本递减和多重均衡、网络经济、加强机制设计、基数效用	马克思、熊彼特、科斯、哈耶克、阿克洛夫、斯蒂格利茨、戴维·戈捷、奥斯特罗姆	支持公正和包容性创新的财富再分配，通过房价保险降低风险，工作场所权利和话语权，通过公司治理改革争夺市场；大幅削弱知识产权	有效合作，开源软件和肾脏交易市场的成功，“道德情操”与物质利益的互补性

注：有影响力的范式包括一套完整的规范基础、经济学模型、典型政策和日常讨论经济的典型方式（我们称之为日常经济学）。条目是说明性的，当然并非详尽无遗。破坏前三个范式的经济发展或事件分别如下：对古典自由主义来说，是层级制资本主义企业的合并、日益严重的不平等和大萧条；对凯恩斯主义社会民主来说，是通货膨胀、供给侧约束，以及将政策限制在国家与市场维度的局限性；对“新自由主义”来说，是气候变化、日益严重的不平等以及2007—2008年的全球金融危机。

参考文献

Anderson, Elizabeth S. 2017. *Private Government: How Employers Rule Our Lives (and Why We Don't Talk about It)*. Princeton, NJ: Princeton University Press.

Arrow, Kenneth J. 1971. "Political and Economic Evaluation of Social Effects and Externalities." In *Frontiers of Quantitative Economics*, edited by David A. Kendrick and Michael D. Intriligator, 3 – 23. Amsterdam: North Holland.

Coase, R. H. 1937. "The Nature of the Firm." *Economica* 4 (16): 386 – 405.

Coase, R. H. 1992. "The Institutional Structure of Production." *American Economic Review* 82 (4): 713 – 19.

Dahl, Robert A. 1977. "On Removing Certain Impediments to Democracy in the United States." *Political Science Quarterly* 92 (1): 1 – 20.

Gauthier, David. 1986. *Morals by Agreement*. Oxford: Oxford University Press.

Hart, Oliver. 1995. *Firms, Contracts, and Financial Structure*. Oxford: Oxford University Press.

Kolm, Serge-Christophe. 1984. *La bonne économie: la réciprocitégénérale*. Paris: Presses Universitaires de France.

Lerner, Abba P. 1972. "The Economics and Politics of Consumer Sovereignty." *American Economic Review* 62 (1/2): 258 – 66.

Ostrom, Elinor. 1990. *Governing the Commons: The Evolution of Institutions for Collective Action*. Cambridge: Cambridge University Press.

Ouchi, William G. 1980. "Markets, Bureaucracies, and Clans." *Administrative Science Quarterly* 25 (1): 129 – 41.

Pettit, Philip. 2014. *Just Freedom: A Moral Compass for a Complex World*. New York: W. W. Norton and Company.

Schumpeter, Joseph A. (1911) 1934. *The Theory of Economic Development: An Inquiry into Profits, Capital, redit, Interest, and the Business Cycle*. Cambridge: Harvard University Press.

视界

Horizon

Comparative

健康老龄化的"货币价值"

翁笙和

人口老龄化经济学与医疗保健经济学密不可分。医疗保健支出的增加俨然无可避免，更在全球经济体中占据越来越大的份额。因此，社会对老龄化人口结构的顺利适应将使政策日益关注健康老龄化的需求，进而了解我们投入医疗保健的资源的价值。

任何关于医疗支出的讨论都应该同时探索这一支出的社会价值，后者由质量调整后的医疗支出或医疗保健的净价值衡量，我将在下文讨论这些术语。这种对"货币价值"的关注应该在有关卫生支出的政策辩论中自动产生，就像目前任何关于长寿的讨论都很快引发人们关注健康预期寿命（healthy life expectancy）或质量调整生命年（quality-adjusted life years）那样，并且大多数关于人均生活水平的讨论都会超出 GDP 的范畴，从而考虑更全面的幸福指标。①

---

* Karen Eggleston，斯坦福亚太中心副主任、亚洲卫生政策项目主任，弗里曼·斯伯格里国际问题研究中心（Freeman Spogli Institute for International Studies）高级研究员，主要研究领域为：政府和市场在卫生领域中的作用，亚洲卫生政策，尤其关注中国、日本和韩国；卫生生产率以及长期人口转型的经济学。本文原载于 David Bloom 主编的 VoxEU 的电子书 *Economics of Ageing Populations*（第 12 章）。感谢作者和 VoxEU 的授权。原文可参见 https：//voxeu. org/content/live-long-and-prosper-economics-ageing-populations。——编者注

① 2018 年，Fan 和同事描述了许多被提议为人均 GDP 替代指标或补充指标的重要发展指标，并提出一种包含健康预期寿命和收入差异的新指标（幸福代理指标 = 人均 GDP × 健康预期寿命 × 收入中值 ÷ 平均收入）。准确衡量 GDP 需要考虑质量问题，这对衡量具体 （转下页注）

简而言之，政策制定者应该重视测算并提高医疗保健的“货币价值”。开发评估质量改进和慢性病支出净价值的方法对老龄化社会尤其重要，因为在大多数国家，慢性病医疗支出占公共和私人预算的很大一部分，而且还在不断增加。

提高寿命和改进预防保健护理的经济价值

多项经济研究证实，提高寿命具有宝贵的价值。例如，琼斯和克雷诺（Jones and Klenow，2016）估计，将预期寿命和闲暇时间考虑在内的经济福利消费当量指标显示，一个世纪以来，不止人均收入增长了7倍，经济福利更是增长了20倍。墨菲和托佩尔（Murphy and Topel，2006）估计，对具有代表性的美国人来说，20世纪预期寿命的累计增长价值超过120万美元。在《2035年全球卫生报告》中，《柳叶刀》卫生投资委员会估计，每投入1美元，因感染和母婴健康状况造成的可避免死亡人数普遍减少带来的经济收益为9—20美元（见表1a）。

然而，量化医疗支出的价值不同于测算长寿的经济价值，原因至少有两个：非医疗因素有助于延长寿命，医疗支出则能提高生活质量和寿命。医学治疗可以延长健康寿命，推迟残疾和慢性疾病的发生，从而压制老年病的发病率（Fries，1980）。这或能产生巨大的经济价值，尤其是如果延长生命的年限，让更多人能够在到达虚弱年龄之前工作更长时间的话（Eggleston and Fuchs，2012；Coile et al.，2016）。有研究发现，1992—2008年，美国人的健康生活显著增加，其中最大的改善来自对心血管疾病和视力问题的控制（Chernew et al.，2017）。很多国家的研究表明，现在的老年人通常比前几代人更健康，特别是中等收入国家可以从控制主要慢性病中收获巨大的经济效益（Bloom et al.，2019）。

预防保健护理一般也能带来很大的经济效益，包括适当的儿童和成人疫苗接种（Stack et al.，2011；Bloom et al.，2015；Kaslow et al.，2018）和筛查。对适当的筛查和治疗进行投资不仅可以提高生活质量和延长寿命，还可能降低医疗支出的增长率。譬如，与晚期才被确诊的癌症患者相比，许多早期发现的癌症患者有更大的存活机会，每年增加的治疗费用也更低。即便预防性护理可以延长生命却不省钱，普及适当的筛查通常也是可取的。

不过，这类项目往往面临诸多障碍，特别是在中低收入国家，包括民众对

(接上页注①)卫生投资的价值、社会对老龄化的准备（Chen et al.，2018）以及对长寿的可持续融资甚至更为重要，参见由翁笙和与Mukherjee主编的2019年春季《老龄经济学杂志》（*Journal of the Economics of Ageing*）的专辑《长寿融资》（Financing Longevity）。

筛查的价值缺乏认识，以及注重治愈性治疗而非预防性服务的激励机制。居民几乎从来不会为了寻求改善卫生服务或采取可挽救许多“统计生命”（statistical lives）的措施而上街集会（Viscusi and Aldy，2003）；可是当某个具体的个人被拒绝住院或抢救治疗时，他们又会怒火中烧。因此，卫生资源往往流向治疗性护理而不是预防性服务。此外，由于具有性价比高的筛查科学复杂且不断发展，所以设计合适的普遍筛查方案需要持续进行基于证据的政策调整。以甲状腺癌为例：大量证据表明，在世界许多地区，增加筛查导致了过度诊断和非必要的手术（Vaccarella et al.，2016；Du et al.，2018）。

确定哪些服务和技术并无必要、哪些服务和技术具有高价值，可能颇为困难。因此，我们要做的第一步就是适时跟踪医疗支出情况。政府机构及咨询委员会已经推出更好的方法以汇总医疗保健支出（Atkinson，2005；National Research Council，2010；OECD、Eurostat、WHO，2011）。美国经济分析局开发了一个医疗保健卫星账户，用于跟踪治疗特定疾病的支出并构建基于疾病的新价格指数（Dunn、Rittmueller and Whitmire，2015）。这项努力有助于更好地了解老龄化社会的医疗保健支出情况，同时证明看似不可阻挡的支出增长主要源于接受治疗的个人成本的增加，而不是接受治疗的患者数量的增加。下一步就是纳入一项衡量特定疾病支出价值的标准，即我们是否从投资于治疗特定疾病的资金中获得了价值？

医疗保健对改善健康结果的经济价值

患有特定疾病的个人医疗支出通常都在增加，但是护理结果也更好。正如卡特勒等人（Cutler et al.，1998）在对AMI（急性心肌梗死）的开创性研究中发现的那样，经质量调整的医疗成本实际上可能已经下降。从抑郁症到白内障，许多其他疾病的医学研究都得出了类似的结论（参见表1b）。*

霍尔（Hall，2017）回顾了针对特定疾病的质量调整价格指数的文献。她指出，由于美国经济分析局在其医疗保健卫星账户中创建了新的医疗价格指数，而且必须决定如何根据质量调整这些指数，所以质量调整变得尤其重要。

确定质量变化的价值，比如生存率提高，看起来像是“为无价之宝定价”之类的徒劳之举。但是要奖励价值，首先必须测算价值。通常，卫生经济学家会

---

* Cutler and McClellan（2001）；Shapiro、Shapiro and Wilcox（2001）；Berndt、Bir、Busch、Frank and Normand（2002）；Highfell and Bernstein（2014）；Dunn、Grosse and Zuvekas（2018）；Wamble et al.（2018）.

通过假设每增加一年寿命可带来一定的货币价值（例如10万美元）来测算价值。

因为医疗保健的健康收益很难在不同的服务和疾病中加总，所以，专注于单一重要慢性病的治疗能够让研究人员开发出与严格临床研究相关的质量改进和价值测算标准（例如，因糖尿病患者心脏病发作和中风的预测风险降低而避免的住院率）。

最近，研究人员的一项国际合作在借鉴并扩展早期研究工作的基础上，仔细考察了针对老龄化社会日益流行的一种2型糖尿病的质量调整方法（见表1c）。此前一项面对美国613名患者的小样本研究发现，1997—2005年，糖尿病治疗的净价值为正，每10万美元医疗支出的生命年收益为1050—2215美元；而1991—2009年对821名患者的扩展研究也得到了相似的结论（Eggleston et al.，2009，2011；见表1c）。

有趣的是，针对四个卫生体制中更大更多样化的样本的研究得到了类似的结果。翁笙和等人（2019）分析了2006—2014年患者层面的大型面板数据集，将四个不同卫生体制中的123548名2型糖尿病患者的医疗支出与生物指标联系起来，这四个卫生体制其中一个在欧洲（荷兰），三个在东亚（日本、中国香港和中国台湾）。他们采用“生活成本”方法（Cutler et al.，1998）测量医疗保健的净价值，这种方法与环境资源和发展经济学中的“生命年价值”方法（可参见Nordhaus，2002）有着某种关联。净价值是指在基线期和最终期之间，将年龄和确诊时间维持在基线值［可调整风险（modifiable risk）］不变的水平，扣除每位患者每年实际增加的可调整支出后，任何生存率提高的当前贴现货币价值。

表1　研究医疗保健支出时考虑价值的重要性

表1a　有关寿命延长之经济价值的描述性研究

	墨菲和托佩尔（Murphy and Topel，2006）	琼斯和克雷诺（Jones and Klenow，2016）	《2035年全球卫生报告》（Global Health 2035report）
研究背景	美国	美国	全球
测算指标	20世纪代表性个人预期寿命的现值	生存状况改善和闲暇增加的价值	感染疾病、母婴健康状况导致的可避免的死亡人数普遍减少
测算结果	经济价值逾120万美元	一个世纪内提高20倍（相比之下，人均收入只提高了7倍）	每1美元投资创造的经济价值为9—20美元

表 1b　关于医疗保健对改善健康结果的经济价值的相关研究

	卡特勒等（Cutler et al.，1998）	卡特勒和麦克莱伦（Cutler and McClellan，2001）	伯恩德特等（Berndt et al.，2002）	海费尔和伯恩斯特（Highfell and Bernstein，2014）	罗姆利、古德曼和苏德（Romley、Goldman and Sood，2015）	霍尔特、贾菲和菲利普森（Hult、Jaffe and Philipson，2018）	达乌达、邓恩和霍尔（Dauda、Dunn and Hall，2019）
研究背景	美国	美国	美国	美国	美国	成本收益研究，主要来自美国和欧盟	成本收益研究，主要来自美国和欧盟，以及美国医疗保险数据
患病状况	AMI（急性心肌梗死）	AMI、低出生体重儿、抑郁症、白内障、乳腺癌	抑郁症	30 种慢性病	AMI、心力衰竭、肺炎	广泛的治疗方法和患病状况	广泛的治疗方法和患病状况
结果	改善质量的价值大于支出增长：经质量调整后的价格下降	改善质量的价值大于支出增长（乳腺癌除外，其收益和成本的增长幅度相同）	成功治疗重度抑郁症急性期患者的增量成本普遍下降	治疗的净价值为正并且有所增长，使得每位患者以较低的成本获得更好的健康结果	如果考虑质量变化的价值，则生产率年增长率分别为 1.9%、0.78%和 0.62%		

表 1c　个案研究：糖尿病

	翁笙和等（Eggleston et al.，2009）	翁笙和等（2011）	万布尔等（Wamble et al.，2019）	翁笙和等（Chen，Eggleston and lizuka，2018）	翁笙和等人（2019）
研究背景	美国（罗切斯特梅奥诊所）	美国（罗切斯特梅奥诊所）	美国［医疗费用委员会调查（MEPS）、全球疾病负担研究（GBD）］	日本（劳动年龄人口）	日本、荷兰、中国香港、中国台湾
时间	1997—2005 年	1999—2009 年	1996—2015 年	2010—2014 年	2006—2014 年
样本规模	613 人	821 人	汇总数据	7432 人	123548 人
健康结果的指标：质量是否提高	致命和非致命心血管风险的改善（来自风险预测模型）		以经残疾调整后的生命年衡量的健康改善	全因死亡率的下降（来自特定人群风险预测模型）	
净价值是正值吗？（假设一年健康生命价值 10 万美元）或其他医疗支出价值衡量标准	正净价值：1050 美元（结果模型）；2215 美元（英国糖尿病前瞻性研究）	正净价值（对于价值 20 万美元的生命年，净价值为 9094 美元）	累计的成本收益比（Incremental cost-effec-tiveness ratio）为 6377 美元（人均成本增加额为 560 美元）	正净价值	正净价值

他们的研究结果表明，提高生存率的价值超过了每个卫生体制平均增加的医疗费用。以日本为例，研究者（Chen、Eggleston and Iizuka，2018）发现，价值10万美元的1生命年（life-year）的正净价值为2595美元（图1）。为了比较四个卫生体制和不同患者样本的净价值，作者按年龄和性别将样本标准化为世界卫生组织（WHO）的世界标准人群。标准化后，价值10万美元的生命年的平均净价值在600美元至1万美元之间。尽管作者非常保守地将所有医疗支出都归因于糖尿病，但就算假设只有一半的生存收益（survival gains）来自医疗保健，净价值仍然为正。我们发现，在所有四个卫生体制中，经质量调整后的“生活成本”这一治疗糖尿病的医疗价格指数一直在下降，这个结果对于各种敏感性分析都是稳健的，包括选择性生存率（selective survival）、临终医疗支出，以及医疗支出带来的一定范围内的生命年价值或生存收益率。

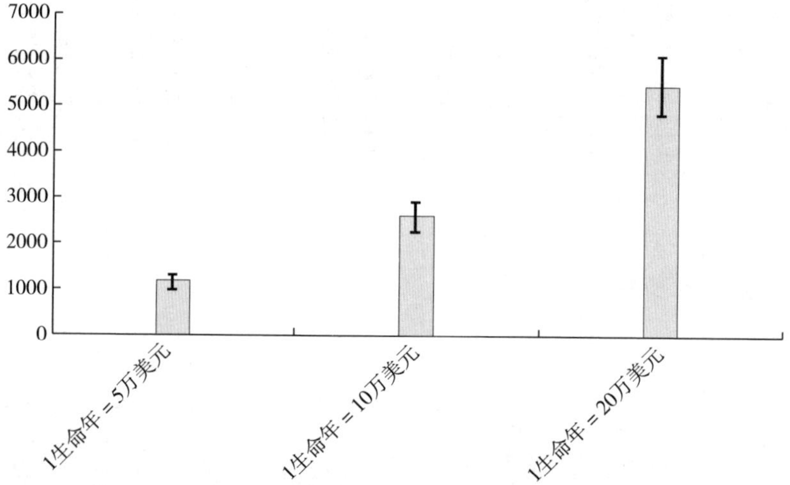

图1 日本糖尿病患者可调整死亡风险改善的平均净价值

资料来源：Chen、Eggleston and Iizuka（2018）。

所有年龄组的净价值均为正值（见图2）：甚至在绝对死亡风险相对较小且相对年轻的壮年糖尿病患者（40—50岁）中，可调整死亡风险小幅下降产生的货币价值也超过了由此增加的医疗支出。此外，对远远超出传统退休年龄的个人而言，净价值也显著为正。这些结果表明，持续投资于可提供相称或更高价值健康结果的治疗十分重要。

对政策来说，最重要的是能否监督和促进增加净价值的创新。譬如，斯金

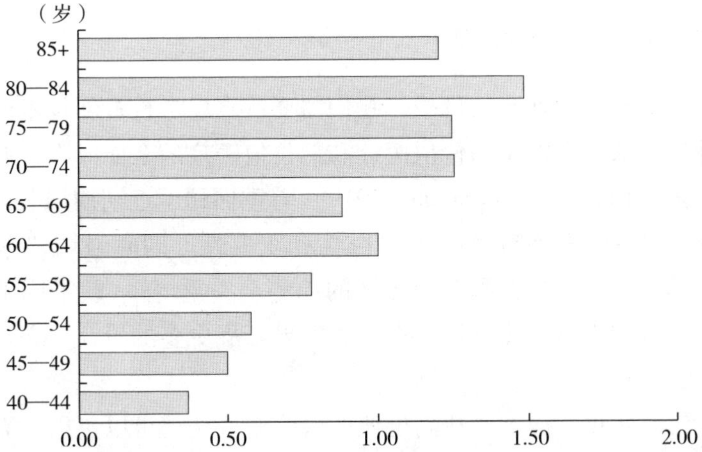

图 2　按年龄组划分的净价值，与各卫生体制（日本、荷兰、中国香港、中国台湾）中 60—64 岁个人的平均净价值比较

资料来源：基于 Eggleston et al. （2019） 的数据。

纳和施泰格（Skinner and Staiger，2015）证明，有效技术选择倾向上的微小差异导致了美国各医院之间形成巨大的生产率差异。其他相关的研究包括对诊所和医院护理净价值的比较分析，以及对直接给患者配药的医生是否会提高患者服药依从性的研究（Chen、Eggleston and Iizuka，2018）。

考虑质量变化可能会导致医疗保健服务生产率的根本差异。例如，罗姆利、戈德曼和索德（Romley、Goldman and Sood，2015）在研究 2002—2011 年美国医院治疗心脏病、心力衰竭和肺炎医保患者的生产率增长时，根据患者病情严重程度和健康结果的趋势进行了调整。和我们的研究一样，他们发现未经调整的生产率增长是负值（类似于负的净价值），而对质量变化进行适当调整后显示，生产率的年增长率显著为正：治疗肺炎、心脏病和心力衰竭的生产率增长率分别是 1.9%、0.78% 和 0.62%（见表 1）。

即使考虑到经质量调整的平均价格不断下降这一事实，也有必要解决扭曲的支付激励和市场势力问题，这些因素人为抬高了价格及其增长率，特别是在促进竞争和患者选择的卫生体制中。对政策研究来说，经质量调整的价格指数是补充而不是替代反垄断执法、支付方式改革、参考定价的使用，以及为性价比高的转诊提供激励（Cooper et al.，2019）。

测量健康老龄化的经济价值

总之，面对老龄化社会的挑战，我们需要认真思考投资新技术治疗慢性病的价值，并避免那些会扼杀高价值医疗和低价值医疗的全面成本控制措施。邓恩和费尔南多（Dunn and Fernando，2019）着重回顾了近期使用美国数据开展的其他研究，讨论这些研究路线的艰巨性和重要性，同时强调“这些努力对更广泛地了解医疗保健行业和美国经济的趋势至关重要”。就不同卫生体制之间经质量调整后的价格变化是否存在显著差异开展更多的研究，必将大大推动这项努力。

与应对气候变化一样，要让高价值的医疗服务变得可以负担，需要在严谨研究的基础上制定协调一致的政策措施。不测量净价值的成本控制可能会阻碍或延迟重要的突破。100 岁及以上的健康老龄化，需要有弹性地持续测算为健康老龄化进行创新的价值，并奖励那些带来高净价值的创新。提供资金以公平获取这些创新是艰巨的挑战，但不失为一次机遇。政策制定者无须等待全球集体行动，现在就可以采取措施测算健康老龄化的价值和回报。

（*颜超凡　译*）

参考文献

Atkinson，T. （2005）. Atkinson Review：Final report. Measurement of Government Output and Productivity for the National Accounts. Hampshire，England：Palgrave-Macmillan.

Berndt，E. R.，Bir，A.，Busch，S. H.，Frank，R. G.，& Normand，S. L. T. （2002）. The medical treatment of depression，1991 – 1996：productive inefficiency，expected outcome variations，and price indexes. *Journal of Health Economics*，21 （3），373 – 396.

Bloom，D. E. （2015）. Valuing vaccines：deficiencies and remedies. *Vaccine*，33，B29 – B33.

Bloom，D. E.，Chen，S.，Kuhn，M.，McGovern，M. E.，Oxley，L.，& Prettner，K. （2019）. The economic burden of chronic diseases：estimates and projections for China，Japan，and South Korea. Forthcoming，*The Journal of the Economics of Ageing*.

Chen，B.，Iizuka，T.，& Eggleston，K. （2018）. Estimating the Social Value of NCD Control：Evidence from Japan. Stanford University Asia Health Policy Program working paper. Earlier versions were presented at ECHE 2014 and iHEA 2017.

Chen，C.，Goldman，D. P.，Zissimopoulos，J.，& Rowe，J. W. （2018）. Multidimensional comparison of countries' adaptation to societal aging. *Proceedings of the National Academy of Sciences*，115 （37），9169 – 9174.

Chernew，Michael，David M. Cutler，Kaushik Ghosh，and Mary Beth Landrum，"Understanding the Improvement in Disability-Free Life Expectancy in the US Elderly Population，" *Insights in the Economics of Aging*

(2017): 161.

Cooper, Z., Craig, S., Gaynor, M., Harish, N. J., Krumholz, H. M., & Van Reenen, J. (2019). Hospital Prices Grew Substantially Faster Than Physician Prices For Hospital-Based Care In 2007 – 14. *Health Affairs*, 38 (2), 184 – 189.

Du, L., Wang, Y., Sun, X., Li, H., Geng, X., Ge, M., & Zhu, Y. (2018). Thyroid cancer: Trends in incidence, mortality and clinical-pathological patterns in Zhejiang Province, Southeast China. *BMC Cancer*, 18 (1). doi: 10.1186/s12885 – 018 – 4081 – 7.

Dunn, A., Rittmueller, L., and Whitmire, B. (2015). Introducing the New BEA Health Care Satellite Account. Survey of Current Business 95 (1). Available at http://www.bea.gov/scb/pdf/2015/01%20January/0115_bea_health_care_satellite_account.pdf.

Coile, Courtney, Kevin Milligan, and David A. Wise, "Introduction to Social Security Programs and Retirement Around the World: The Capacity to Work at Older Ages," in *Social Security Programs and Retirement Around the World: The Capacity to Work at Older Ages*, (University of Chicago Press, 2016), 1 – 33.

Cutler, D. M., McClellan, M., Newhouse, J. P., & Remler, D. (1998). Are medical prices declining? Evidence from heart attack treatments. *The Quarterly Journal of Economics*, 113 (4), 991 – 1024.

Cutler, D. M., & McClellan, M. (2001). Is technological change in medicine worth it?. *Health affairs*, 20 (5), 11 – 29.

Dunn, Abe, Lasanthi Fernando. "Medical Expenditures Are Likely "Worth It." But Can We Measure How Much They Are Worth? " Health Affairs Blog, February 20, 2019. DOI: 10.1377/hblog20190215.71093.

Eggleston, K. N., Shah, N. D., Smith, S. A., Wagie, A. E., Williams, A. R., Grossman, J. H., ... & Newhouse, J. P. (2009). The net value of health care for patients with type 2 diabetes, 1997 to 2005. *Annals of Internal Medicine*, 151 (6), 386 – 393.

Eggleston, K. N., Shah, N. D., Smith, S. A., Berndt, E. R., & Newhouse, J. P. (2011). Quality adjustment for health care spending on chronic disease: Evidence from diabetes treatment, 1999 – 2009. *American Economic Review: Papers and Proceedings*, 101 (3), 206 – 11.

Eggleston, K. N., & Fuchs, V. R. (2012). The new demographic transition: most gains in life expectancy now realized late in life. *Journal of Economic Perspectives*, 26 (3), 137 – 56.

Eggleston, Karen, Brian K. Chen, Ying Isabel Chen, Talitha Feenstra, Toshiaki Iizuka, Janet Tinkei Lam, Gabriel M. Leung, Jui-fen Rachel Lu, Joseph P. Newhouse, Jianchao Quan, Beatriz Rodriguez-Sanchez, and Jeroen Struijs. 2019. Are Quality-Adjusted Medical Prices Declining for Chronic Disease? Evidence from Four Health Systems. Stanford Asia Health Policy Program working paper, April 2019.

Fan, V. Y., Bloom, D. E., Ogbuoji, O., Prettner, K., & Yamey, G. (2018). Valuing health as development: going beyond gross domestic product. *Bmj*, 363, k4371.

Fries, J. F. (1983). The compression of morbidity. *The Milbank Memorial Fund Quarterly. Health and Society*, 397 – 419.

Fuchs, V. R. (2004). Reflections on the socio-economic correlates of health. *Journal of Health Economics*, 23 (4), 653 – 661.

Hall, Anne E. (2017). Adjusting the Measurement of the Output of the Medical Sector for Quality: A Review of the Literature. *Medical Care Research and Review* 74.6: 639 – 667.

Highfell, T., & E. Bernstein. (2014). Using Disability Adjusted Life Years to Value the Treatment of Thirty Chronic Conditions in the U. S. from 1987 – 2010. Available at http://www.bea.gov/system/files/papers/WP2014 – 9. pdf.

Jamison D, Yamey G, Beyeler N, Wadge H. Investing in health: the economic case. Doha, Qatar: World Innovation Summit for Health; 2016. http://www.wish.org.qa/wp-content/ uploads/2018/01/IMPJ4495_WISH_Investing_in_Health_WEB. pdf.

Jones, C. I., & Klenow, P. J. (2016). Beyond GDP? Welfare across countries and time. *American Economic Review*, 106 (9), 2426 – 57.

Kaslow, D. C., Black, S., Bloom, D. E., Datla, M., Salisbury, D., & Rappuoli, R. (2018).

Vaccine candidates for poor nations are going to waste. *Nature* 564, 337 – 339 doi: 10. 1038/d41586 – 018 – 07758 – 3.

National Research Council (2010) . Accounting for Health and Health Care: Approaches to Measuring the Sources and Costs of Their Improvement. Panel to Advance a Research Program on the Design of National Health Accounts, Committee on National Statistics, Division of Behavioral and Social Sciences and Education. Washington, DC: National Academies Press.

Murphy, K. M. , & Topel, R. H. (2006) . The value of health and longevity. *Journal of Political Economy*, 114 (5), 871 – 904.

Neumann, Peter J. , Ganiats, Theodore G. , Louise B. Russell, Gillian D. Sanders, and Joanna E. Siegel, eds. *Cost Effectiveness in Health and Medicine*. Oxford University Press, 2017.

Nordhaus WD. The health of nations: the contribution of improved health to living standards. National Bureau of Economic Research, 200210. 3386/w8818.

OECD, Eurostat, WHO (2011) . A System of Health Accounts. OECD Publishing.

Romley, J. A. , Goldman, D. P. , & Sood, N. (2015) . US hospitals experienced substantial productivity growth during 2002 – 11. *Health Affairs*, 34 (3), 511 – 518.

Shapiro, I. , Shapiro, M. D. , & Wilcox, D. (2001) . *Measuring the value of cataract surgery. In medical care Output and Productivity* (pp. 411 – 438) . University of Chicago Press.

Stack, M. L. , Ozawa, S. , Bishai, D. M. , Mirelman, A. , Tam, Y. , Niessen, L. , . . . & Levine, O. S. (2011) . Estimated economic benefits during the 'decade of vaccines' include treatment savings, gains in labor productivity. *Health affairs*, 30 (6), 1021 – 1028.

Vaccarella, S. , Franceschi, S. , Bray, F. , Wild, C. P. , Plummer, M. , & Dal Maso, L. (2016) . Worldwide thyroid-cancer epidemic? The increasing impact of overdiagnosis. *New England Journal of Medicine*, 375 (7), 614 – 617.

Viscusi WK, Aldy JE. (2003) . The value of a statistical life: a critical review of market estimates throughout the world. *Journal of Risk and Uncertainty* 27: 5 – 76.

中国经济

China's Economy

Comparative

经济增长方式转型中的创新政策

唐杰　戴欣　潘强　张致鹏　袁帅

党的十八大开启了我国经济增长向高质量转型的新征程。创新是经济增长从速度数量型转向创新驱动的内在要求和核心标志。创新是活跃的海量市场主体竞争生存的过程，是弥漫于全社会的创新创业的氛围。在空间上聚集的海量创新企业不仅产生了共享学习匹配的邻近效应，推动了知识溢出，创造了内生的知识积累，形成了创新聚集的源流，还构成了分工产业链，带来了差异化生产的规模收益递增，持续的创造性破坏的产业升级。而不断完善的市场机制则激发企业以创新求生存的动力，是政府创新政策的基础。创新政策的本质是鼓励竞争，推动经济在创新中求发展，是经济增长方式转型的重要政策工具。

一、空间集聚型创新的理论观点

我们很难确定，从何时起我国学术界用产业政策指证政府干预经济活动的有效性。有关产业政策的有效性一直是有争议的话题。本文讨论的是，当我国走

* 本文基于深圳市科技创新委课题 NO. GGFW2016081915584777。课题负责人黄成，哈尔滨工业大学（深圳）经济管理学院执行院长。报告执笔人：潘强、唐杰、戴欣、李珏、张致鹏、苗蕾、江涛、王梦、崔文岳、袁帅。参加讨论的有陈倬琼、王睿新、董耀徽、尹德云、张猛。课题组感谢聂新平、梁永生教授在研究过程中给予的指导。感谢南开大学冼国明教授认真审读了报告初稿并提出了全面而详尽的修改意见。作者特别感谢匿名审稿人提出的多轮重大修改意见。当然，文责自负。

向创新驱动的经济发展模式时，产业政策不应当是政府介入经济活动的主要政策工具。创新政策应当成为政府，特别是地方政府推动产业升级的主要政策工具。

阿吉翁等人（2017）认为，管理得当的产业政策（sectoral policies），尤其是有利于促进竞争的产业政策，可以促进生产率的增长。竞争与设计得当的产业政策在催生创新、促进生产率增长方面能够发挥互补作用。① 李晓萍和江飞涛（2019）指出，多数发达国家在其发展过程中在不同程度上，曾以不同方式实施过产业政策。中国需要推动产业政策转型，实施更加基于市场、更有效的产业政策。② 尽管如此，产业政策仍不可避免地要借助于或强或弱的微观管制，将特定的产业部门与其他部门区隔开来，以达到政策支持的目标。为特定部门和企业制定的包括补贴、税收减免、优惠贷款和关税及相关政策，也在一定程度上扭曲了市场价格体系。产业政策成功依赖于充分的产业技术和市场信息。在别人走过的路上，推动跟随性的赶超型增长，可以从容地总结先行者的经验教育，面对相对成熟的产业组织方式、相对稳定的技术、相对可预期的市场供给关系，以及较完善的信息。但是，前沿领域的创新突破具有典型的动态随机特征，面对信息不完全性和技术不确定性，产业政策实施的难度会上升，成功率会下降。考虑到科技革命时代创新要素高度集中于城市与城市群，推动空间聚集型创新政策是非常重要的。③ 产业政策以多种优惠政策为工具，实施过程中也会面对行政边界的限制，超出行政边界就不能享受优惠政策，在客观上形成并加剧产业链的空间断裂，加剧了行政区间的市场割裂。因此，慎用产业政策与提高产业政策效率是一枚硬币的两面。高质量增长时期，产业政策工具的使用应当是少而精，而不是广而泛。摒弃直接干预、限制竞争的传统

---

① 阿吉翁、蔡婧等人，《产业政策和竞争》，《比较》第82辑，中信出版集团，2016年。

② 李晓萍和江飞涛，《中国产业政策的制定程序与组织机制研究》，《比较》第102辑，中信出版集团，2019年。

③ Pierre-Alexandre Balland，Cristian Jara-Figueroa，Sergio G. Petralia，Mathieu P. A. Steijn，David L. Rigby & César A. Hidalgo，Complex economic activities concentrate in large cities，*Nature Human Behaviour*（2020）vol. 4，pp. 248 – 254. 过去150年复杂创新技术的城市集中度不断增加，并随每次工业革命加速。在技术发展初期，前沿产业专利主要在大城市集聚，技术成熟后呈下降趋势。2000年，旧金山湾区每10万人产生超过139项专利，占美国所有专利的12%。15年后，湾区每10万人专利为340余项，占美国所有专利的18%以上。重要原因是，创新时代多样化创新人才持续向大城市和特大型城市集聚。大城市从制造之都转向创新之都。计算机软硬件、神经科学、专业和科学活动、计算数学等前沿创新领域专利集中度的城市规模弹性远高于传统技术。

产业政策做法，让产业政策成为促进竞争、提升市场功能的辅助手段，将是我国产业政策理论和实践的历史性转变。① 逐步淘汰省区市层级的产业政策工具，实施空间聚集型的创新政策，是值得高度关注的政策研究方向。

众所周知，罗默的内生增长理论开创了创新增长研究②，为经济增长从做大走向做强做优，提供了坚实的理论基础。罗默的问题是，市场经济如何通过逐利的研究开发活动发展出新技术？他的解释是，知识创造具有双重属性：非竞争性和排他性。非竞争性提升了社会可共享的知识累积量；排他性提供了知识创造的激励。垄断竞争创新收益是研发活动的驱动力，企业创新竞争具有规模收益递增的性质。

空间经济学/新经济地理学以分工专业化论证了规模收益递增与空间聚集效率，探讨了分工专业化与创新的关系。藤田昌久等人（Fujita and Ogawa 1980，1982；Krugman，1991）先后将迪克西特—斯蒂格利茨模型引入空间经济分析，证明了没有空间的经济增长是不存在的，解决了长期以来经济增长与产业分析无法“落地”的难题。借助于简约明快的基准模型，即两种生产要素、两种产品和两个区域的空间集聚模型，证明了消费者存在差异性产品偏好，社会稀缺资源分配于有限产品生产，存在空间规模收益递增的均衡。新经济地理学对缪尔达尔（1957）观察到的经济累积循环使空间差异持续扩大（如世界范围的南北差距、一国内部区域之间差异），给出了令人信服的理论解释。在克鲁格曼和滕田昌久的视界里，区域之间因异质而存在贸易。任意厂商均可凭借差异化生产获得市场份额，由于产品不能被简单替代，厂商可以获得规模收益。先行区域 A 生产的产品品种增加，价格水平会降低，市场规模扩大，厂商会进一步聚集，产生了先行区域 A 对后发区域 B 的虹吸效应。当生产品种细分为中间产品和最终产品时，中间产品矩阵的品种有可能将本地市场放大为吞噬其他区域发展机会的“黑洞”效应。假设每一家企业只生产一种专业化产品，企业数量就是产品品种数。当企业的固定资本一定，且资本劳动比不变，可求得区域 A 的专业化劳动力数量。在新经济地理学最初的逻辑架构中③，产品品种简单决定于消费者对多样化产品的偏好以及产品之间的边

① 吴敬琏，《产业政策的研讨需要深化》，《比较》第 87 辑，中信出版集团，2017 年。

② 诺贝尔经济学奖评委会对 2018 年诺贝尔经济学奖得主保罗·罗默和威廉·诺德豪斯学术贡献的总结报告，《经济增长、技术变革与气候变化》，《比较》第 99 辑，中信出版集团，2018 年。

③ Fujita，M.，Krugman，P.，Venables，A. J.，1999b. *The Spatial Economy. Cities，Regions and International Trade.* The MIT Press，Cambridge（Mass.）.

际可替代率，在此条件下规模收益递增是外生的。藤田昌久等人（Fujita and Thisse，2002；Baldwin and Martin，2004）证明，空间集聚与创新活动有关，规模收益递增是源于空间集聚的内生结果。① 创新的本质是生产专业化和产品差异化的空间活动（Fujita，2009）。② 不失一般性的推论是，当产业技术持续随机动态变革时，每一家厂商都可能通过创新获得规模收益递增的优势，在竞争中获得产业集群中差异化生产的位置。创新竞争与创新生存是企业无法回避的选择，创新是可识别的空间创新聚集过程。亚伦（Aaron Chatterji et al.，2013）等人的实证研究发现，地方政府广泛追逐引入大企业，由此形成的"烟囱竞争"，需要让位于营造良好创新环境的竞争。③ 由于区位条件和贸易成本变化是影响空间集聚与扩散的重要因素，政府改善区域基础设施，提升创新能力、消除行政壁垒和更广泛的市场化改革，有利于实现经济转型和落后地区的追赶。

本文基于新经济地理学框架，讨论空间集聚与分工专业化成就的空间创新过程并对创新政策效果的实证检验。其中包括如下内容：

首先，创新不唯大企业马首是瞻，中小企业也是重要的创新主体。亚伦等人指出，全能式的大企业限制了分工，会形成不利于创新的孤岛效应。相对于西雅图和旧金山等全球著名的创新城市，在大企业主导的美国大城市，创新活动并不活跃，经济也不繁荣，发展也缺乏潜力。④ 自熊彼特（1912）提出创新蜂聚的概念以来，企业是创新的主体，市场机制是创新驱动力量，已经形成广泛的共识。熊彼特的创新蜂聚不只是企业数量，还在于企业利用经济周期中要素价格的

---

① Fujita. M and Thisse，F. Jacque，*Economics of Agglomeration：Cities，Industrial Location，and Regional Growth*. United Kingdom：Cambridge university Press 2002. Baldwin，Richard and Martin，Philippe. "Agglomaration and regional growth"，In：Henderson Vernon，Thisse Jacues-Francois，eds. *Handbook of Regional and Urban Economics*，Vol. 4，Elseviser 2004.

② Masahisa Fujita，Jacques-François Thisse，"New Economic Geography：An appraisal on the occasion of Paul Krugman's 2008 Nobel Prize in Economic Sciences，" *Regional Science and Urban Economics* 39（2009），pp109 – 119.

③ Aaron Chatterji，Edward L. Glaeser，William R. Kerr，Clusters of Entrepreneurship and Innovation，http：//www. nber. org/papers/w19013。在现实中，崇尚大企业的传统是否有利于激励创新，是广受争议的话题。几十年来，地方官员追求就业增长的共同智慧是吸引大公司来本地。这种"烟囱竞争"导致许多地方政府相互竞价，为大企业投资提供奖励。然而，企业集群的成功挑战了这种传统智慧，探讨促进本地创新创业理念和相关政策的有效性，成为新的研究热点，很多政策制定者开始调整思路，致力于在本区域内打造下一个硅谷，培育创新创业企业，支持热点产业集群发展。

④ 同本页脚注①。

系统性变化，发现新的投资机会。足够多的蜂聚创新会以新的生产方式和商业模式淘汰落后，造就创造性破坏。① 专业化分工的中小型创新企业蜂聚在一起，既强化了竞争，也产生了广泛的创新激励与示范协同效应。从实证研究角度看，创新政策实施的前提应当是，有足够显著的中小创新企业空间聚集簇群，创新投入与创新成果应当足够突出，企业创新活动内生于竞争生存的制度性，创新带动经济发展转型可以识别。分工的规模收益递增演化为更加细密的分工体系。

其次，创新是产业链节点的占位竞争。企业是分工的产物，也决定着分工的深化。进入分工体系的企业越多，产业集群规模的扩张越快，同时分工深化也推动了产业集群水平的提升，最终形成众人拾柴火焰高式的“滚雪球”效应。这是创新集群增长的常态（阿吉翁，2014）。② 在同一产业集群内，企业的创新蜂聚存在两种集群效应：前者是创新企业之间为争夺分工产业链节点位置而竞争；后者是分工产业链承载了上下游企业间的知识传播，竞争与协同往往同时发生。要素聚集与产业链扩张相互刺激。持续的分工深化决定于企业间的市场合约体系发育状况。政府行政干预多，管制多，市场合约体系落后，分工就难以深化。合约体系健全，分工细化，产业链上的企业就越多，产业集群扩张也就越快。占位企业在连续不断的竞争中获得了产业链上的节点地位，但这不是一个稳定的位置。新来的创新者会将迟暮的占位者挑落马下，大企业败给中小企业的竞争推动了产业链升级。产业多样性意味着产业结构的高级化，这是中小微创新企业持续向上攀登的通道（Braunerhjelm，2018）。③ 分工从大的产业持续向具体的产业链和产业集群渗透，形成了看似相同但细分化差异极其鲜明的产业结构。

再次，创新蜂聚是空间邻近的共享、学习与匹配过程。过去 40 年，信息技术革命引发了跨学科的交叉融合，网络技术、数据算法与人工智能正在成为数字产业发展的底层技术，也成为传统产业走数字化道路所倚重的通用技术。行业内与行业间因采用通用技术而形成企业之间相互的知识外溢。行业技术标准决定了行业的通用技术，构成行业内共享的知识公地。在高度细分化的产业体系中，产业基础能力决定了产业的瓶颈短板。基础零部件、基础元器件、基

---

① 熊彼特，《经济发展理论》，商务印书馆，1990 年。

② 菲利普·阿吉翁，《寻求竞争力：对中国增长政策设计的启示》，《比较》第 63 辑，中信出版集团，2014 年。

③ S. Rosenthal, William C. Strange, “How Close Is Close? The Spatial Reach of Agglomeration Economies,” *Journal of Economic Perspectives*, Volume 34, Number 3 (Summer 2020), pp 27 – 49.

础软件、基础材料、基础工艺和基础加工技术往往掌握在分散的中小企业手中。从这一意义上说，处于产业集群顶部的大企业不是产业链的主宰者，而是组织串联者与利益分享者。大企业推出新产品系列，需要向自己的供应商公开相关技术标准和系统接口进行共同研发。中小企业凭借基础能力获得集群内公共知识的分享权。供应商名单越长，分工越复杂，共享性知识积累越多。此外，企业间的空间邻近性也会增加知识共享、分享和相互学习与匹配的机会。这种集聚共享的机制，可以在城市群之间观察到，可以在城市内部观察到，甚至可以在城市街区的小尺度空间上观察到（S. Rosenthal，2020）。① 企业间信息和知识传递，促进了创新相互协同，降低了创新主体从事创新活动的风险，提升了内生的空间集聚的正外部性。②

最后，创新政策不是挑选少数赢家，而是要创造更多的赢家。在阿吉翁等人（2015）的语境中，这是提升创新吸收能力的过程。一个部门或一个国家的创新往往基于另一个部门或国家的创新产生的知识，吸收能力与外部知识是互补的。创新政策是提高创新吸收能力的增长政策。③ 创新政策的核心是提高创新能力和投入，放大知识外溢效应和创新投入的功率。这是创新政策与产业政策差异的核心点。阿罗（1962）最早提出了知识与知识产业化之间鸿沟的概念。④ 奥德

---

① S. Rosenthal，William C. Strange，"How Close Is Close? The Spatial Reach of Agglomeration Economies，" *Journal of Economic Perspectives*，Volume 34，Number 3（Summer 2020），pp27 – 49.

② Aghion 等人（2001）发现，对于合理的数值参数，更多的产品市场竞争通过增加企业逃避竞争的激励来刺激创新。相比之下，Aghion 等人（2005）发现竞争和创新之间存在不明确的（倒 U 形）关系。竞争和生产率之间呈现一种非线性关系，其系数在较低的水平上提高，在较高的水平上滑落。

③ Philippe Aghion and Xavier Jaravel，"Knowledge Spillovers，Innovation and Growth，" *The Economic Journal*，125（March），pp. 533 – 573. Aghion P，Howitt P，"A Model of Growth through Creative Destruction". *Econometrica* 60，1992，pp. 323 – 351. Aghion P，Harris C，Howitt P，Vickers J，"Competition，Imitation and Growth with Step-by-step Innovation，" *Review of Economic Studies*，2001，68（3）：pp. 467 – 492. Aghion P，Bloom N，Blundell R，Griffith R，Howitt P. "*Competition and Innovation：An Inverted-U Relationship*". *Quarterly Journal of Economics*，2005，120（2）：pp. 701 – 728. 阿吉翁等人有关创新经济的研究，假设中间产品与最终产品两个阶段具有随机发生的可加的泊松进程。以泊松到达率为 λ，由 n 个研究人员构成的社会期望泊松到达率为 λn。创新活动会提升整体生产率。创新成功的企业依赖创新获得创新租金，直到下一个创新者出现将其取代。

④ Arrow，Kenneth J.（June 1962）. "The Economic Implications of Learning by Doing". *The Review of Economic Studies* 29（3）：155 – 73.

兹（Audretsch，2007a）将欧美在创新领域的差距概括为欧洲悖论。相对于美国，欧洲存在过于强大的制度性的知识过滤器，阻碍了知识走向产业化。[①] 对新知识的投入是创新的必要条件，但只有将新知识开发成为市场上能够赢利的产业技术，才可以转化为更高水平的竞争力和经济增长。一般说来，知识过滤器是制度性的，如过多的微观管制，相对僵化的劳动力市场，创新气氛缺乏以及企业家精神的缺失，新知识缺乏足够的市场化投资实现产业化和创造就业机会，等等。因此，创新政策应着力于拆除制度性的知识过滤器。

总之，与以挑选赢家与政府行政干预为特色的产业政策不同，创新政策强调政府是保障，企业是主体，法治是前提，市场是基础。其要义是：鼓励公平竞争，市场选择赢家，政府法治规范，公共服务有效，跨行业知识整合和激励多元化创新协同追赶产业技术前沿。知识可以从既有企业中创造出来，表现为创新知识和创新企业家与现有企业分离的过程。创新政策更加关注区域知识投资转化为多样化和复杂化的产业形态，通过知识溢出和创新企业蜂聚，创造出复杂的相互激励的创新过程。

本文其余内容，对深圳创新政策的案例进行实证分析。在第二部分，我们力求能够比较清晰地刻画创新政策的主要特征以及关键内容。第三部分，我们采用多种分析方法检验创新政策的有效性，解释创新政策有效性的原因。

二、深圳创新政策的实践案例与内容

创新引领是重要的理论命题，也是重要的实践问题。挖掘总结创新政策的实践案例，明晰创新政策目标、内容和体系具有重要意义。我们认为，在2010—2015 年深圳新一轮经济增长方式转型时期，深圳市科技创新委（以下简称“科创委”）实施的创新支持政策，突出支持企业源头前沿创新，而不是单向挑选少数企业；注重邻近共享学习和匹配及产业多样性诱发创新的自发组织，建立分层次的多样化创新政策体系，是一个合适的创新政策案例。其主要内容包含如下几个方面：

第一，科学是从源头提升前沿创新的基础。深圳早期依靠加工贸易挤入全球分工体系，创新主要是山寨式模仿和拿来主义。过去十多年，深圳开始竞逐

① Audretsch，D. B.，“Entrepreneurship Capital and Economic Growth，” *Oxford Review of Economic Policy*，23（1），2007，pp. 63 – 78.

产业技术创新源头，科学逐步成为深圳创新的源头，缩短了与创新前沿的距离。科创委制定创新政策的特点是，不制定科学技术标准，不提出前沿技术的具体要求，申请资助的企业要以科技为基础，具有创新能力和累积的创新成果，汇总企业申请资助的项目，交由行业专家而不是科创委官员评审。

表 1　创新政策对企业创新水平和创新能力的要求

企业创新水平（成果）	当年专利申请数、累计专利申请数、累计发明专利申请数、累计专利授权、累计发明专利授权 R&D 支出、R&D 员工数	累计拥有新药专利数、累计拥有实用新型专利数、累计拥有设计专利数、累计拥有发明专利数、累计实用新型专利申请数、累计设计专利申请数、累计发明专利申请数 累计拥有著作权数、累计获得政府科技奖项数、累计拥有 IC 版图版权数、累计拥有实验室数、累计拥有论文数、累计拥有软件著作权数、累计拥有科技实验室数、累计拥有技术标准数、累计拥有商标数	
企业创新能力（人才）	博士学历员工数占比	学历结构	大专学历员工数占比、本科学历员工数占比、硕士学历员工数占比、博士学历员工数占比、海归员工数占比、其他学历员工数占比
		职称结构	新入职应届毕业生数占比、初级职称员工数占比、高级职称员工数占比、中级职称员工数占比、其他职称员工数占比
		岗位结构	行政管理岗员工数占比、加工制造岗员工数占比、研发岗员工数占比、销售岗员工数占比、其他岗位员工数占比
		其他指标	员工数、参与社保员工数占比、女性员工数占比、外籍专家数占比

第二，面对复杂的创新过程，政府并不具备足够的前沿技术与产业组织的信息。海量创新企业也往往处于背对背竞争的信息孤岛状态。企业之间、企业与政府之间信息不对称和不完全是一种常态。深圳的创新政策鼓励创新企业以竞争方式获得支持，使创新政策不是单向挑选少数企业，进行特殊扶植培育，而是具有公平性、竞争性与广泛性。为此，深圳首先扩大了创新政策支持的适用范围，涵盖了约 8000 家创新企业，其中，中小微创新企业约 7500 家，以民

营经济为主，分布于上百个细分化创新领域。需要说明的是，2012—2015 年深圳全市的中小微企业从 62.8 万户增长到 112.9 万户，几乎翻了一番，就业人口达到 408 万人。① 在创新支持政策实施的三年中，科创委共收到 13562 项申请，5895 项获得批准，获批率为 43.5%，其中创新券政策的支持率为 88.6%。其次，要求企业公开创新能力与创新技术的相关信息，在申请评估阶段，借鉴了专利申请审查的机制，行业专家对创业和技术创新项目，对技术来源、技术先进性及团队等申请材料的真实性进行审查，同时要求企业同台竞技，即同一类技术项目要面对同一个行业专家组进行报告。以竞争方式获得创新资助不仅激励企业的创新发展，也有利于实现信息汇集与传递，从而在客观上形成信息开放和信息共享，创造了具有公共属性的创新信息资源池，原本彼此信息隔绝的企业被拉入创新网络，全社会信息成本会大大降低。以竞争方式获得创新支持也有利于将分散化的创新能力、潜力与技术发展趋势等信息系统化，形成可识别的集成性创新方向，有利于公平竞争，有利于创新激励，有利于企业创新蜂聚。

第三，鼓励空间集聚创新，促进邻近共享学习和匹配。创新企业的空间集聚可以形成差异化，放大知识溢出，加快新知识与新技术的汇集和传播速度。例如，深圳为了推动信息产业的集聚式创新，将创新政策涵盖了计算机、通信制造业和信息传输中的光电、计算机、通信设备和集成电路等 22 个细分化的四级制造业行业；以及软件产业中的十几个细分化行业，如基础软件、信息技术系统集成、信息技术外包（ITO）和业务流程外包（BPO）及 IC 芯片设计等，其中基础软件又包括了高可信服务器操作系统、安全桌面操作系统、高可靠高性能的大型通用数据库管理系统等细分领域。目前，深圳已汇聚了超过千家软件企业，信息集成和集成电路设计企业有 400 余家，通过芯片、软件平台以及第三方应用软件等创新产业链节点，形成了既有差异又相互关联的网络化产业集群。

第四，利用产业多样性诱发创新与产业自组织。深圳在改革开放过程中，通过早期“三来一补”的加工贸易形成多样化的产业基础和产业人才，发挥产业升级的自组织过程，有利于推动创新转型。以无人机行业崛起为例，生产涉及碳纤维、铝合金材料与制造，也包括了信息与图像传输、定位导航等大量

① 当年深圳全部就业人口约 950 万人，其中企业与个体工商户就业比例接近 1∶1。

硬、软件技术。在“三来一补”时代，深圳是碳纤维产品生产加工重镇，从低端的钓鱼竿、高尔夫球杆逐步升级到高端产品；家电和中低端手机生产是深圳模仿时代的代表性产品，与铝合金材料加工和精密制造关系密切。丰富的产业多样性意味着充沛的工作岗位和创业机会，吸引了来自五湖四海的人口，凭借高质量职业训练积累了人力资本，获得了更多样化的选择空间。随着传统产品和二代半非智能手机成为过剩产业，碳纤维、铝合金加工以及电池、电驱和电控等生产能力面临过剩。此时，富有进取心和想象力的企业家依赖科学精神取得了无人机技术的突破，吸引了传统的过剩产能和人才重新整合，围绕着无人机技术崛起为新一代创新产业。过时落后过剩的产业经历了创造性破坏的痛苦，在产业自组织过程中实现了凤凰涅槃。创新政策对无人机产业的推动表现为产业规划与创新资助的衔接。产业规划明确了发挥骨干企业的引领，带动相关配套企业集聚发展，产业链整合延伸与配套分工的产业集群原则；确定了以基础材料、核心部件和关键工艺的研发和系统集成水平为创新支持重点；细化了高可靠智能控制和伺服驱动等关键部件核心技术。机器人与无人机类的企业以产业规划为指南，提出创新创业、技术开发等创新资助政策的项目申请。①

第五，形成比较系统、目标清晰的创新政策体系。科创委设计了分层次多样化的创新政策体系，着重解决创新企业在不同成长阶段面临的创新难题，突出了四个要点：提高知识溢出水平，增强企业创新能力，支持行业关键技术以及放大创新成果，以及相对完整连贯的筛选和评价标准。具体而言，这个政策体系分为四个层次：

普惠型的创新券政策。② 科创委敏感地捕捉到多样化产业产生的跨行业互补关系，资助中小微创新企业向专业化中介服务机构购买科技、人力资源及企业发展规划服务，打通了中介服务产业与科技创新集群之间的互补关系，产生“四两拨千斤”的政策效果。创新券旨在为中小微科技企业购买科技服务进行扶持，引导中小微企业加强与服务机构及大型科学仪器设施共享服务平台的对接，降低创业风险。服务机构是指提供研究开发、技术转移、检验检测认证、创业孵化、知识产权、科技咨询、科技金融、科学技术普及等科技服务的企业、高等院校、科研机构和科技中介服务机构等。获得科技创新券的企业可利

---

① 参见《深圳市机器人、可穿戴设备和智能装备产业发展规划（2014—2020年）》。

② 创新券资助政策对企业资质要求不高，小微型企业获批率最高。资助额度为5万元，最高资助企业支出总额的50%。

用创新券购买需要的科技服务，以创新券支付的科技服务费用原则上不超过总费用的 50%。获得资助的中小微创新企业研发支出中位数从 14 万元上升为 31 万元。

着重于提升创新能力、面向初创的创业资助政策，包括创业资助、个人创客（学生创客）、个人创客（社会创客）、孔雀创业资助、孔雀创业场租补贴。该项目主要面向成立不到四年的科技企业，也是为“创业大赛”获胜者设立的创业资助项目，包括科技型小微企业创业资助，留学回国人员创业资助，中国创新创业大赛、中国（深圳）创新创业大赛、全国农业科技创新创业大赛竞赛优胜者在深圳实施竞赛优胜项目，单个项目资助最高不超过 80 万元，目的是提高创业成功率。获资助企业专利申请数相对未获批企业平均高 35%（$p<0.1$），发明专利申请数要高 44.3%（$p<0.1$），高级研发人员（具有博士学位）的比例高 1.4 倍（$p<0.05$）。①

更加关注中型企业提升新产品、新技术、新工艺研发成功率，特别是产业化推广能力的技术开发支持政策。技术开发项目资助聚焦深圳市战略新兴产业科技领域，着力促进企业开发新产品、开发新技术、促进新工艺研发，资助金额不超过 200 万元，一般要求申请企业已经在试验开发期或产业化前期。技术攻关目的是以获取自主知识产权、原始创新成果、核心关键技术为目标，对深圳市高新技术产业重点领域②、优先主题、重大专项的关键技术攻关予以资助。资助额度在 200 万元左右。获得资助企业的特点是，创新能力更强，发明专利申请差距约 1 倍（9.2 项/4.1 项），研发支出水平高约 80%（753 万元/413 万元）；人力资源更丰富，研发人员占比高出近 70%（47.2 人/28.5 人）。

金融科技支持政策。金融科技资助政策包含科技金融银政企合作、科技金融银政企合作贴息、委托无息借款、科技金融股权投资、科技金融天使投资。如银政企合作支持的科技研发项目贷款贴息资助、对从事高新技术产品研究开发的中小微企业予以股权投资支持、市创业投资引导基金参股投资的天使项目资助等。主要是以协助贷款、免息、保险等方式支持企业获得融资支持，实施

① 对于创业阶段成立不到 4 年的科技企业、创业大赛获胜者的创业项目，重要的是能够在技术上和其他企业区别，有利于获得更多的 VC/PE 资本介入。

② 技术攻关项目重点支持领域包含：互联网、生物、新能源、新材料、新一代信息技术、节能环保等战略性新兴产业；海洋、航空航天、生命健康等未来产业；先进制造和涉及民生改善的科技领域。

中相当于是一种企业增信措施。获得金融科技资助的企业：专利申请数高约1.3倍（$p<0.01$），发明专利申请数高约1倍（$p<0.01$），研发支出高约50%（$p<0.01$）；研发人员高出约30%（$p<0.01$）；企业规模较大，增加值平均超过1000万元，利润超过300万元，高1~1.4倍（$p<0.01$）。①

三、多样化创新政策及统计检验

有效的创新政策案例要有相对完整的数据，能够采用科学的方法进行实证检验。深圳科创委为实施创新支持政策，2012—2015年建立了涵盖7771家创新企业的创新数据库，相对连续完整。样本企业中，5334家企业（69%）有2012—2015年4年的完整记录；944家企业（76%）有3年的记录；1007家企业有2年的记录，合计有7285家企业（93.7%）的记录相对完整，4年的月度数据超过1000万条。从整体看，科创委创新支持政策时间跨度为3年，样本时间长度4年，涵盖了7000余家企业的面板数据，为创新政策的有效性检验提供了扎实的数据支持。

在实证检验中，我们首先基于双重差分（DID）法对多项创新资助政策进行了量化评估。由于企业的经济活动不仅会受特定政策的影响，也会受到诸如时间、外部环境或其他政策以及随机因素的影响，需要对政策实施前后企业绩效的变化进行检验，方可确认政策实施效果。我们发现，采用双重差分法评估政府创新政策前后企业创新能力的变化是有效的。我们分别测度了创新券、创业资助、技术开发资助、技术攻关资助等政策，对企业研发投入等创新要素投入水平、专利申请数量等创新产出能力、企业技术效率以及市场绩效的影响。其次，我们采用随机前沿分析法检验创新政策实施的技术效率水平。随机前沿分析法以复杂的技术简化复杂的现实，检验经济学基本理念，即由众多企业构成的社会生产与潜在总供给水平的距离、效率的损失是多少以及产生效率损失的原因。阿吉翁（2014）指出，企业层面的绩效分布趋向典型的帕累托分布而不是正态分布，高度倾斜的企业绩效分布表明企业绩效差距过大，意味着有大量企业绩效远离生产效率前沿。运用随机前沿生产函数，我

① 金融科技扶持政策以协助贷款、免息、保险等方式资助企业，免息或者保险方式的资助规模一般较小，贷款资助会明显改进企业的流动性状况，但是数据中并没有具体的企业获得贷款的信息。因此，所谓金融科技扶植政策是一种类似于企业评级的贷款增信措施，中小微企业获得了创新政策支持，提升了银行信任感。

们可以识别产业链与产业集群发展水平以及企业技术效率对企业绩效分布的影响。显然，较高的企业总体效率和较理想的企业绩效分布是判断创新政策有效性的依据。

表 2 是 2013—2015 年科创委关于创新券、创业资助、技术开发资助以及金融科技资助四个子项实施的基本情况。

表 2　2013—2015 年科创委创新资助项目基本统计

项目类型	申请项目数（个）	资助项目数（个）	资助比例（%）
1. 创新券	2290	2030	88.6
2. 创业资助	3720	1149	30.9
3a. 无偿技术开发资助	5178	1277	24.7
3b. 无偿技术攻关资助	611	295	48.3
4. 金融科技扶持	1763	1144	64.9
小计	13562	5895	43.5

1. 分项创新政策的影响及分析

作为一种特定的估计因果效应的计量方法，双重差分法把公共政策当作一种自然实验，将全部的样本数据分为两组，以评估一项政策实施带来的净影响。科创委的创新资助政策在客观上存在获得与未获得资助两个组别，有利于我们通过组别差异分析识别创新政策的效应。根据政策实施时间的先后，通过第一次差分消除个体不随时间变化的异质性，而后对两组变化量进行第二次差分，消除随时间变化的增量，由此得到政策实施的净效应。我们首先实证检验了创新券资助效应。如表 3 所示，在创新政策实施前，获得资助和未获得资助企业的效率水平都有下降的趋势。相对于未获得资助的企业，获得创新券资助的企业一年后扭转了效率下降的趋势。两组企业总体效率动态变化也表现出先下降，在政策实施后转为上升的特征。创新券作为创新政策中针对小微企业的专项措施是行之有效的，政策有效的原因看似简单，但很有新意。小微企业缺乏高水平的财务、人力资源和公司战略规划人才，招一个优秀的行政秘书都难。市场上有专业化的中介机构可以提供以上服务。一张创新券连接了跨行业的企业，创新企业集中精力于技术开发，中介机构提供专业化服务。一个优秀的行政秘书可以分时段为几个小微企业提供处理文件、撰写公司会议纪要等行政服务。专业化公司提供专业化服务，专业化人员处理专业化事务。分工效率不是以公司水平而是以社会平均水平衡量，企业效率因此明显提高。

双重差分法支持我们做更深入的政策评估。表 4 中的模型 1① 表明，单独的创新券资助对企业效率有显著性的影响。第二列模型 2② 在多重差分法中引入了企业研究开发支出和企业总资产两个变量，创新券政策效应降低到可以忽略不计的水平。第三列和第四列的模型 3③ 和模型 4④ 则分别表明，由于获得创新券资助的企业的研究开发支出和总资产水平均有所提升，企业研究开发支出增长和企业总资产增加对企业效率水平提高的贡献会更大。合乎逻辑的推论是，创新券政策的有效性源于获得资助的小微企业从研发支出水平提升和企业规模扩大中获得了更高的企业效率。⑤

表 3　创新券效应的多重差分法检验

		模型 1 企业效率	模型 2 企业效率	模型 3 Log（R&D 投资）	模型 4 Log（总资产）
是否获得资助	B	0.040***	0.009	0.556***	0.667***
	se(b)	0.006	0.006	0.023	0.027
Log（R&D 支出）	B		0.140***		
	se(b)		0.007		
Log（总资产）	B		−0.063***		
	se(b)		0.006		

我们采用相同的方法，依次对创业支持、技术推广资助与金融科技支持政策的实施效果进行了实证检验。分析过程运用双重差分法分别检验创新政策的直接效应和间接效应。控制了年份和企业所属行业、项目资助前一年年底的企

① $y = \beta_0 + \beta_1 X_1 + \varepsilon_{it}$，其中 y 为企业绩效，X_1 是否获得资助，获得为 1，未获得为 0。

② $y = \beta_0 + \beta_1 X_1 + \beta_2 X_2 + \beta_3 X_3 + \varepsilon_{it}$，其中 y、X 同模型 1，X_2 与 X_3 分别为企业研发支出和总资产。

③ $y = \beta_0 + \beta_1 X_1 + \varepsilon_{it}$，其中 y 为企业研发支出。

④ $y = \beta_0 + \beta_1 X_1 + \varepsilon_{it}$，其中 y 为企业总资产。

⑤ 模型 2 中总资产规模水平对企业效率有负面影响。总资产是生产函数中的主要投入要素，给定产出水平，当投入要素增加，企业效率会下降。

业规模等信息的固定效应后发现，其余三项创新政策均具有可计量的前沿技术效率（TE）提高的结果，所有检验均服从于 $p<0.05$。主要发现如下：第一，获得创业资助的企业中，98%是小微企业，获得资助的企业效率平均水平要高于未获得资助的企业的平均水平，效率提高显著。加入企业研发投入和企业总资产两个变量，创业资助政策效应下降约40%，但统计上仍然显著。相对于创新券资助，创业资助的间接效应，即研发支出和资产规模的影响更加突出。其内在机制是，获得创业资助的企业都经历了各种创业大赛的多轮竞争筛选最终胜出，具有了更鲜明的产业链差异化竞争定位和可市场化技术创新能力。第二，获得技术资助的项目有30%是中型企业，它们的研发能力更强，更加接近创新前沿。政策资助对技术攻关和推广的要求也更高。双重差分法检验结果显示，技术开发资助的直接影响是显著的，但影响程度不够高，低于我们的主观期望值。对资助项目进行更深入的分析发现，技术创新从研发到推广客观上确实需要更长的时间，政策的年度效率不够高应当是可以接受的。第三，就金融科技支持政策而言，小企业申请金融科技扶持的成功率超过了75%。对比获得资助和未获得资助的两组企业在资助政策前后的表现，我们发现，获资助企业的效率水平在获资助前1期、获资助后第1期、获资助后第2期保持了稳定上升。未获资助企业的效率水平也有持续上升的趋势。计算得到，政策实施前一年，未获资助企业是获资助企业技术效率值的84.5%，政策实施后的第一年为89.7%，政策实施后的第二年为89.5%。进一步的分析表明，企业能否得到金融机构贷款与列入金融科技支持的关系相当于获得了政府的信誉“背书”，但现实中政府给企业增信的方式是多样的。

采用双重差分法评估多种创新资助政策的总体政策效果，其结果为：以小微创新企业为主要资助对象的创新券政策，使获得资助的企业整体创新效率提高了7%；以小微企业为主要资助对象的创业资助和金融科技支持政策，使获得资助企业的效率分别提高了22%和2%；而针对技术相对成熟的中型企业的技术开发资助政策的效应为2.7%。

值得注意的是，针对不同类型企业采取的差异化创新政策有一个共同的政策结果：创新政策激励了企业增加研发支出、提升创新能力，有效地扩大了企业的资产规模。从整体统计看，在创新政策实施期间，中小微创新企业平均员工数稳定在100人左右，平均研发支出从271万元上升为515万元，专利申请数总计从2.5万件上升为10.2万件，其中，发明专利申请从8163件上升为

3.4 万件，占全市的比例从 4.7% 上升为 12.2% 。总之，中小企业是创新转型的重要力量。创新政策的有效性存在着可计量的客观结果，比较全面地提高了创新企业群体的创新能力和创新成果是创新政策的关键。这是创新驱动增长与数量型赶超增长最本质的区别。

2. 创新能力提升了企业绩效

持续的研发投入积累是企业创新能力的根本。科恩和利文索尔（Cohen and Levinthal，1989）的研究表明，只有通过自身的研发，企业才能利用竞争对手创造的知识。企业没有研发努力，没有足够的研发投入就不会有知识的吸收能力，研发既是企业自身的知识积累，也是其创新与外部知识的融合。创新政策的意义就在于能够通过这种融合提高全社会的研发投入水平。①

实践证明，无论企业规模大小，有研发投入的企业效率要高于没有研发投入的企业，拥有发明专利多的企业的效率要高于拥有发明专利少的企业。研发支出与专利数量是创新企业进入分工产业链的身份标识。研发创新成果是进入专业化分工的必要条件。

我们从企业利润与代表企业创新能力的发明专利授权数量之间的关系，考察了创新支持政策如何通过提升企业创新能力，改善企业绩效。图 1 显示了企业利润与发明专利授权数量的关系。发明专利授权数为 0 时，企业平均利润约为 400 万元。随着发明专利授权数的增长，企业利润波动上升。发明专利授权数大于 11 时，企业平均利润已经是 1600 万元。中小微创新企业获得创新资助表现为创新人才和创新成果集聚以及利润增加，这当然会提升企业的融资能力。统计结果是，获得创新政策资助的企业，总资产与总负债增长明显高未获得资助的企业。

这也有效地说明了，前述四项创新政策为何能够增加创新企业的研发支出并有效地扩大企业资产规模的双重差分检验的现实经济含义，创新政策关注并引导企业加大研发支出，发明专利数量增加提升了企业竞争力。这与豪威尔（Howell，2017）关于政府支持中小企业研发具有明显的政策效果的结论是一致的。②

---

① Philippe Aghion and Xavier Jaravel, "Knowledge Spillovers, Innovation and Growth," *The Economic Journal*, 125 (March, 2015), pp. 533 – 573.

② Sabrina T. Howell, "Financing Innovation: Evidence from R&D Grants", *American Economic Review* 2017, 107 (4): 1136 – 1164.

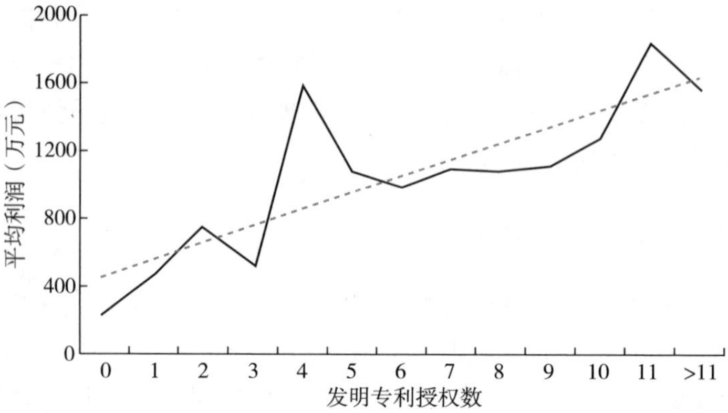

图 1　中小微创新企业利润和发明专利的关系

在最初的研究中，我们曾对创新政策促进了企业研发支出提高，企业总资产提高（相应有企业负债水平提高）对企业绩效产生显著正向影响的实证结果感到困惑。同时也困惑于，获得创新资助的企业为何没有产生以公币替代私币的道德风险，而是选择增加研发支出和增加负债的策略。在考察了我国推进知识产权质押融资的改革后，① 我们拓宽了研究思路，认为这是一个非常合理的实证检验结果。2012 年深圳印发了《促进知识产权质押融资若干措施的通知》（2012/35 号文），知识产权质押融资有了快速发展。② 专利技术等知识产

① 《中国质量报》，2016 年 4 月 27 日，《深圳知识产权质押融资新模式》。深圳市知识产权局与北京银行深圳分行现场签订了 50 亿元"深智贷"授信额度合作协议。这是政府与银行联合推出的为自主知识产权科技型中小企业量身定做的产品。企业以合法有效的发明专利权、实用新型专利权、著作权、版权、商标专用权为质押，向银行申请用于生产经营的资金需求，并纳入知识产权局的支持范围。《南方日报》，2018 年 8 月 8 日，《专利可以这样"变现"！上半年深圳知识产权质押融资超 78 亿元》。新华网深圳 2020 年 3 月 3 日，《审批 41 笔知识产权质押融资 助力企业复产复工》。深圳市市场监管局出台了《关于积极推进知识产权领域支持企业应对疫情困难落实帮扶措施》。

② 2014 年南山区和福田区分别设立知识产权质押融资专项资金和相关激励措施，全市知识产权质押融资额 2.6 亿元。2015 年为 5.7 亿元。2016 年底，全市专利权质押登记金额近 29 亿元。设立 1000 万元的深圳市知识产权质押融资风险补偿基金，同年 4 月，国内首家知识产权互联网综合服务云平台"创荟网"在深圳成立，推出知识产权质押贷款的创新金融产品"微知贷"，成立市场化运作的知识产权维权投资基金。平安保险总公司在深圳推出专利被侵权损失险、专利申请费用险和专利代理责任险三个新险种。2017 年底深圳 759 家企业的 5671 件专利投保总额为 20 亿元。2018 年全市专利权质押金额达 123.5 亿元。全市共有 911 家企业的 7068 件专利投保，保障总额 30 亿元。2019 年深圳专利权质押登记 162 件，涉及专利 1063 件。截至当年底，累计专利投保保障金额达 31 亿元。全年受理商标质押业务 8 件，（转下页注）

权前所未有地成为可以计价的资产，中小微创新企业的专利技术等无形资产成为商业银行贷款的新标的，有效缓解了中小微企业创新难与融资难的问题。知识积累的效应得以放大，行政管制型的知识过滤器的危害大大降低。① 创新政策突出鼓励竞争和充分发挥市场导向作用，可以有效发挥发达市场经济和专业化分工产业集群的优势。

四、创新企业的成长与总体效率

随机前沿生产函数假设，企业经济活动绩效随机分布在要素投入构成的生产可能性边界的扇面上。前沿生产函数模型将生产者效率分解为技术前沿和技术效率两个部分。技术前沿是指所有生产者投入产出函数的边界，是一定技术条件下的潜在总供给水平；技术效率是指个别生产者与技术前沿的差距，是个别生产者与全社会投入产出效率的差距。② 技术效率与技术前沿差距的取值为0—1 之间。7000 余家创新企业的绩效显然构成了随机前沿概率分布。接近生产可能性边界的企业越多，技术效率就越高。③ 图 2 显示了 7000 家创新企业技术效率分布情况。具体做法是，我们首先采用随机前沿生产函数方法求得技术前沿扇面，而后求得企业技术效率分布，然后是做出企业技术效率分布图。从中我们得到以下八个实证结论。总体看，创新政策推动了产业集群的整体效率，也推动了空间集聚效率的进一步提升。

（接上页注②）涉及商标 66 件，质押金额 4020 万元。2020 年全市专利质押金额为 96.71 亿元，质押项目 337 项，涉及专利 1211 件；商标质押金额 5.9 亿元；全市累计投保企业逾千家，专利保险保障金额 31 亿元。成立全国首家知识产权金融全业态联盟，建成知识产权金融公共服务平台并推出全国首单线上知识产权质押融资保险业务。2020 年成功发行 5 单知识产权证券化产品，发行总金额达 14.3 亿元。

① 由此我们也有效地解释了经济学面临的道德风险问题。获得资助的创新企业为何采取了加倍增加自身的研究支出，而不是采取用公币替换企业投入研发支出的机会做法。其中的原因就在于，扩大研发支出的收益大于机会主义的收益。创新企业能够享受创新溢出网络效应，研发支出扩大可以获得企业创新能力、投资收益提高和商业银行贷款使用的多重利益。

② 1968 年，由美国经济学家 Aigner 和 Chu 提出。

③ 有学者将随机前沿分解为技术效率（TE）、资源配置效率（AE）以及规模经济（SE）。参见涂正革和肖耿，《中国的工业生产力革命——用随机前沿生产模型对中国大中型工业企业全要素生产率增长的分解及分析》，《经济研究》，2005 年第 3 期。史丹、吴利学、傅晓霞、吴滨，《中国能源效率地区差异及其成因研究——基于随机前沿生产函数的方差分解》，《管理世界》，2008 年第 2 期。Kumbhakar，S. C. and C. A. K. Lovell，（2000）、*Stochastic Frontier Analysis*. Cambridge：Cambridge University Press.

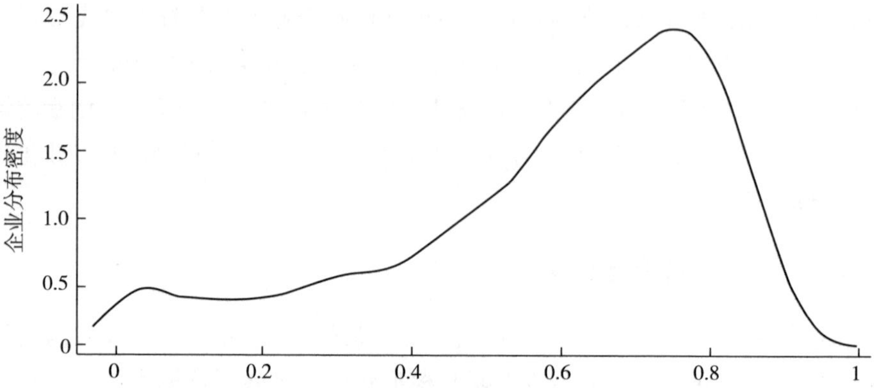

图 2　创新企业效率概率分布

第一，创新企业达到了较高和较稳定的技术效率水平。图 2 中，7000 余家创新企业的技术效率分布在距生产可能性边界 0.7—0.8 的高效率范围内。进一步的分析表明，2012—2015 年，微型企业的技术效率呈上升趋势，小型、中型企业的技术效率基本稳定。这一方面证实了有效前沿是跨期稳定的，也证明创新政策确实有助于创新企业保持较高的技术效率。

第二，较高的技术效率与竞争性分工有密切联系。以行业内的新企业家数作为分工与竞争程度的代理变量，我们可以发现（见表 4）分工程度提高了企业技术效率，提高了企业创造专利特别是发明专利的效率。① 梳理数据后发现，创新企业研发支出的增长率低于发明专利申请的增长率。这可以成为分工提升了创新产出效率的依据。当然也不能排除这样一种可能，创新企业也会存在“搭便车”的倾向，寄希望于更多地享受行业内的知识外溢带来的好处，更少地增加创造新知识的研究开发投入。从此意义上说，创新政策的意义在于提高创新知识供给的水平，鼓励竞争性分工的正外部性，形成创新带动创新的乘数效应。

第三，较高的技术效率与产业集群有内在联系。创新企业以产业的公共知识作为创新的技术来源，以产业集群作为创新成果的市场，增强了创新企业与既有产业链融合，也提供了创造新产业链的机会。比如，计算机、通信电子设

① 如前述，在一个稳定分工的产业群内，竞争分工均衡不会存在多家企业生产相同的产品。在现实中，企业数量多可能包含产品雷同与相似性程度高的因素，构成同类产品生产竞争过度。在表 4 中，竞争程度对新企业进入的影响为负值。

表 4　行业内竞争程度对创新的影响

	企业效率（TE）		发明专利申请总数		新企业（<2 年）	
	估计	标准误差	估计	标准误差	估计	标准误差
竞争程度	0.014	0.042	-0.066*	0.105	-1.243	0.991
2012 年	参照组		参照组		参照组	
2013 年	0.005	0.01	-0.065***	0.024	1.209***	0.228
2014 年	0.013	0.013	-0.155***	0.03	2.684***	0.294
2015 年	0.025*	0.01	-0.239***	0.023	4.276***	0.232
1. size	参照组		参照组		参照组	
2. size	0.293***	0.01	-0.039***	0.023	-0.894***	0.211
3. size	0.387***	0.015	-0.002	0.04	0.184	0.392
4. size	0.445***	0.028	0.036	0.069	7.838***	0.703
_cons	0.246	0.267	0.856***	0.665	12.163	6.249

注：* $p<0.05$，** $p<0.01$，*** $p<0.001$。

备制造业与软件信息技术服务业之间存在着高密度的创新关联，软件技术发展与硬件制造技术的良性互动，极大地强化了数字经济的整体创新活动。我们采用实验方法，随机在两个产业各抽取 100 家企业，研究它们之间的创新活动（代理变量为专利申请）关联。结果表明，总是会有不低于 10% 的企业存在着创新关联。知识外溢程度越高，吸引的新创业企业越多，行业内竞争性分工越深化，也会引起创新竞争加剧，倒逼企业加快知识生产，增加知识积累。

第四，合理的大中小微企业规模体系不会产生大企业"赢家通吃"的情形。在以上有关科创委创新政策的评价中，我们剔除了 300 余家大企业的数据。现在我们加入大企业数据，分析企业规模结构与创新的关系。数据表明，大企业在行业增加值中的平均占比为 40%，中位数是 36%，占比超过 65% 的有三个行业，分别是汽车制造（81.4%）、研究和试验发展（80.8%）、专业技术服务（67.5%）。中型、小型和小微企业在其所在行业增加值中的平均占比分别为 37%、21% 和 2%。这表明合理的企业规模结构是发达的分工专业化体系的映射，为中小微企业破茧而出提供了创新成长空间。

第五，分工竞争驱动企业创新竞争，底部企业创新动机更强。从企业研究开发投入的绝对额看，7700 家样本企业中，大型、中型、小型和微型企业占总研究支出的比例分别为 30%、31%、33% 和 6%。从相对数看，大企业研发投入占比低于增加值占比 10 个百分点。我们可用研发支出占比与企业增加值占比的比例作为创新强度指数，该比值大于 1，或者小于 1，分别表示企业重视创新强于重视扩大规模，或者相反。计算结果表明，按大型、中型、小型及微型企业的顺序排列，分别为 0.75、0.84、1.5 和 6。由此可以清晰地看到，中小微创新企业要想生存、发展、与头部企业竞争，就会表现出更强的创新动机。中小微企业实现竞争力跨越式发展的最有效方式就是以技术创新开启新的主场。

第六，过度竞争与创新轨迹不确定的影响。图 2 的技术效率曲线展现了创新型中小微企业具有了较高的技术效率，但仍存在明显的“长尾”。以技术效率 0.5 为中值，可计算出高效率企业数量是中值企业的 2.5 倍，有相当数量的企业处在均值之下。前 10% 高技术效率企业与后 10% 低技术效率企业会相差 5 倍以上。① 对创新企业技术效率存在明显长尾的解释为：一是过度竞争可能会引发企业所需的研发努力增大，新企业创新增长难度提高，创新动力减弱。二是创新轨迹可预测性高，创新成功的可能会相应提高，创新动力增强。面向前沿技术创新的路径往往并不确定，创新企业难以确定研发的目标或是缺少持续的人力和财力投入，技术效率可能会降低。三是企业创新效率是波动提高的，一项新技术的出现不能马上形成新的分工，嵌入既有产业链或者成为强势竞争者，创新会因此“消失”。从表 4 中可以看到，竞争程度对企业效率提高有正向影响，且在时间和企业规模方面都具有一致性的影响。但高竞争程度对发明专利申请的影响是负的，且随年度变化负面影响程度在加深。值得注意的是，从企业规模看，过度竞争对小微企业的负面影响要大于规模更大的企业。竞争程度对于新企业的进入也存在负面影响，特别是对小微企业的负面影响更为突出。从这一意义上说，创新是企业行为，创新政策要维护鼓励市场竞争，支持中小微企业提升创新能力和增加创新知识积累。

第七，技术效率与企业规模有关。图 3 报告了规模效应（SE）的分解结果，按照中型和小微企业划分的组别差异清晰可见。中型创新企业的前沿技术

---

① 阿吉翁（2014）引用了 Syverson（2004）的例证，美国一般性部门内生产能力最强的 10% 企业是生产能力最差的 10% 企业的 2 倍。Hsieh and Klenow（2009）认为，新兴经济体产业内差异更大。在中国和印度，一般性产业中最强的 10% 企业往往是最差 10% 企业的 5 倍还多。我们研究的 7000 余家创新企业分布于 19 个二级行业，细分化分析的四级分类行业超过 60 个。因此，我们认为，创新政策涵盖的企业技术效率差异应是可接受的。

效率均值高，分散度即方差很小，低效率的企业占比很低，技术效率曲线的长尾非常细小。中型企业技术效率高度集中在 0.9 左右，或者说平均效率水平约为理论最高效率水平的 90%，距前沿水平只有 10% 的差距。从市场竞争形态的角度分析，低分散度表明市场竞争激烈且公平，市场对稀缺资源的配置接近有效状态，人力、资本等稀缺生产要素在市场竞争中如水银泻地一般快速流向效率水平更高的产业，这当然是高效率的表现。从这一意义上说，创新企业崛起于发育良好的市场机制，而不是有差异地挑选或是“吃偏饭”的扶植机制。

问题是，为何在同样发育良好的市场体系中，小微企业的技术效率差异会非常高？实证研究发现，中型企业和小微企业规模效应的差异来自中型企业获得了产业链上相对稳定节点的分工地位，分享了产业集群外部规模效应；新进入者通过专业化打败占位者，或者发现新的细分专业化节点，或者开发出颠覆性的技术，面临更多的不确定性。小微企业不能简单替代在位企业，难以分享产业集群的外部规模效应。因此，创新企业的技术效率并非取决于要素投入规模，而是取决于要素投入和生产的差异性。与此相关的一个问题是在成立 3—5 年的小微企业中，已经出现了一批在产业链细分化节点的占位者，其内在条件是什么？答案应当是确定的，蜂聚式创新要以研发为支撑，要有较强的吸收知识溢出的能力。创新政策要提升创新能力，累积创新成果，明晰创新方向，形成分工竞争发展的市场形态。

深圳经济奇迹本身就是小微企业创新蜂聚的励志故事。深圳众多优秀的知名企业都曾经是小微企业，大量小微企业的成功，激发了企业家的冒险精神，掀起了一波又一波的创新创业高潮。大量中小微创新企业凭借不可替代的差异化生产能力，成为产业集群中专业化产业链上一个有效的组成部分，推动了深圳一轮又一轮的经济转型。华为、大疆等终端产品企业高度依赖并牵引着高度复杂的分工产业链的发展。过去 5 年，深圳企业的 PCT 国际专利申请量超过 10 万件，其中华为等 10 家大企业贡献了国际专利申请总数的 50%，在相关配套产业链上的成千上万中小微企业贡献了另外的 50%。

第八，产业的空间集聚是创新政策的重要内容。创新政策有利于形成以创新要素为核心的企业规模结构，推动产业集群发展，也有利于放大共享匹配学习的邻近效应。以南山区高新技术园区为例，距离在 3000 米以内的企业，驾车 10—15 分钟；距离在 1000 米以内的企业，步行 15 分钟。在 1000—3000 米范围内的企业往往共享公用基础设施，技术交流和人才交流更为密切，知识溢

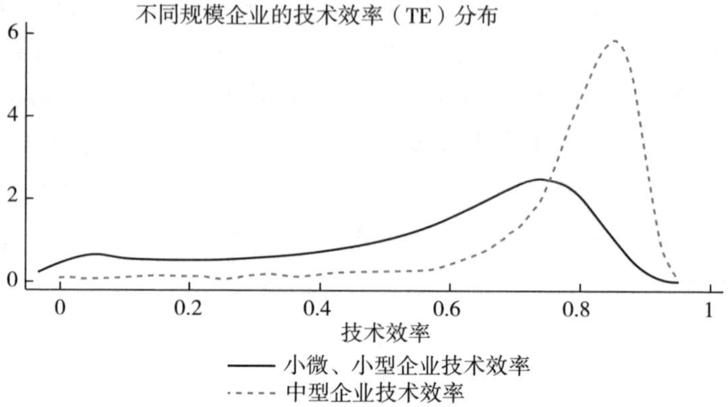

图3　企业规模效率分解

出和人力资本溢出的效应更为强烈。同类企业和相关企业空间集聚程度高，与企业技术效率提高有明确的正向关系。空间集聚与创新的相关性还表现为丰富且复杂的分工体系在空间聚集上的差异。如图4所示，深圳五个大区表现出了显著不同的产业集聚。福田区是深圳行政中心和金融中心区，主要集聚了互联网和专业技术服务区。南山区集中了深圳的高新技术新区、大学园区和上市公司，产业集聚表现为技术和信息服务业、互联网和相关服务以及科技推广业为核心。宝安、龙华和龙岗区是制造业大区，产业聚集也存在着明显差异，宝安区集聚了通信设备和化学原料与制品制造，龙华区集聚了电器机械和器材制造。华为总部在龙岗，该区高度集中于通信设备和仪器仪表制造业。当企业为获得创新政策支持而竞争时，会非常自然地倾向于和同类相关企业在空间上集聚，以提升创新能力和创新绩效，由此导致空间集聚与空间分工并存，相互强化，从而形成集聚创新与创新集聚的动态累积循环过程（其中熵值由各区各行业授权专利数量与总专利数量决定）。

结论

本文论证了这样一个主题：相对于追赶型的产业政策，创新政策应高度关注促进创新的空间集聚，提升企业的创新动力、创新能力，降低走向前沿的不确定性。创新驱动要强化分工专业化形成的内在创新机制，重视产业集群的技术共享、学习、匹配的自组织能力，推动产业内和产业间融合创新，充分发挥市场机制在资源配置中的决定性作用，不断优化市场经济机制。

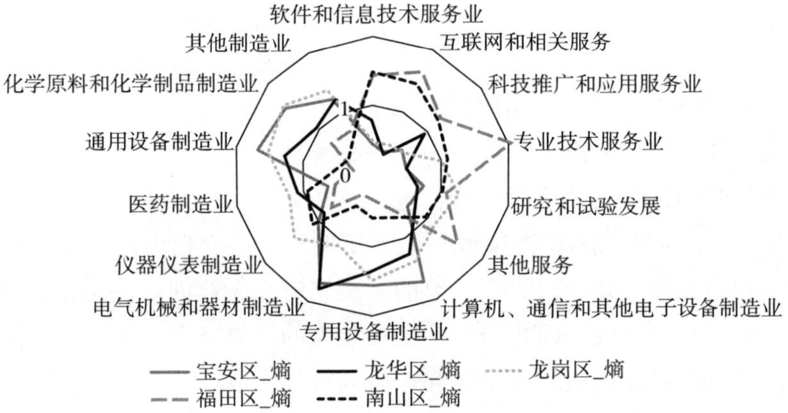

图4　深圳五大区创新创业集聚优势与差异性比较

有效的政府创新政策，要能够助力中小企业在不确定创新中发现确定性的产业链节点位置，成为产业链当中有机的组成部分；要有利于放大产业集群“滚雪球”的能力。简单的大企业发展策略会产生创新生态枯竭的孤岛效应，也会形成中小微企业的创新孤独，市场竞争秩序和激励机制会自然合理地推动产业集群内部形成大中小企业和谐共生的格局。

创新政策关注空间集聚创新。空间集聚创造了产业、企业和人才的空间邻近，创造了不断深化的异质性和多样性，更多解决方案和不同功能的产品成为创新的源泉。企业家精神、创新科学化水平、要素流动速度等决定了创新的微观效率。众多专业化的企业在空间聚集，构成了庞大的相互差异化的供需网络，分享着通用技术及创新信息，又会使分工更加细密，产业链接方式更加多元，空间集聚的企业因此具有了非直接竞争的“距离”，纵向与横向的产业链合作机会越多。行业内新企业越多，竞争越激烈，竞争生存会降低知识过滤器效应，形成空间聚集创新高地效应，有效的创新政策推动了产业链分工协同创新。

未来，应当慎重对待防止市场失灵的口号，减少行政协调机制造成的市场机制断裂，努力促进市场机制的发育成熟。实现经济转型的关键就是要发挥市场机制的作用，提升创新能力，充分利用并不断提升专业化分工和产业集群，实现创新集群滚雪球式的内生发展高度依赖市场机制。创新激励内生于市场竞争，内生于专业化分工的规模收益递增。灵活的市场机制是串联于产业之间和企业之间知识溢出的有效手段。

未来，我们应当更准确地把握“有为政府”的内涵。政府应当更加关注创新政策、人才政策、知识产权政策、公平竞争政策，特别是鼓励知识溢出性政策。在罗德里克（2009，2019）看来，评估产业政策是否有效的过程是观察政府与企业开展的以市场为纽带的合作是否成功的过程。政府既不是高高在上且高瞻远瞩的独立的政策制定者，也不应是受到特定产业利益集团俘获的租金设置者。① 有为政府不是简单地纠正市场失灵，还要致力建设发达的市场经济体系，让市场而不是让行为不一致的多级政府为企业创新行为穿针引线。政府要避免微观管制过度，防止企业家精神缺失的现象发生，加大市场信号对创新行为的激励；要让创新政策串联起一系列市场化改革。

---

① 罗德里克，相同的经济学，不同的政策处方［M］．北京：中信出版社，2009. Dani Rodrik and Charles F. Sabel An Industrial Policy for Good Jobs，12th June 2019.

中国的宏观税负

吴斌珍　李艳　孙鲲鹏

引言

宏观税负是国家整体税费负担水平的重要指标，反映了一国政府从收入分配中拿走的份额，也反映了政府财政能力的强弱。通过探究各个可比口径下宏观税负随时间的变化，以及和其他国家的高低对比，我们能更好地了解微观主体面临的宏观税费环境，也能为宏观财税政策的制定和调整提供参考依据。

一个国家最优的宏观税负取决于发展目标、发展阶段、经济社会结构等，因国情不同而不同，不存在一个绝对的最优税负水平。我国财税政策的目标是，贯彻落实以人民为中心的发展思想，推动经济社会高质量发展，促进社会公平。一方面，宏观税负越高，企业生产和投资的积极性就越低。另一方面，宏观税负越高意味着政府的财政收入更大，财政支出能力也就更强，那么增加公共品的提供会有效增进民生福祉、促进公平。因此，分析宏观税负的高低与

---

* 吴斌珍，清华大学经济管理学院长聘副教授、中国财政税收研究所研究员，主要研究领域为公共经济学、发展经济学、教育经济学、应用微观经济学。李艳，清华大学中国财政税收研究所；孙鲲鹏，中央财经大学财政税务学院助理教授，主要研究领域为企业税务、公司治理、资本市场等。作者感谢国家自然科学基金面上项目（72073079）和国家社会科学基金项目（20CJY061）的资助，感谢国家税务总局收入规划核算司原司长杨元伟的建议。感谢李冰冰、李诗源、欧阳洁的出色助研工作。当然，文责自负。

否，要综合考虑一国经济发展水平和政府的财政支出约束。其次，由于不同的税费对经济效率和公平的影响不同，为了更深入地理解宏观税负影响经济增长的传导机制，我们有必要区分税种，探讨宏观税负对经济的影响。

在本文中，我们先测算不同口径的中国宏观税负，然后结合国际比较、财政支出水平、税收结构，分析中国宏观税负水平和结构是否需要调整。

一、中国宏观税负测算分析

我们首先考量不同测算方法下的中国宏观税负水平和趋势。我们将证实，在近十年，不同合理口径的中国宏观税负都不高于31%，低于中等收入国家的平均水平。而且各个口径的宏观税负趋势基本一致：1995年之后持续上升，2015年之后呈现明显的下降趋势。非税收入和社保收入对宏观税负的贡献近年来显著增强，非税收入的贡献2016年达到最高的14%，社保收入在2019年达到最高的31%。同时我们发现，1995年后，中国宏观税负和经济增长没有显著的负向关系。

1. 宏观税负测算方法

文献将中国宏观税负指标分为大、中、小三种统计口径来衡量。小口径是税收收入占GDP的比重。中口径是财政收入或财政收入和社会保障基金收入之和占GDP的比重。而大口径是全部政府收入占GDP的比重。目前多数学者更认可大口径的宏观税负。① 这一口径也与IMF（国际货币基金组织）2001年制定的《政府财政统计手册》的口径最为接近，是当前世界主要经济体通行的政府财政统计标准。

与中小口径指标有明确的分子不同，大口径宏观税负的分子的测量还存在不少争议。按照IMF的统计口径，广义的中国政府收入包括一般公共预算收入、社保基金收入、扣除国有土地使用权出让收入之后的政府性基金收入、国有资本经营预算收入。这和中国政府收入的“四本预算”对应。然而，我们不能将“四本预算”的收入简单相加，因为它们之间存在交叉重复部分，需

① 安体富和岳树民（1999）较早界定了三个口径的宏观税负，指出用大口径宏观税负更为合适。

要做相应扣除。而以往文献存在不同的扣除方法，这也是以往不同文献测算结果差异的主要来源。①

在测算中，有三类收入需要特别关注。一类是交叉重复的收入，包含社会保障基金的补助收入、一般公共预算、政府性基金预算、国有资本经营预算中的结转收入和调入收入（吕冰洋等，2020）。其中，社会保障基金的补助收入体量较大。第二类是债券收入，这部分不能完全算成当期政府收入的项目，不应加入。第三类是涉及政府资产变化或资产收益的收入，其中包含土地出让收入。根据 IMF《政府财政统计手册》的定义，政府收入是指增加政府权益或净值的交易。国有土地出让只是政府土地资产的减少和货币资金的增加，并没有增加政府的权益或净资产，因而不计作政府收入。而且从 GDP 核算角度看，土地出让收入本质上属于资本增值，是一种价值转移，原则上没有增加 GDP。但是在中国，土地出让收入的确是地方财政的重要来源，2019 年占一般公共预算收入的比值达到 37%。因此，不少学者认为不考虑土地出让金，就不能很好地反映当年政府收入的实际情况。不过，吕冰洋等（2020）提出土地出让金并不完全由政府支配，只有扣除成本补偿性费用后的净收益才是政府可用财力。因此，我们参照他们的做法，尝试加入土地出让净收益（扣除成本性支出）。② 此外，杨元伟（2020）指出，测算宏观税负时应剔除，（1）未转变成政府可支配收入的部分，包括返还给居民和企业的税收收入、社保个人账户收入和土地出让成本性支出；（2）在分母为 GDP 时，剔除未进入 GDP 核算的

① 大口径政府收入测算细节的不同导致不同学者给出了非常不同的宏观税负水平。比如，李炜光和臧建文（2017）考虑了包括土地出让金在内的政府基金收入以及包括国有资本经营预算收入在内的国有企业利润，但没有剔除重复项，他们发现，2010—2015 年中国大口径宏观税负在 37%—40% 之间波动，略高于同期发达国家，进而提出了中国面临“死亡税率”的说法。陈彦斌和陈惟（2017）按照国际可比口径，剔除了四项财政预算收入中存在的三类重复部分，发现新常态以来，中国宏观税负与主要发达国家和发展中国家相比并不高，大口径宏观税负在 2012—2016 年间维持在 32%—35%。李永刚（2012）、国家发改委经济研究所课题组（2014）也按照国际可比口径，发现中国的宏观税负普遍低于大部分发达国家。吕冰洋等（2020）在计算宏观税负时，除了剔除四本预算中重复的部分，还扣除了土地出让时的成本补偿性费用，计算得到 2017 年大口径宏观税负为 28.90%。董根泰（2014）考虑了宏观税负分母 GDP 的不同测算，基于调整三个因素后测算出的 GDP，发现宏观税负增加不少，尤其是大口径税负在 2010 年已达到 41.1%。

② 参照吕冰洋等（2020），国有土地使用权出让金支出中属于成本性支出的项目有征地和拆迁补偿支出、补助被征地农民支出、土地开发支出、土地出让业务支出、破产或改制企业职工安置费支出（含灾后重建）。

部分政府收入，包括国有资源有偿使用收入、土地出让金、个人在股票市场交易所缴税收、企业的非经营性收益所缴税收、法院罚没收入、彩票公益金收入和捐赠收入。他还提出可以考虑将分母变成全社会可供分配的财富，但是由于财富计算过于复杂，也未形成共识，因此我们仍以 GDP 为分母测算宏观税负。

2. 不同口径下的中国宏观税负水平

图 1 报告了 1990—2019 年不同口径下的宏观税负水平。其中，中口径指标我们考虑了两种测度方法，一是财政收入（一般公共预算收入）占 GDP 的比重，二是进一步加入社会保障基金收入后再除以 GDP（未扣除财政收入补贴）。[①] 大口径指标我们采用了 IMF 口径，用官方的广义政府收入。[②] 可以看到，小口径和中大口径的计算结果差别较大。以 2019 年为例，小口径下的宏观税负水平为 16.0%，而中口径的测量则为 19.3% 和 27.8%，大口径的宏观税负水平是 27.4%。

在时间趋势上，可以看到各个口径宏观税负的变化趋势基本一致，而且它们的变化趋势与税收政策改革密切相关。其中，1994 年分税制改革后，宏观税负开始持续上升（1995 年或 1996 年是拐点）。宏观税负在 2012—2015 年前后出现反转，开始下滑，这与近年来的大规模减税有关。其中，小口径宏观税负的拐点在 2012 年，而中口径和大口径的拐点在 2015 年左右。

我们注意到，小口径及两个中口径之间的差距随时间明显扩大，说明非税收入以及社保收入（包含财政补贴）对宏观税负的贡献在逐渐增强。2016 年，非税收入对大口径税负的贡献率达到 14%，之后开始缩减，而社保收入的贡献率在 2019 年达到最高的 31%，2019 年之后因为社保缴费大幅调整开始下降。[③]

图 1 还给出了同一时期的真实 GDP 增长率。可以看到，宏观税负高（低）并没有伴随着经济增长率的放缓（提升）。1994 年之后，两者之间并没有显著的负相关关系。[④] 2001—2007 年经济繁荣期间，宏观税负持续上升，而近十年

---

① 这里没有剔除社保基金内的财政收入补助，因为该收入在 2007 年之前不可得。

② 我国 2010 年才正式形成“四本预算”预算管理体制，所以大口径宏观税负在 2010 年以后才有信息。

③ 某个收入对宏观税负的贡献率 = 1 − 不考虑这个收入时的宏观税负/考虑这个收入时的宏观税负。

④ 相关系数为 −0.36，在 5% 的水平上并不显著。

的减税降费没有改变经济增长放缓的大趋势。

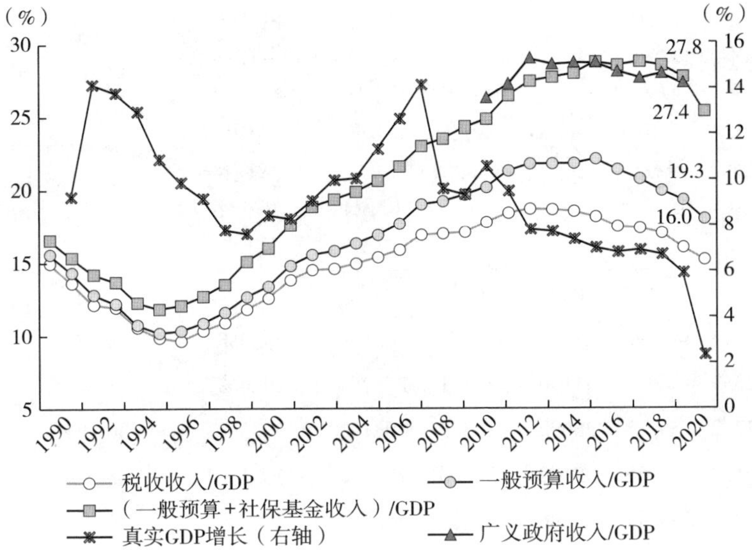

图1　大、中、小口径下的中国宏观税负水平

资料来源：中国统计年鉴。

由于当前对我国宏观税负的争论主要来源于大口径税负的测算，表1给出了不同的大口径测量的结果，包括IMF口径、考虑土地出让净收益的口径、粗略估算口径1（考虑土地出让金总收益），以及粗略估算口径2（包括土地出让金且掺杂重复计算）。我们发现，首先，排除有误导性的粗略估算口径，不同测算方法下的大口径中国宏观税负水平在这十年都不超过30.5%，低于同期高收入国家（40%）和中等收入国家（31%）的平均水平，并不存在宏观税负过高，甚至“死亡税率”的情况。其次，中国的大口径宏观税负水平在2010—2019年总体稳定，且在2012年或2015年后呈现明显的下降趋势。不无意外地，考虑土地出让净收益之后的宏观税负比IMF口径的宏观税负略高，不过两者的差别并不大，每年相差不到2个百分点。粗略计算口径的结果具有较大的误导性。比如2019年，将全部土地出让金包括在内使宏观税负提高了7.1个百分点，达到34.5%，如果不剔除四本预算中重复计算部分，则会进一步提高2.2个百分点，达到36.7%。这会导致我国宏观税负高于中等收入国家平均水平的错误结论。

表1　基于不同方法测算的大口径宏观税负

年份	四本预算合计（亿元）	广义政府收入（IMF口径；亿元）	土地出让金（亿元）	土地成本性支出（亿元）	宏观税负＝列3/GDP（IMF口径）	宏观税负＝（列3＋列4－列5）/GDP（吕冰洋等2020年口径）	宏观税负＝（列3＋列4）/GDP（粗略口径1）	宏观税负＝列2/GDP（粗略口径2）
（1）	（2）	（3）	（4）	（5）	（6）	（7）	（8）	（9）
2010	137953	108492	28198	13277	26.3%	29.9%	33.2%	33.5%
2011	172359	132681	31140	20591	27.2%	29.4%	33.6%	35.3%
2012	187772	156578	26692	19859	29.1%	30.3%	34.0%	34.9%
2013	219123	169952	39142	30359	28.7%	30.1%	35.3%	37.0%
2014	236946	185211	40480	30313	28.8%	30.4%	35.1%	36.8%
2015	243522	198480	30784	23978	28.8%	29.8%	33.3%	35.4%
2016	258963	210065	35640	28763	28.1%	29.1%	32.9%	34.7%
2017	295089	230540	49997	39641	27.7%	29.0%	33.7%	35.5%
2018	340741	257770	62911	53371	28.0%	29.1%	34.9%	37.1%
2019	362032	270149	70679	58210	27.4%	28.6%	34.5%	36.7%

注：2013—2019年广义政府收入数据源自政府公开的数据，2010—2012年为作者自行计算得到，与财政部公布的计算口径一致，我们在四本预算收入的基础上，剔除了土地出让金和社保补助资金、财政结转资金、政府性基金调出资金等重复计算的部分。其他数据均来自《中国财政年鉴》。2015年之后（含）的土地成本性支出根据地方国有土地使用权出让金支出和2014年成本性支出占比推算。

最后，我们参照了杨元伟（2020）的计算方法，剔除了更多的未转变成政府可用财力的部分，包括返还给居民和企业的税收收入（1.5万亿元）、社保个人账户收入（1.8万亿元），以及未进入GDP核算的部分：国有资源有偿使用收入（0.8万亿元）、企业非经营性收益所缴税收（0.9万亿元）、个人非生产性活动收益所缴税收（0.25万亿元）、法院罚没收入（0.31万亿元）、彩票公益金收入（0.12万亿元）。这样计算后，我们发现以GDP为分母计算的2019年的宏观税负约为23.1%［（27.0－1.8－0.8－0.9－0.25－0.31－0.12）/98.7］。因此，所有合理测算都表明，2019年中国宏观税负未超过31%。

二、宏观税负的国际比较

这一节我们进行国际比较，并分析和借鉴美国经验。我们将证实，当前中国不同口径的宏观税负水平都低于同等发展阶段国家的平均水平，说明目前我国宏观税负偏低。而且跨国数据显示，宏观税负和经济发展水平呈现显著的正相关关系。另外，美国历史经验表明，减税措施对降低宏观税负作用有限，在预算平衡规则下，当支出存在刚性，减税可能导致收入分配恶化和财政赤字急剧上升。

1. 国际比较

国际比较上，我们认为简单比较水平并不合适，因为一国宏观税负的最优水平与其发展阶段相关。因此我们从IMF、世界银行的数据库收集了政府收入的各个指标，并将它们与以购买力平价（PPP）计算的人均GDP相关联。其中，我们去除了人均GDP大于100000美元、宏观税负超过60%的极少数国家样本。

图2给出了宏观税负与人均GDP关联关系的统计结果。图中直线代表宏观税负对人均GDP的回归拟合线，代表每个人均GDP水平对应的平均宏观税负。拟合回归线的斜率显示，宏观税负和经济发展水平呈现显著的正相关关系（1%的显著水平），这至少说明宏观税负水平并不一定是越低越好。我们发现，不论是大口径（图2a）还是小口径指标（图2b），中国的宏观税负都处于拟合线之下，说明与收入水平相当的国家相比，中国的宏观税负低于平均水平。

图2也展示了2010年国际比较的情况。我们发现，中国小口径宏观税负在2010年一度达到平均水平（图2d），但到2018年，小口径税负已经明显低于平均水平，说明近年中国大规模减税降费政策的影响显著。不过，这个下降的效果在大口径宏观税负的国际比较中不太明显（图2c），主要是因为社保和非税收入的上涨一定程度上抵消了税收收入的下降。

最后，根据世界银行2018年人均收入划分标准，我们计算了不同口径世界主要经济体宏观税负水平。表2同样显示，平均收入水平越高的国家，宏观税负也越高。不管哪种口径，中国的宏观税负都接近但低于中上收入经济体的平均水平，且远低于高收入国家的税负水平，宏观税负并不高。

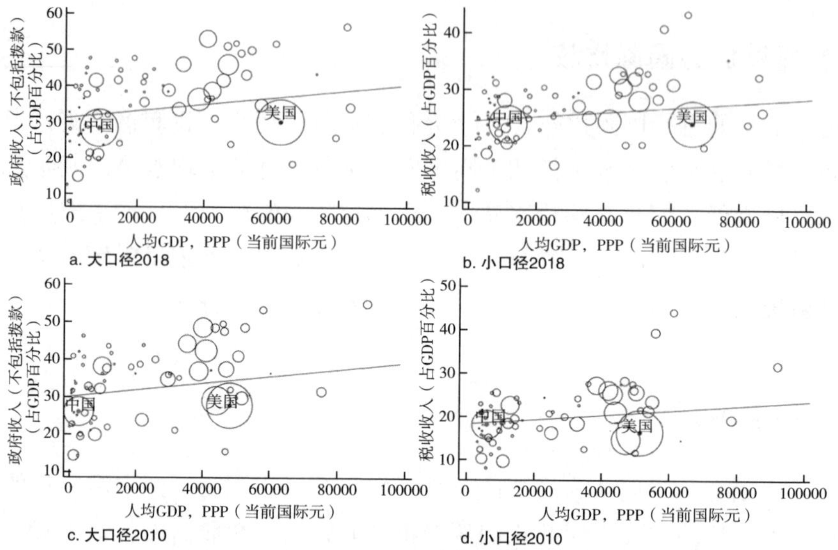

图 2　2018 年和 2010 年宏观税负的国际比较

注：每个点代表一个国家，圆圈的大小代表以 PPP 衡量的 GDP 大小，直线代表了宏观税负对人均 GDP 的回归拟合线（以 GDP 为权重）。

资料来源：IMF 的 GFS 数据库和世界银行的 WDI 数据库。

表 2　2018 年世界不同收入经济体宏观税负情况　（单位：%）

经济体	高收入	上中等收入	下中等收入	低收入	中国
小口径	24.04	19.78	8.01	9.98	18.55
中口径	32.27	24.21	11.03	10.71	24.81
大口径	39.56	31.27	20.35	17.48	28.10

注：原始数据来源于 IMF 的 GFS 数据库和世界银行的 WDI 数据库，平均数通过作者计算得到。经济体分类遵循世界银行 2018 年标准，具体人均 GNI 划分：12536 美元以上为高收入；4046—12535 美元为上中等收入；1036—4045 美元为下中等收入；1035 美元以下为低收入。

2. 美国经验：宏观税负和经济增长

美国的财政政策可以分为三大阶段：（1）20 世纪 30—70 年代；（2）20 世纪 80 年代；（3）20 世纪 90 年代以后。

在第一阶段（20 世纪 30—70 年代），美国主要实施强调国家干预的总需求管理型财政政策，强调积极财政干预以促进短期扩张、长期增长和周期平衡，包括30年代的罗斯福新政，50年代的补偿性财政政策，以及60—70年代的增长型财政政策。国家干预经济的范围也不断扩大，特别是约翰逊担任总统后，实施“伟大社会”的内政纲领，在教育、医疗、环保、反贫困等领域广泛实施政府干预，极大地加强了政府在经济社会发展中的地位和作用。这一时期美国宏观税负也呈现不断上升的趋势（如图3所示）。

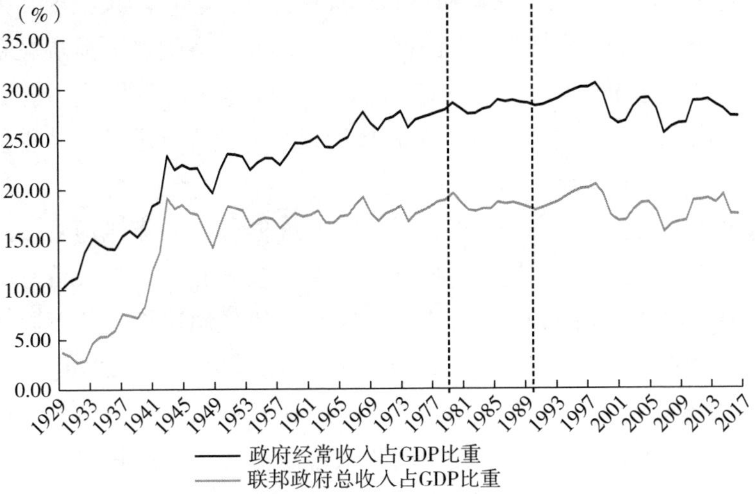

图3　1929—2019年美国政府收入和联邦政府收入占GDP比重

资料来源：美国圣路易斯联储。

在第二阶段（20世纪80年代），里根上台后接受了供给学派的政策主张，奉行经济自由主义，尽量减少对经济的干预，实施以减税为主的扩张性财政政策，两次实施减税，宏观税负有所下降。

在第三阶段（20世纪90年代以后），财政政策的取向依赖于执政党的政策倾向。民主党总统克林顿坚持总量与结构并重的财政政策，实施“增中有减”的税收政策和“减中有增”的支出政策，最终取得了高增长、低通胀、低财政赤字率的效果，创造了美国历史上第二个经济增长“黄金时代”。2001年上任的共和党小布什政府回归“里根经济学”的财政政策，实施大规模减税，宏观税负明显下降。与此同时，小布什政府大规模增加财政支出应对“9·11”恐怖袭击、阿富汗战争和伊拉克战争。这些政策导致巨额财政赤字重现，2003年美国联邦财政赤字占当年GDP比重达到4.5%。民主党奥巴马政府实施凯恩斯主义性质的以财政政策为主的经济刺激计划，任期内宏观税负总体上升。共和党特朗普政府则重拾减税利器，进行大规模减税，同时调整财政支出结构，截至2019年，宏观税负有所下降。

从图3中可以看出，里根、小布什、特朗普政府的大幅度减税政策对宏观税负往往只有短期的影响，1980年以来，美国宏观税负总体稳定：1980年宏观税负为28.0%，2019年则为27.3%。宏观税负难以大幅下降的一个原因是财政支出刚性，特别在社会保障和福利政策覆盖面比较广的系统中，财政支出的刚性需求导致宏观税负下降空间不大，一旦对企业和高收入阶层减税，最后不得不又通过其他渠道弥补，反而造成了某些群体的税负加重，造成税负不公。同时，低宏观税负高支出的一个直接后果是财政赤字上升。从里根政府开始，美国由最大债权国转为最大债务国。

学术研究证实，20世纪80年代后美国宏观税负的下降伴随着收入差距的扩大。根据WDI数据库统计，自80年代开始，美国前1%富人持有的税后收入比率从8%左右上升到14%。而且前1%富人的平均税率显著下降，中低收入个人的平均税率却持续上涨（Piketty、Saez and Zucman，2018）。这说明减税使中低收入者获益较少，但是财政支出的减少给中低收入群体带来的损失更大。里根政府的政策显著加剧了美国的收入差距扩大、财富分配不平等和机会不平等。

三、财政支出

宏观税负除了直接影响微观主体的税负之外，还会通过预算平衡影响政府支出，间接影响经济发展和居民福利。不少学者指出，财政支出的方向会影响微观主体的纳税净收益以及税负感（朱青，2017；陈彦斌和陈惟，2017），而政府支出的刚性也会反过来影响宏观税负的调整空间。

我们发现，中国的民生支出占比仍低于同等发展水平国家的平均水平。在近几年大幅减税降费后，政府支出下降幅度不大，呈现刚性，同时赤字率已达到历史高位，再提高的空间有限，因此未来宏观税负的下降空间很小。

1. 财政支出结构：民生支出

财政支出中，民生支出最值得关注。一方面，民生支出对提升居民福利的影响最直接，政府的民生支出将减少居民的支出负担。许建国等（2012）、樊丽明和张晓雯（2013）的研究均发现，政府民生支出占比与居民的税负感呈负相关关系。另一方面，民生支出的刚性比较强，不少项目属于公民权利保障类项目。

我们对民生支出占 GDP 比重进行了国际比较。图 4 的结果显示，中国的民生支出占比虽然近 10 年有了很大改善，但是依然略低于同等发展水平国家的平均值。我们进一步分析了民生支出的细项（附图 1），发现我们在教育、医疗、社保方面的民生支出，都还落后于同等发展水平国家的平均值，医疗和社保尤为明显。只有住房和社会福利设施的支出远高于同等发展水平国家的平均水平。如果剔除住房支出，2018 年中国的民生支出占比离平均水平的距离更大。

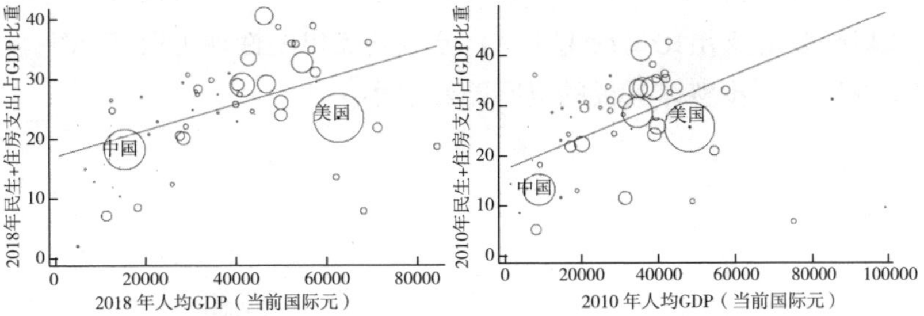

图 4　政府民生支出占 GDP 的比重：2010—2018 年

注：①民生支出包括环境保护、住房和社会福利设施、医疗、娱乐文化宗教、教育、社会保护。

②每个点代表一个国家，圆圈的大小代表以 PPP 衡量的 GDP 大小，直线代表了宏观税负对人均 GDP 的回归拟合线（以 GDP 为权重）。

资料来源：IMF 的 GFS 数据库和世界银行的 WDI 数据库。

因此，我们认为中国民生支出的充足性还有待提高，未来不宜压缩民生支出。“十四五”规划建议提出的 12 个方面的重大任务中，“改善人民生活品质、提高社会建设水平”这一部分内容所占篇幅最大，足见党和政府在提高民生支出、增进民生福祉上的决心。既然要在未来进一步提高政府（民生）支出占 GDP 的比重，在控制政府赤字率的情况下，我们剩下的选择只能是提高宏观税负，至少不再让其下降。

2. 财政支出刚性和政府赤字

政府支出的变化不仅取决于政府收入，也取决于居民对政府服务的需求，而需求和经济发展阶段相关。前文发现，宏观税负和经济发展水平显著正相关。这一方面是因为发达国家征税能力强，另一方面也是因为高收入国家的居民对政府服务的需求更强，这符合瓦格纳定律：政府支出随着国民收入的增加而增长。除了收入的影响，老龄化加剧也会大幅增加对医疗、养老等社会保障的需求，进而推高政府支出。随着经济发展和收入增长，中国居民对政府服务的需求快速上升，同时老龄化问题日渐严重，社保压力明显加大。

“十三五”期间，我们实施大规模减税降费以应对经济增速的放缓。图5显示，财政支出虽然也随收入下降而增长放缓，2016年开始有下降，但是下降幅度不大，加上社保支出后，几乎没有下降。这显现了财政支出的刚性。财政收入大幅收紧和财政支出刚性导致财政赤字规模节节攀升。财政收支口径的赤字率从2012年的2.4%上升到2019年的4.9%，预算财政赤字在2019年达到4.85万亿元，是新中国成立以来的最大规模。2019年，大口径的宏观税负也低于大口径政府支出比重约4.3个百分点。支出刚性加上财政赤字率提高空间有限，说明进一步整体减税的空间已经很小。

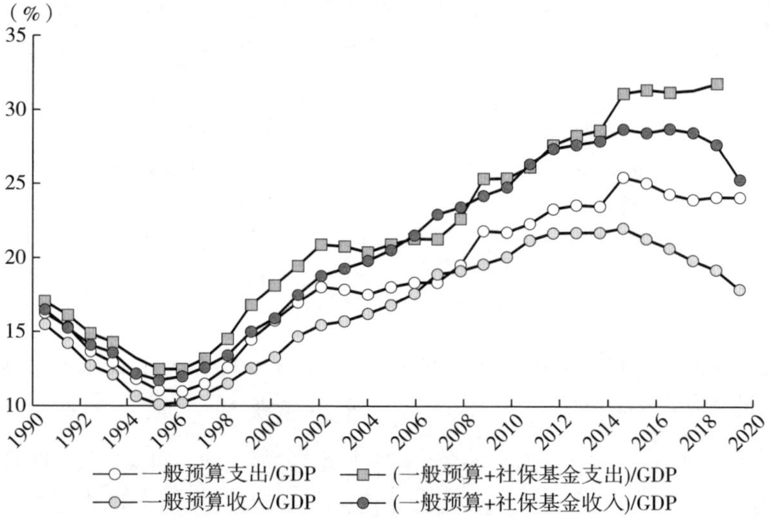

图5　财政收支缺口

资料来源：国家统计局。

四、企业税费的结构

宏观税负对经济的影响以及给微观主体的税负感往往与税负结构有关。根据经典税收理论，针对不同商品的税收，以及针对不同人群的税收，带来的无效损失不同，因此税收结构非常重要。中国税收结构的一大特点是大部分税收由企业缴纳，个人所得税占总税收的比例从未超过9%，2018年达到最高（为8.9%），之后有所下降。因此我们仅关注企业税收的结构。需要指出的是，企业缴纳的税负和企业真正承担的税负有所不同。同样是企业缴纳的税费，所得税的转嫁比较困难，而有的税种，比如增值税、营业税、社会保障费，企业则更可能转嫁给个人，比如消费者或员工，具体的转嫁程度取决于市场环境。目前文献对各种企业税费的转嫁程度还没有比较一致的估计，因此我们讨论企业缴纳的税费结构，而非实际负担的税费结构。

这一部分，我们发现中国企业税负高于同等发展水平国家的平均水平，主要原因是中国社保费用过高，非税费用也不低，而企业所得税、增值税等主要税种的税率均低于国际平均水平，企业税收结构有待优化。同时，我们证实相比于直接税，间接税不利于企业应对经济周期的冲击。税收系统的周期调节功能在2003年前后有明显差别，2003年后有明显改善，起到了减弱经济周期冲击的作用，但增值税扩大了经济周期冲击的影响，社保费率没有明显的顺逆周期性，非税收入的周期调节性2003年后有所下降。最后，我们发现2015年前，企业税费负担虽然总体上随规模的减少而减少，但是在最后三分之一的企业中，这种规模效应变得很弱，这说明我们的税收体系还需要进一步考虑小微企业税负承担能力弱的问题，改善税负在不同企业或居民群体之间的分布。

1. 不同税种的比重

我们首先从宏观数据分析企业缴纳的主要税费的结构，以GDP（代表生产增加值之和）为基础，比较企业所得税、增值税、营业税、消费税、社保费（五险一金）和其他税费占GDP的比重。① 这里的社保缴费剔除了财政补贴以及居民保险，但是包含了个人缴费，因为公开数据中没有区分企业缴费和个人缴费。鉴于企业缴费和个人缴费的比例相对固定，因此整体社保缴费收入的占比更加突显企业社保负担的趋势。

图6a显示，在企业缴纳的税费中，增值税和社保缴费是目前最主要的两个税费种类，其他税费位居第三，略高于企业所得税。从时间趋势看，社保缴

① 其他税费＝其他税种＋教育附加等专项收入＋政府行政事业收费。其他税种包括资源税、城市维护建设税、城镇土地使用税、烟叶税、耕地占用税、车船税、船舶吨税、房产税、其他税收收入。我们没有包括消费者支付比例高同时不涉及企业生产的税种：车辆购置税、印花税、契税、土地增值税。

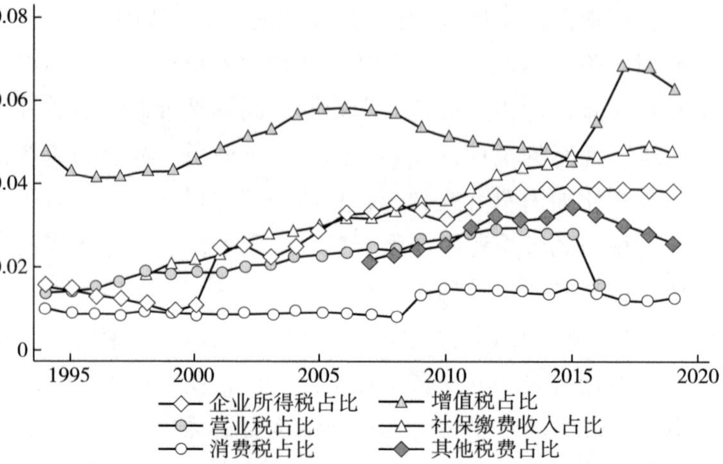

（a）各种税费占GDP比重：宏观数据

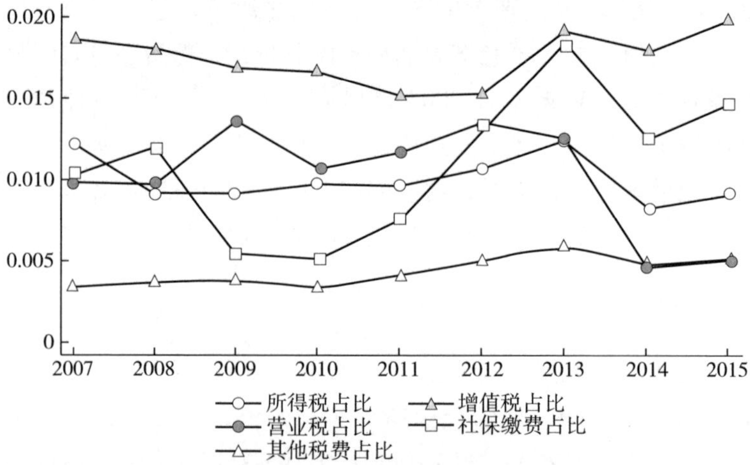

（b）各种税费占销售收入的比重：微观数据

图6　中国税费结构

注：图a的数据来源于《中国财政年鉴》，图b的数据来源于中国企业税务调查数据。图a的社保缴费收入是社保基金的缴费收入，剔除了财政补贴以及居民保险，但包含了个人缴费，因为公开数据中没有区分企业和个人缴费。图b的社保缴费是企业缴纳的社保费。其他税费＝资源税、城市维护建设税、城镇土地使用税、烟叶税、耕地占用税、车船税、船舶吨税、房产税、其他税收收入＋教育附加等专项收入＋政府行政事业收费。我们没有包括消费者支付比例高同时不涉及企业生产的税种：车辆购置税、印花税、契税、土地增值税。宏观数据中其他税费的很多信息在2007年之前不可得，因此我们只绘制了2007年之后的数据。微观数据中其他税费和宏观的口径一致，除了没有船舶吨税和其他税收收入（没有数据）。微观数据没有专项收入，但行政事业收费包括教育费附加（包括地方教育费附加）、文化事业建设费、水资源费、水利建设基金、已纳残疾人就业保障金等。为了让微观数据结果和宏观数据更为一致，微观数据中我们先加总企业税费，再除以加总的销售额来计算税率。

费负担的增长最为明显，2019 年之前保持持续增长，尤其是 2010 年后有所提速，占 GDP 比重从 2006 年的 3.2% 增加到 2018 年的 4.9%，2015 年前后的比重（扣除个人缴费后）已经接近增值税的比重。增值税、营业税、消费税是典型的流转税，以三者之和衡量的流转税毫无疑问一直是税收主体，在 2012 年之前呈现增长趋势，占 GDP 比重从 1995 年的 6.5% 上升到 2009 年的 9.3%；2012 年之后有所下降，至 2019 年下降为 7.6%。企业所得税虽然一直备受关注，但是其比重从 2009 年之后就开始位居第三，2019 年占 GDP 的比重为 3.8%。其他税费在 2007 年之后也有明显增长，不过 2015 年之后明显缩减，2019 年占 GDP 的比重达到 2.6%，位居第四。

为了更好地剔除个人缴纳的税费的影响，我们也基于 2007—2015 年中国企业税务调查数据分析了税收的结构。因为数据中难以得到可靠的企业增值额，我们以企业销售收入为基础计算税率。图 6b 显示，税费结构的相关结论与宏观数据的结果基本一致，例如流转税占大头，比重位居第一；社保缴费持续增长，其比重在 2012 年前后已位居第二，甚至接近增值税比重；企业所得税比重 2015 年已落后于增值税、社保费。

中国企业缴纳的税费占比高，同时企业税费结构中社保费负担异常重，这两点在国际比较中也较为凸显。① 世界银行《世界纳税指数》的数据显示：虽然中国的宏观税负不高，但是企业非流转类税费缴纳负担率明显高于其经济发展水平对应的平均水平，这其中的主要原因是社会保障法定费率过高。② 这里

① 企业税负国际比较主要从两个维度展开：一是基于假想的典型企业的研究，可以近似比较各国企业法定税率和税收负担；二是基于真实微观企业数据的研究，比较各国企业实际税负。已有的跨国数据大都基于假想的典型企业或者典型投资来分析没有享受特殊优惠减免且没有逃漏税情况下的税负水平，这一水平更接近法定税率，因此这类分析有助于了解各国主体税费政策的差异。由于各国会计准则以及计税规则的差异，基于微观企业数据测算企业税负水平的跨国研究比较困难也比较少。有少量的研究利用上市公司的数据分析了各国企业的实际税负率，但是由于上市公司往往是一个国家比较优秀的企业，而不是一个国家的代表性企业，因此这样的研究也难以全面反映企业的税费负担，而且这一类研究通常只关注企业所得税，缺乏对整体税负的研究。

② 基于假想典型企业的研究中，目前影响力比较大的是由世界银行从 2004 年开始编制的《世界纳税指数》系列研究。这一研究收集的数据包括的国家最多（2018 年有 213 个经济体），考虑的税种也最全面。该数据库考察一个假想的全内资中型制造业企业在各个国家最大的城市生产应缴的税费。具体设定和利润测算可见 http://www.doingbusiness.org/Methodology/Paying-Taxes。

的非流转税包含企业所得税、劳务税（社保税费）、其他非流转类税费（比如城市建设维护税、车船税等）。企业税负国际比较不考虑流转税，因为通常认为流转税比较容易转嫁给消费者。图 7a 的国际比较显示，一国的发展水平越高，企业缴纳的非流转税费负担就越低；中国企业非流转税费负担明显高于回归线，意味着企业缴纳的非流转税费率相对于我们的经济发展水平而言明显偏高；占利润的比重达到 59.2%，全球排名第 23 位，在大国中仅次于阿根廷、巴西。

进一步分析税费结构可以看到，中国的企业所得税税率相对于经济发展水平而言偏低（图 7b），企业所得税相对于利润的税负率只有 11.5%，在 188 个国家中排名第 124 位，比巴西、印度、墨西哥、美国、越南等国家都低。个别基于真实上市公司数据的研究也发现，中国的企业所得税率并不高，低于美国，也大多低于世界平均水平。① 然而，一旦加上法定的社保费，税费负担就大幅上升至接近 60%，税费负担率远高于经济发展水平相同的国家（图 7c），在 188 个国家中排名第 2 位。

另外我们注意到，中国企业缴纳的其他非流转税费占利润的比重为 6%—8%，在 188 个国家中排名第 31 位。其他非流转税税费的比例较高，这在主要经济体中并不常见，也是中国企业缴纳税费负担高的一个重要原因。《世界纳税指数》也收集了流转税的法定标准税率，包括增值税、商品及服务税（GST），以及销售税（sales tax）。中国增值税的法定税率低于世界平均水平，也低于阿根廷、巴西、俄罗斯及大部分欧洲国家，不过高于印度、墨西哥、越南等贸易竞争对手。另外一个比较权威的跨国数据毕马威（KPMG）调查报告显示，2020 年，全球征收增值税的 159 个国家的标准税率平均约为 14.1%。我国和一些国家并列第 102 位。我国的标准税率（13%）低于欧盟、美洲、非洲的平均水平（21.5%、13.6%、15.8%），但是高于亚洲的平均水平和北美的平均水平（11.4% 和 5%）。

① 具体研究可参见 Bilicka、Devereux and Fuest（2011）；Chen and Mintz（2011）；Markle and Shackelford（2011）；Lee and Swenson（2009）；Fernández-Rodríguez and Martínez-Arias（2014）；PwC-BRT（2009）。从水平来看，微观数据给出的中国企业所得税税负要高于《世界纳税指数》给出的水平。比如普华永道（Pricewaterhouse，PWC）的商业圆桌（Business Roundtable，BRT）研究发现，中国企业所得税实际税负率达到 21.5%，这与 Lee and Swenson（2009）发现的 20.3% 接近。其他两个研究测算的税率要低一些，分别为 13% 和 18%。这些税率都低于 25% 的法定税率。

总的来看，我国增值税税率、所得税税率水平并不高，下调税率的空间非常有限。我们可以考虑在社保费和其他税费上做结构性调整，降低法定税费率，同时扩大税基和加强税收征管。

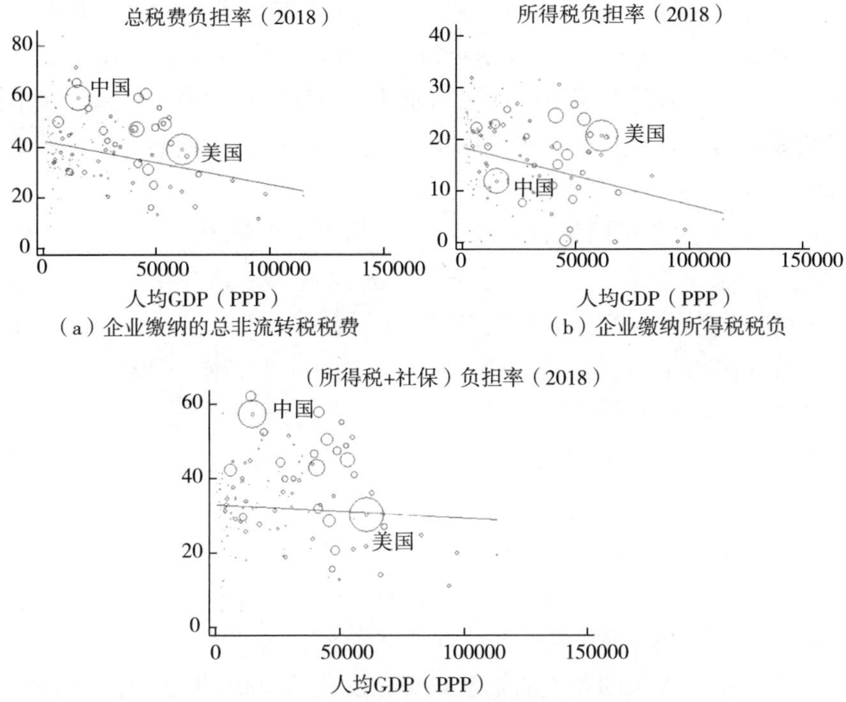

（a）企业缴纳的总非流转税税费

（b）企业缴纳所得税税负

（c）企业缴纳所得税+法定社保税费率

图 7　企业非流转税税费率与人均 GDP（2018 年）

注：数据来源为世界银行《世界营商环境报告》（Doing Business，2020）。直线是企业税率和人均 GDP 的回归拟合线，以 GDP 为权重（决定圆圈的大小）。

2. 税负结构与经济周期

不同类型的税收给企业的税负感不同，不同类型的税收在帮助企业应对周期性经济冲击中也有比较大的差异。例如陈彦斌、陈惟（2017）指出，税收具备自动稳定器作用，可减轻微观主体的税负感。其中，直接税，包括企业所得税和个人所得税，有较好的自动稳定器作用，可以更好地帮助企业应对周期性冲击；而流转税和劳务税（社保税费）的这一作用相对比较弱，因为二者通常和企业经营盈利状况无关，除非企业倒闭，不再购进原材料或解雇员工。

我们首先分析了宏观税负和经济周期的相关性。我们先关注小口径的宏观税负，即不考虑非税收入和社保费的税收收入的顺逆周期性。我们首先基于经典的 HP 滤波法计算得到 GDP 对数和税率的周期性波动成分，然后计算两个波动项的相关系数，以此分析税负的顺逆周期性。图 8a 给出了 GDP、税收收入/GDP，及税收收入波动项的时间趋势。表 3 的第 1 行给出了相关性数值和 p 值，显示 1994—2018 年，我国小口径宏观税负和 GDP 波动没有显著相关性，意味着平均而言没有明显的顺逆周期性。但是税负的顺逆周期性在不同时间段有明显不同：1994—2002 年，GDP 与税负波动项在 5% 的水平上显著负相关，说明税收会放大经济周期的影响；2003—2018 年，GDP 与税负波动项在 1% 的水平上正相关，说明税收有助于减弱经济周期的影响，帮助企业应对周期性冲击。我们还尝试了不少其他方法，发现这一结果非常稳健。① 可以看到，我国税收总体的周期调节功能在 2003 年后有明显改善。通过基于 10 年滚动窗口的分析（图 8b），我们证实宏观税负的顺逆周期性转换在 2003 年左右发生：2002 年及以前，GDP 和税负波动项的相关系数均小于 0；2003 年及以后，相关系数均为正。用 5 年的窗口期，2003 年前后也有这样的转变，具体可见吴斌珍和李雪妮（2021）。

表 3 的第 2 行显示，包含非税收入的财政收入（即一般预算收入）结果，与税收收入的周期性完全一致，这与财政收入中税收收入占主导相关。同时第 3 行显示非税收入的顺逆周期性和税收收入不同：2003 年之前与 GDP 波动显著正相关，与税收收入的顺逆周期性正好相反；而 2003 年之后，与 GDP 波动则没有显著相关性。因此非税收入的周期调节功能在 2003 年之后反而减弱。

表 3 的第 4 行考虑社保缴费收入，数据从 1998 年开始可得。我们发现社保缴费没有显著的顺逆周期性，不能帮助企业应对经济周期的影响。因为养老保险在 2006 年有重大改革，我们以 2006 为界将其分成两个时间段，结果未发现存在明显的时段差别。第 5 行中，我们将社保缴费和财政收入相加，发现这一口径的宏观税负和财政收入的周期性类似，2003 年前后有所差别，2003 年之后周期调节功能有所改善，呈现显著的逆周期调节性。

我们进一步考虑了企业税费的顺逆周期性。我们先排除社保缴费，考虑和图 6 一样的企业税费口径，然后以 GDP 为基准测算相应的税负指标。2010 年以

① 我们也尝试了 HP 滤波的不同参数取值、BK 滤波、CF 滤波、直接用税率（不用波动项），用经济增长率衡量经济波动，将样本期扩延至 78 年或 52 年等方法测算顺逆周期性，基本结论变化不大。

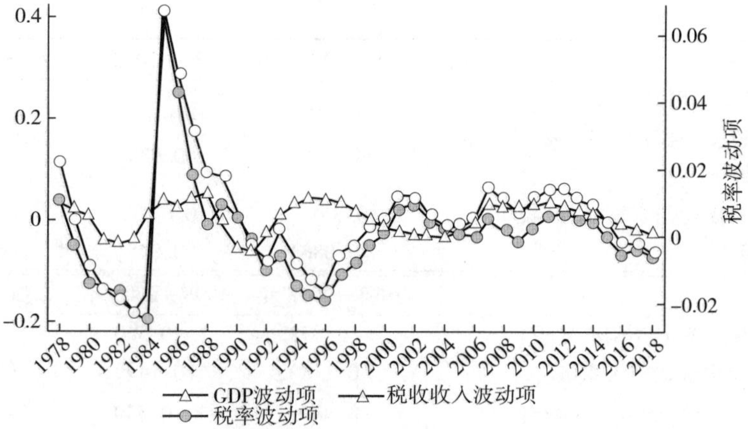

（a）GDP、税收收入、税率波动

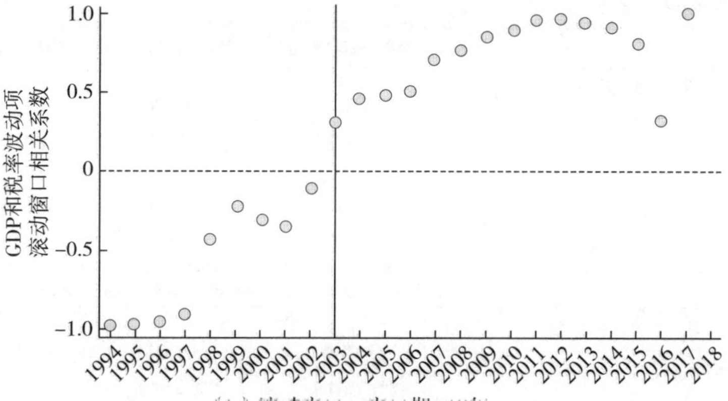

（b）滚动窗口：窗口期=10年

图 8　1978—2018 年全国实际 GDP 波动和宏观税率波动关系

来，这个窄口径企业税费占财政收入的比例为72%—74%。表3第6行显示窄口径企业税费和总体宏观税负的顺逆周期性基本一致，2003年之后显著正相关，有助于企业应对经济周期冲击，不过2003年之前企业税费并没有显著放大周期作用。加入社保缴费之后，结论基本不变（第7行）。

表 3　税费比率与经济波动的相关性

	行数	1994—2018 年	1994—2002 年	2003—2018 年
宏观税负 1（税收收入）税率波动与实际 GDP 波动相关系数	(1)	0.123 (0.558)	-0.671** (0.048)	0.683*** (0.004)

（续表）

	行数	1994—2018 年	1994—2002 年	2003—2018 年
宏观税负 2（财政收入占 GDP 比重）波动与实际 GDP 波动相关系数	(2)	0.259 (0.216)	−0.612* (0.080)	0.666*** (0.005)
非税收入波动与实际 GDP 波动相关系数	(3)	0.351* (0.086)	0.677** (0.045)	0.309 (0.245)
		1998—2018 年	1998—2005 年	2006—2018 年
社保缴费费率（占 GDP 比重）与实际 GDP 波动相关系数	(4)	−0.352 (0.118)	−0.560 (0.149)	−0.248 (0.415)
宏观税率 3（财政收入＋社保缴纳收入占 GDP 比重）波动与实际 GDP 波动相关系数	(5)	0.389 (0.081)	−0.549 (0.158)	0.6219** (0.023)
		1994—2018 年	1994—2002 年	2003—2018 年
窄口径企业税费（不包括社保）波动与实际 GDP 波动相关系数	(6)	0.410** (0.042)	−0.051 (0.897)	0.764*** (0.0006)
企业税费（包括社保）波动与实际 GDP 波动相关系数	(7)	0.496** (0.022)	−0.163 (0.793)	0.666*** (0.005)
		1994—2015 年	1994—2002 年	2003—2015 年
增值税税率（占工业批发增加值比重）波动与实际 GDP 波动相关系数	(8)	−0.406* (0.061)	−0.402 (0.284)	−0.606** (0.028)
营业税税率（占 GDP 比重）波动与实际 GDP 波动相关系数	(9)	−0.021 (0.928)	−0.097 (0.804)	0.0517 (0.867)
		1994—2018 年	1994—2002 年	2003—2018 年
企业所得税税率（占 GDP 比重）波动与实际 GDP 波动相关系数	(10)	0.011 (0.960)	−0.181 (0.642)	0.209 (0.438)
		1998—2014 年	1998—2002 年	2003—2014 年
微观数据：企业所得税税率和城市实际 GDP 波动的相关系数（控制企业、年份固定效应）	(11)	−0.035*** (0.0001)	−0.028*** (0.011)	0.073*** (.007)

注：企业税费的定义同图 6 中的定义。社保缴费的信息最早到 1998 年，2006 年之前，公开的社保缴费信息只包含了三种保险：养老保险、医疗保险、失业保险。第 11 行的微观数据来源于中国工业企业数据。

增值税是流转税的主体税种，我们预期其自动稳定器功能较弱，因此与经济周期的正向关系比较弱。表3第8行证实了这一点。我们考虑以工业和批发业工业增加值为基准的增值税税率，同时只考虑大规模推行营改增（2016年）之前的周期。结果显示，1994—2015年增值税税率波动与GDP波动之间在10%的水平上显著负相关，而且这一关系在2003年之后变得更强，说明我国增值税税收不利于帮助企业应对经济周期，反而扩大了经济周期的影响。这与之前看到的2003年之后宏观企业税负和经济周期的正相关关系形成了鲜明对比。我们也考虑了另外一种流转税——营业税，结果显示营业税没有明显的顺逆周期性，说明它不能帮助企业应对经济周期冲击。加总增值税和营业税之后的流转税，其顺逆周期性和增值税非常类似，2003年之后显著放大了经济周期的影响。

最后，我们也分析了企业所得税的顺逆周期性，第10行结果显示，在宏观层面，企业所得税占GDP比重的顺逆周期性不显著，不过其相关系数的方向和窄口径宏观税负一致，2003年之后相关关系为正，有助于缓解经济周期的影响。基于微观企业数据（规模以上工业企业数据）的分析显示，2003年之后，企业所得税呈现显著的逆周期调节特征，经济繁荣时，税率高；经济萧条时，税率低。这与宏观税负在2003年后的逆周期调节特征一致。

3. 税负结构与企业规模

陈彦斌和陈惟（2017）指出，不同企业的税负承受能力不同。因此面对同样的税收或税率，不同企业可能会有不同的税负感，而且税负不公平本身也会影响企业的税负感。因此有必要进一步分析不同企业群体的税收情况。考虑到企业的税负承受能力往往与规模紧密关联，我们这里重点分析不同规模企业的税负情况。①

图9给出了微观数据中企业税负随企业规模的变化情况。为了增加可比性，我们用销售额作为分母。可以看到不管是总税负，还是分项税负，税负（占销售额的比重）总体上都随企业员工数的增加而增加。然而，在50%的规模最小的企业中（员工数不多于13人），税负并没有随企业规模的下降而明显下降；在2015年，这后50%的企业的社保缴费和所得税甚至出现了随规模上升的趋势，这是值得警惕的。

---

① 杨元伟（2020）指出，2019年以政府、企业与居民在国民收入中的分配占比为基础，估算的企业税后净资产收益率高达15%，因此企业税费的实际负担水平并不高，但有结构性问题，比如金融企业的净资产收益率要远高于非金融企业。

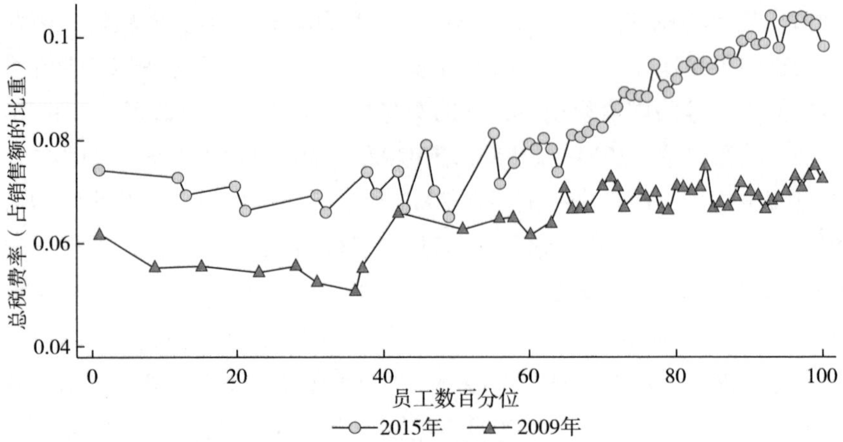

（a）总税负

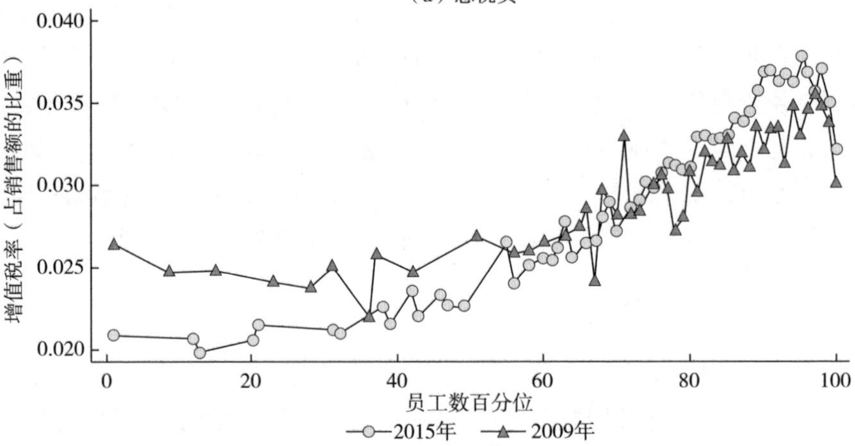

（b）增值税

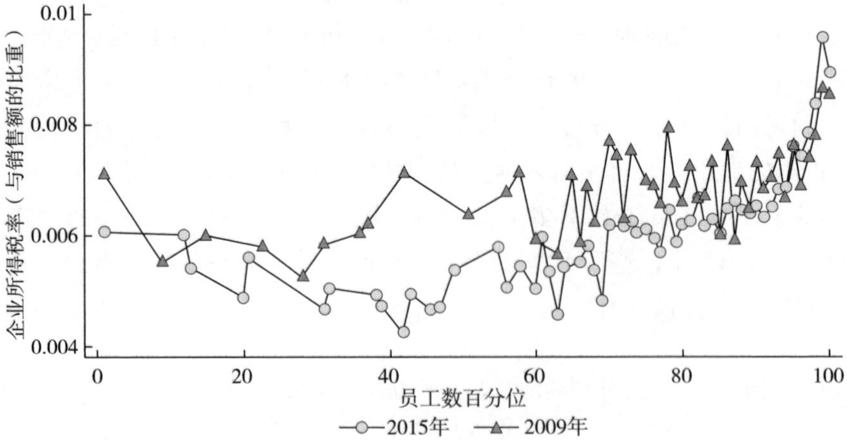

（c）所得税

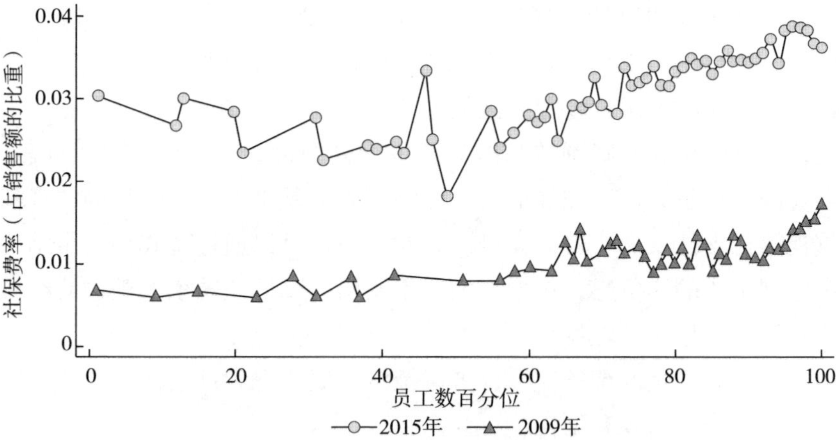

（d）社保缴费

图9　企业税负和企业规模

注：数据来源于2009年和2015年中国企业税收调查。我们只考虑了企业工人数不小于3个人（含），而且不存在和总公司合并报表的企业。在图b中，我们只考虑了缴纳增值税的企业。

五、总结及政策建议

本文从多个维度证明，中国当前的宏观税负并不高，进一步下降的空间很小。而且进一步减税降费对经济的拉动作用有限，加上居民对政府支出需求会进一步增长，民生支出占比低于同等发展水平国家的平均水平，已显现刚性，因此我们的宏观税负不宜再下降。在宏观环境比较适宜时，应该适度提高宏观税负，以减少财政赤字，预防财政风险，同时用于提升民生支出占比，增加人民福祉。

经济增长放缓的压力会持续，因此我们预期财政收支矛盾也会持续。在当前阶段，围绕促进经济高质量发展和社会公平的目标，财政政策应该以稳定宏观税负、优化税费结构为主要方向，从“大规模减税”转向有增有减的“结构性减税”。同时，应适当控制财政支出总量，提高财政资金的使用效率；优化支出结构、压减部分相对比较充足且刚性较弱的支出以应对财政压力。

在税收结构性调整的“增”方面，我们可以考虑的具体措施有：拓宽环境保护税的职能，将“排污费”演进为主体税种，以碳为税收要素；新增数字要素税权，包括数字交易税、数字财产税；减少优惠和减免，并加强税收征管，促进税负公平；强化个人所得税征管来提高直接税比重、改善税收结构，并调节收入分配；扩大房产税试点。

在税收结构性调整的“减”方面，可以考虑以下具体措施：通过减少留抵扣税款、加快退税来增加企业现金流；通过加大对企业研发的支持力度，降低高技术企业税收负担；增加高技能人才的税前扣除安排，降低企业的人才税收负担；在国际税收规则调整和国际竞争加剧的背景下，调整税收优惠安排，增加企业国际竞争力；在加强征管、加强统筹的基础上，进一步调整社保缴费率，重视第三支柱及商业养老安排。同时，我们可以通过税收和支出结构调整来减少微观主体的税负感，包括增加民生支出、降低流转税比重、持续维系小微企业和低收入居民的轻税负。

总之，宏观税负的调整应综合考虑经济发展状况和社会需求变化，审时度势，把握好节奏、力度和结构。

参考文献

安体富、岳树民，《我国宏观税负水平的分析判断及其调整》，《经济研究》1999 年第 3 期。

陈彦斌、陈惟，《中国宏观税负的测算及启示》，《财经问题研究》2017 年第 9 期。

董根泰，《我国宏观税负国际比较：一种基于可比性的分析》，《财贸经济》2014 年第 4 期。

樊丽明、张晓雯，《从税负到“税感”：理论及实证分析》，《财贸经济》2013 年第 9 期。

李永刚，《对中国宏观税负的理性剖析》，《税务研究》2012 年第 7 期。

李炜光、臧建文，《中国企业税负高低之谜：寻找合理的企业税负衡量标准》，《南方经济》2017 年第 2 期。

吕冰洋、詹静楠、李钊，《中国税收负担：孰轻孰重?》，《经济学动态》2020 年第 1 期。

吴斌珍、李艳，《我国企业税负问题研究报告》，2017 年。

许建国、蔡红英、张楠，《财政收支状况与居民税负感受》，《税务研究》2012 年第 7 期。

杨元伟，在第二届中国公共财政前沿学术研讨会上的主旨演讲，2020 年。

朱青，《对当前我国税负问题的看法》，《税务研究》2017 年第 3 期。

国家发改委经济研究所课题组，《我国宏观税负研究》，《经济研究参考》2014 年第 2 期。

吴斌珍、李雪妮，《经济波动中的宏观税负》（工作论文），2021 年。

Bilicka, Katarzyna, Michael Devereux, and Clemens Fuest, “G20 Corporate Tax Ranking 2011,” Oxford University Centre for Business Taxation, 2011.

Chen, Duanjie and Jack Mintz, “New Estimates of Effective Corporate Tax Rates on Business Investment,” *Cato Institute Tax & Budget Bulletin* No. 64, February 2011, http://www.cato.org/pubs/tbb/tbb_64.pdf.

Fernández-Rodríguez, Elena, and Antonio Martínez-Arias. “Determinants of the effective tax rate in the BRIC countries.” *Emerging Markets Finance and Trade* 50, no. sup3 (2014): 214 – 228.

IMF 网站，Government Finance Statistics Manual, 2014.

KPMG, 2010, “Competitive Alternatives 2010: Focus on Tax,” http://www.competitivealternatives.com/highlights/taxfocus.aspx.

Lee, Namryoung and Charles Swenson, “Is It a Level Playing Field? An Analysis of Effective Tax Rates,” *Tax Notes International* 54, No. 8 (2009): 685 – 693.

Markle, Kevin S., and Douglas A. Shackelford, “Cross-Country Comparisons of Corporate Income Taxes,” National Bureau of Economic Research Working Paper No. 16839, February 2011, http://www.nber.org/papers/w16839.pdf.

Pricewaterhouse Coopersand Business Roundtable, "Global Effective Tax Rates," April 14, 2011, http://businessroundtable. org/studies-and-reports/global-effective-tax-rates/.

Thomas Piketty, Emmanuel Saez and Gabriel Zucman, 2018. "Distributional National Accounts: Methods and Estimates for the United States," *Quarterly Journal of Economics*, 2018, 133 (2): 553 -609.

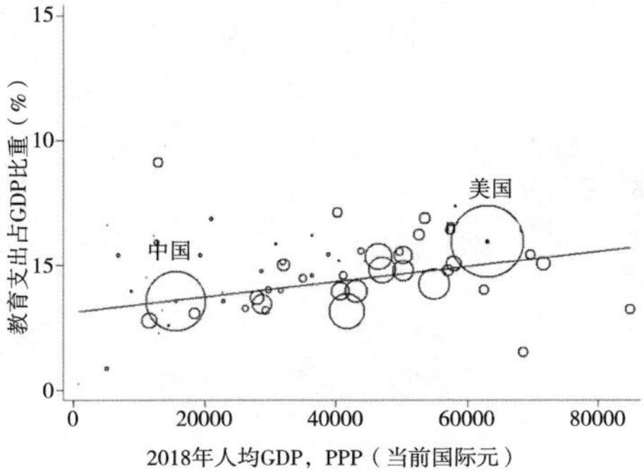

（a）教育支出

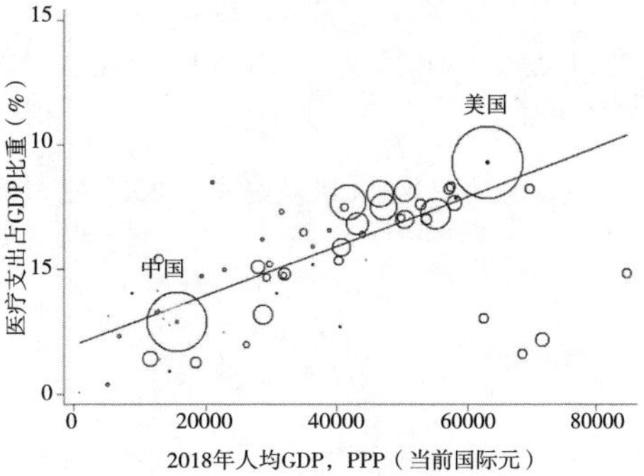

（b）医疗支出

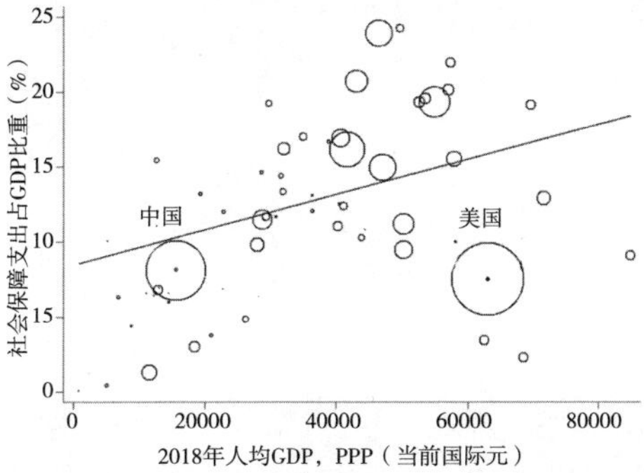

（c）社会保障支出

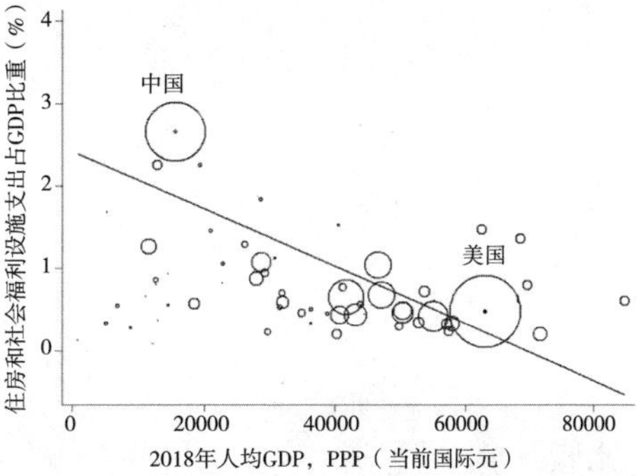

（d）住房支出

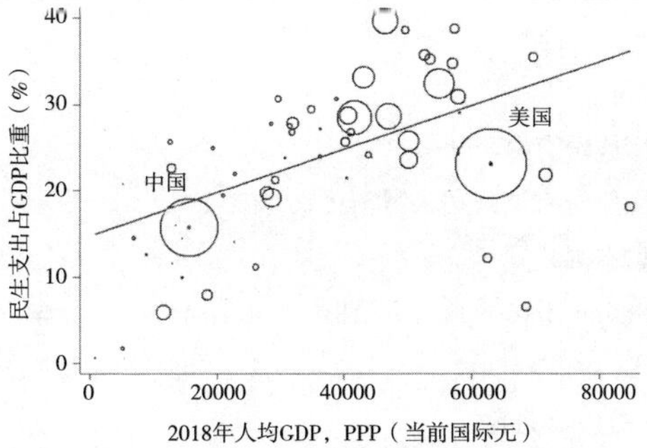

（e）不含住房的民生支出

附图 1　民生支出占 GDP 比重：2018 年细项

注：每个点代表一个国家，圆圈的大小代表以 PPP 衡量的 GDP 大小，直线代表了宏观税负对人均 GDP 的回归拟合线（以 GDP 为权重）。

资料来源：IMF 的 GFS 数据库和世界银行的 WDI 数据库。

图书在版编目（CIP）数据

比较．第115辑 / 吴敬琏主编．-- 北京：中信出版社，2021.8

ISBN 978-7-5217-3469-0

I. ①比… II. ①吴… III. ①比较经济学 IV. ① F064.2

中国版本图书馆 CIP 数据核字 (2021) 第 162081 号

比较·第115辑

主　　编：吴敬琏
策 划 者：《比较》编辑室
出 版 者：中信出版集团股份有限公司
经 销 者：中信出版集团股份有限公司 + 财新传媒有限公司
承 印 者：北京华联印刷有限公司
开　　本：787mm × 1092mm 1/16　　印　　张：14.25　　字　　数：240千字
版　　次：2021年8月第1版　　印　　次：2021年8月第1次印刷
书　　号：ISBN 978-7-5217-3469-0
定　　价：48.00元

http://www. caixin. com

E-mail: service@caixin.com